속 썩이는 논문 그림, 이제 직접

골치 아픈 논문 그림 쉽게 그리기

신동선 지음

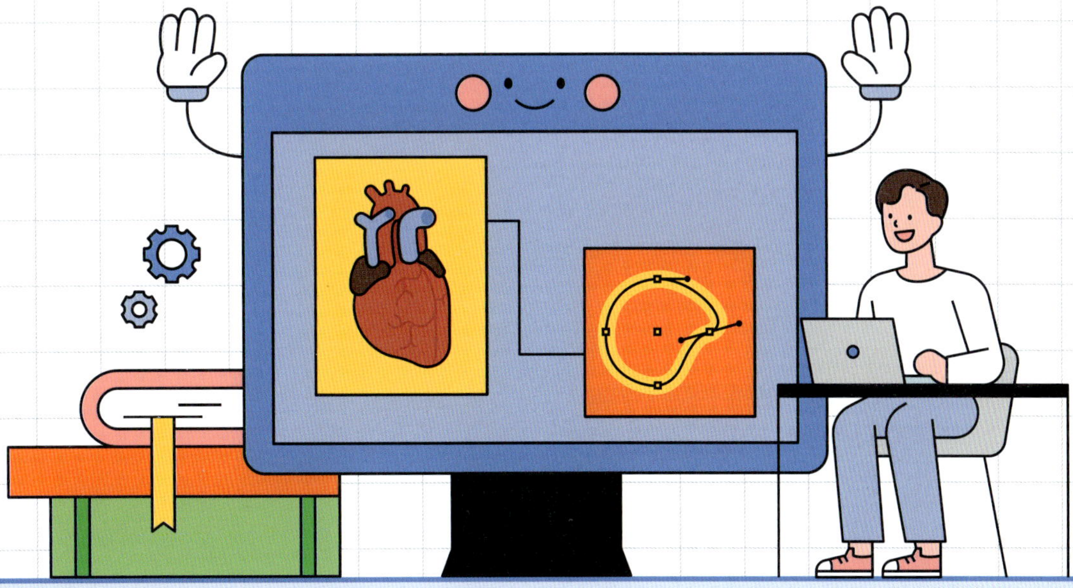

골치 아픈 논문 그림 쉽게 그리기

첫째판 1쇄 인쇄 | 2025년 1월 5일
첫째판 1쇄 발행 | 2025년 1월 15일

지 은 이 신동선
발 행 인 장주연
출 판 기 획 최준호
책 임 편 집 박미애
표지디자인 김재욱
편집디자인 김민정
제 작 담 당 황인우
발 행 처 군자출판사
등록 제4-139호(1991. 6. 24)
본사 (10881) **파주출판단지** 경기도 파주시 회동길 338(서패동 474-1)
전화 (031) 943-1888 팩스 (031) 955-9545
홈페이지 | www.koonja.co.kr

ISBN 979-11-7068-216-5

정가 30,000원

골치 아픈 논문 그림 쉽게 그리기

신동선 지음

저자 소개

저자 신동선

현, 세한대학교 AI융합학부 조교수

전, 킨키대학교 의과대학 해부학교실 조교수

전, 오사카대학교 이학연구과 특임조교수

전, 오사카대학교 의학연구과 특임조교수

오사카대학교 이학연구과 생물과학전공 박사과정 졸업(이학박사)

아주대학교 일반대학원 의학과 박사과정 졸업(의학박사)

100여 편의 SCIE, KCI 논문의 그림 제작. 과학, 의학 서적의 그림 제작

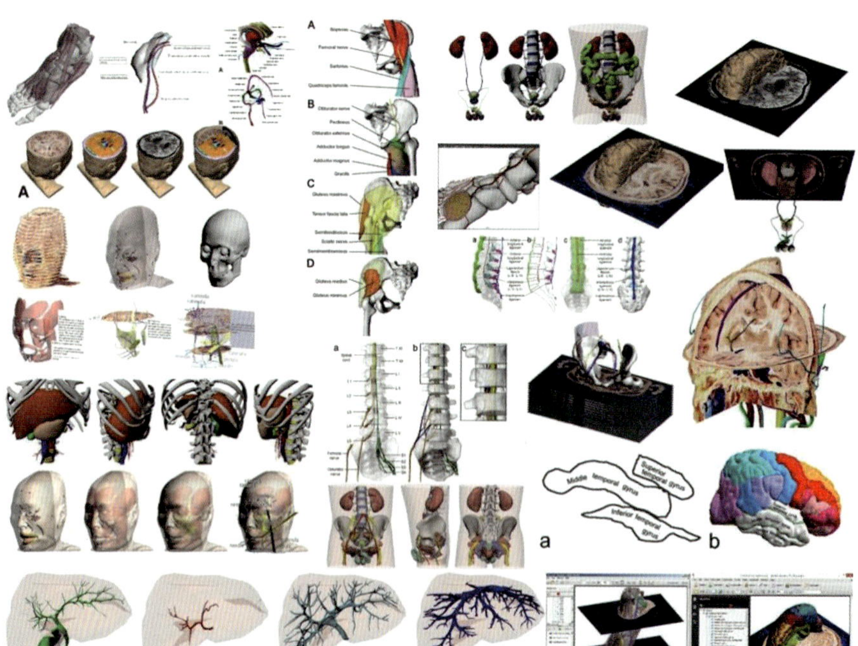

머리말

이 책에서는 논문 그림을 그리는 데 필요한 방법, 팁, 원칙들을 체계적으로 정리하였습니다. 여기에 제가 겪은 시행착오와 경험을 통해 얻은 실질적인 내용도 포함하였습니다. 연구 내용을 효과적으로 전달하는 그림을 만드는 일은 결코 쉬운 작업이 아닙니다. 저 역시 처음에는 어디서부터 시작해야 할지 막막했지만, 반복적인 시도와 개선을 통해 조금씩 방법을 익혀 나갔습니다. 이후 100여 편의 논문 그림을 작업하며 이를 체계화할 수 있었습니다.

이 책에서는 기본 도구 사용법, 아이디어를 효과적으로 시각화하는 방법, 독자가 내용을 한눈에 이해할 수 있도록 돕는 기술까지 구체적으로 다룹니다. 또한, 최근 AI 기술의 발전으로 그림 제작 과정이 급변하고 있는 점을 반영하여, AI를 활용한 효율적인 그림 제작 방법과 실제 사례도 포함하였습니다.

이 책이 논문 그림 제작 과정에서 막막함을 느끼는 연구자들에게 유용한 지침이 되길 바랍니다. 더불어, 연구자 여러분이 이 책을 통해 효율적이고 자신감 있게 그림을 완성할 수 있기를 기대합니다.

2024년 12월

신동선 드림

목차

contents

5 지시선, 기존 그림을 참고하기

6 실전

1

개요

좋은 논문 그림이 필요한 이유는?

논문의 이해를 쉽게 해서, 복잡한 정보와 개념을 쉽고 명확하게 전달합니다.

데이터와 결과를 시각적으로 나타내어 독자의 이해를 돕습니다.

시각적 요소는 논문을 눈에 띄게 하여 독자의 관심을 끕니다.

논문의 주요 아이디어와 논리적 흐름을 강조합니다.

연구 결과를 명확하게 시각화하여 신뢰성을 높입니다.

그림은 다른 나라의 독자에게도 연구 내용을 효과적으로 전달하기 때문에 언어의 장벽을 극복할 수 있게 합니다.

즉, 좋은 논문 그림은 정보를 명확하고 효과적으로 전달하고, 연구의 가치와 이해를 극대화합니다.

좋은 논문 그림은 어떤 것일까요?

좋은 논문 그림은 다음과 같은 특성을 가집니다.

- 명확성: 정보를 분명하고 이해하기 쉽게 전달합니다.
- 정확성: 연구 데이터와 결과를 정확하게 반영합니다.
- 간결성: 필요한 정보만을 포함하여 복잡성을 최소화합니다.
- 관련성: 논문의 주제와 직접적으로 관련되어 있습니다.
- 시각적 매력: 적절한 색상, 레이아웃을 사용하여 관심을 끌고 정보를 쉽게 전달합니다.
- 표준 준수: 과학적 표현과 기호에 대한 일반적인 표준을 준수합니다.

즉, 좋은 논문 그림은 연구 내용을 효과적으로 전달하고, 독자의 이해를 촉진하며, 연구의 전반적인 가치를 높이는 데 기여합니다.

나쁜 논문 그림은 다음과 같은 특성을 가집니다.

- 불명확함: 정보가 모호하거나 이해하기 어렵게 전달됩니다.
- 정확성 부족: 연구 데이터와 결과를 잘못 표현하거나 왜곡합니다.
- 과잉 정보: 필요 이상의 정보를 포함하여 복잡하고 혼란스럽게 만듭니다.
- 비관련성: 논문의 주제나 주장과 관련이 없거나 약한 연관성을 보입니다.
- 시각적 혼란: 색상, 폰트, 레이아웃 등이 적절하지 않아 시각적으로 혼란스럽거나 불쾌감을 줍니다.
- 표준 미준수: 과학적 표현이나 기호의 일반적인 표준을 따르지 않아 전문성이 떨어집니다.
- 화가 나는 그림: 왠지 짜증이 나는 그림이 있습니다.

나쁜 논문 그림은 연구 내용의 전달을 방해하고, 독자의 이해를 저해하며, 전반적인 논문의 질을 떨어뜨립니다. 따라서, 연구자는 논문 그림을 선택하거나 제작할 때 이러한 점에 주의해야 합니다.

그래픽 툴에 익숙해지는 방법

1 주변 전문가의 도움을 적극적으로 받기

그래픽 툴의 사용이 어려울 때, 혼자 고민하지 않고 주변의 전문가들을 활용하는 것이 가장 빠른 방법입니다. 친구나 동료, 혹은 커뮤니티에서 만난 사람들에게 조언을 구하는 것도 좋은 방법입니다. 개인적으로 조언을 구했을 때 뜻밖의 유용한 팁이나 혼자서는 떠올리기 힘든 창의적인 방법을 배울 수 있습니다.

2 온라인 강좌, 커뮤니티, 유튜브 및 인터넷 검색 활용하기

그래픽 툴을 기초부터 고급까지 체계적으로 학습하고 싶다면, 온라인 강좌를 추천합니다. 단계별로 학습할 수 있기 때문입니다. 카페, 단체 대화방 같은 온라인 커뮤니티도 그래픽 툴을 배우기 위한 유익한 공간입니다. 그곳에서 실용적인 조언과 해결책을 실시간으로 찾을 수 있을 것입니다.

무료로 공부할 수 있는 유튜브는 그래픽 도구 사용법을 쉽게 배울 수 있는 가장 보편적인 플랫폼이라고 할 수 있습니다. 가끔은 예상치 못한 유용한 팁을 발견하기도 합니다.

구글 검색을 통해 특정 도구의 기능부터 최신 기능까지 쉽게 찾아볼 수 있습니다.

3 연습하기

그래픽 툴은 마치 게임과 같습니다. 꾸준히 연습하다 보면 어느새 자신도 모르게 실력이 향상되고 익숙해지게 될 것입니다. 또한 여러 가지를 시도할수록 자신의 노하우가 생길 것입니다.

4 일단 해보기

그래픽 툴이 어색하더라도 막상 해야 할 일이 생기면 위의 방법들을 동원해서 어떻게든 해야 할 것입니다. 이렇게 하나씩 완성하다 보면 저절로 툴에 익숙해지게 됩니다.

논문 그림의 규정

보기를 들어서, Cell Press의 그림 가이드라인의 대략적인 내용은 다음과 같습니다. 처음에 투고할 때는 이것만 지키면 됩니다.

- 초기 제출 – 초기 제출 및 동료 심사를 위해:
- 다양한 형식, 크기 및 해상도의 그림을 수락할 수 있습니다.
- 원고와 별도로 그림을 업로드할 수 있으며, 텍스트 내에 그림과 그림 설명을 혼합하여 배치할 수도 있습니다.
- 편집자와 심사위원이 파일을 더 쉽게 작업할 수 있도록 이미지 파일의 크기를 작게(1–2MB) 유지해 주세요. 기사 게재가 승인되면 필요한 경우 생산을 위해 고해상도 이미지 파일을 요청할 것입니다.
- 그림은 Cell Press 데이터 처리 정책의 요구 사항을 충족해야 합니다.
- 그림에 다른 출판사의 저작권이 있는 자료가 포함된 경우, 권한 지침을 준수해야 합니다.

최종 제출 시에는 다음과 같은 사항을 지켜야 합니다.

- 최종 제출 – 최종 제작을 위해:
- 고해상도 TIFF 또는 PDF 파일을 선호합니다. 이러한 형식은 모든 장치에서 열 수 있으며, 그림의 모양과 품질을 유지할 수 있습니다(아래의 파일 유형 및 파일 크기도 참조).
- 주의: Cell 저널은 Leading Edge 그림에 대해 소스 파일(AI, PSD 또는 PPT)을 선호합니다.
- 주의: STAR Protocols는 그림을 JPG 형식으로 제공해야 합니다.
- 주의: TIFF와 PDF는 ChemDraw에서 생성된 그림에 대해 선호하는 형식이지만, CDX 파일도 허용됩니다. 가능하다면 ChemDraw 파일은 Mac보다 PC에서 저장해주세요. Mac에서 생성된 파일은 PC에서 처리할 때 특정 세부정보(예: 기호)가 손실될 수 있습니다.
- 그림은 원고에 포함되지 않고 별도의 이미지 파일로 제공해야 하며, 그림 제목과 설명은 주요 텍스트 파일에 편집 가능한 텍스트로 제공해야 합니다.
- 각 그림 파일에는 해당 그림의 모든 패널이 포함되어야 하며, 그림 패널을 개별적으로 보내지 마세요.각 그림 파일의 크기는 20MB를 넘지 않아야 합니다.

그림 준비 지침은 다음과 같습니다.

- 그림 파일을 쉽게 식별할 수 있도록 명확하게 번호를 매겨 주세요(예: Figure 1.tif).
- 그림은 Cell Press 데이터 처리 정책의 요구 사항을 충족해야 합니다.
- 그림에 다른 출판사의 저작권이 있는 자료가 포함된 경우, 권한 지침을 준수해야 합니다.
- 각 그림은 한 페이지에 맞아야 합니다. 페이지 여백과 텍스트를 고려하여 그림 크기는 최대 6.5 x 8인치(16.5 x 20 cm)로 권장합니다. 원고가 조판될 때, 그림 아래에 전체 그림 캡션(그림 설명)을 포함하려고 합니다. 그림이 너무 크면 불가능할 수 있습니다. 저널별 크기 지침이 참고용으로 제공됩니다.
- 그림은 원고에 포함되지 않고 별도의 이미지 파일로 제출해야 합니다.
- 그림 패널을 개별 파일로 보내지 마세요.
- 컬러 또는 그레이스케일 그림의 해상도는 원하는 인쇄 크기에서 300 dpi여야 합니다.
- 흑백 그림의 해상도는 원하는 인쇄 크기에서 500 dpi여야 합니다.
- 선 아트 그림의 해상도는 원하는 인쇄 크기에서 1,000 dpi여야 합니다.
- 소스 문서 내의 래스터 아트워크가 적절한 최소 해상도에 맞는지 확인하세요.
- 색상을 사용할 경우 RGB로 인코딩해야 합니다.
- 모든 시청자를 고려하여 빨간색과 녹색을 함께 사용하지 않아야 합니다. (Cal Henderson의 Color Vision 도구는 다양한 색각을 가진 사람들을 위한 이미지 접근성을 보장하는 데 도움이 됩니다.)
- 항상 글꼴을 포함하고 Arial 글꼴만 사용해야 합니다.
- 서로 다른 패널은 대문자로 라벨을 붙여야 합니다.
- 텍스트 크기는 원하는 인쇄 크기에서 약 6–8 pt로 해야 합니다.
- 그림의 부분 간 수직 공간은 시각적 명확성을 위해 필요한 만큼만 제한해야 합니다.
- 선의 두께 또는 스트로크 너비는 0.5–1.5 pt 범위로 설정해야 합니다.
- 회색 채우기는 다른 채우기와 최소 20% 차이를 두고, 10%보다 밝거나 80%보다 어둡지 않아야 합니다.
- 레이어를 사용할 경우, 이미지를 저장하기 전에 하나의 레이어로 줄여야 합니다(Leading Edge 논문이 Cell에 게재되는 경우 제외).
- 마이크로그래프에는 확대 배율 대신 스케일 바가 제공되어야 합니다.

더 많은 도움이 필요하면 그림 준비에서 일반적인 실수를 피하는 방법에 대한 블로그 게시물을 참조하세요.

파일 형식 및 파일 크기는 다음과 같습니다.

- TIFF와 PDF는 최종 생산 파일에 대해 선호되는 형식입니다. 이 파일 형식은 파일 아카이빙, 품질, 사용 용이성 및 다재다능성 측면에서 최상의 결과를 제공합니다. Editorial Manager는 JPEG, EPS 및 CDX 파일도 수락합니다. 다른 형식은 이러한 허용된 파일 형식 중 하나로 변환해야 합니다. Adobe Photoshop, Adobe Illustrator, Canvas, ChemDraw, CorelDraw, SigmaPlot, Origin Lab 등과 같은 거의 모든 일반적인 아트워크 생성 소프트웨어는 PDF 형식으로 파일을 저장할 수 있습니다. 이 옵션은 일반적으로 "파일" 메뉴의 "다른 이름으로 저장" 또는 "내보내기" 명령 아래에서 찾을 수 있습니다.
- 개별 그림 파일의 최대 크기는 20MB로 제한됩니다. 파일 크기를 줄이기 위해 레이어를 평면화 하거나 해상도가 가이드라인을 초과할 경우 파일을 다운샘플링해 볼 수 있습니다. TIFF 파일을 사용하는 경우 LZW 압축을 사용해야 합니다. PDF 파일을 사용하는 경우 "파일 〉 다른 이름으로 저장" 메뉴에서 "크기 줄이기 PDF" 옵션을 선택해 볼 수 있습니다. 품질 저하 없이 20MB 이하로 파일 크기를 줄일 수 없는 경우 저널의 편집 운영 담당자에게 도움을 요청하세요.
- **TIFF**
  TIFF는 비트맵(선 아트), 그레이스케일 및 컬러 이미지에 권장됩니다. TIFF는 여러 가지 우수한 압축 방식을 지원하여 파일 크기를 최소화하여 파일 전송을 용이하게 합니다. 항상 LZW 압축 옵션을 사용해야 합니다.
- **PDF**
  PDF는 모든 종류의 그림이나 이미지에 권장됩니다. 고품질 PDF는 원래 형식의 벡터 그래픽과 픽셀 기반 이미지를 모두 포함할 수 있으며, 귀하의 그림이 의도한 대로 표시되도록 보존합니다.
- **EPS**
  EPS는 벡터 이미지(차트, 그래프, 기술 도면, 주석이 달린 이미지)에 권장됩니다. EPS 형식으로 이미지를 내보낼 때, 포스트스크립트 버전을 선택하라는 메시지가 나타나면 가장 높은 버전을 선택하고 모든 글꼴이 포함되도록 선택합니다. 거의 모든 일반적인 아트워크 생성 소프트웨어는 EPS 형식으로 파일을 저장할 수 있습니다.
- **MS Office** (Word, Excel, PPT 그림)
  MS Office 파일을 PDF로 변환하십시오. MS Office 애플리케이션에 배치된 모든 아트워크가 적절한 최소 해상도에 있는지 확인하십시오. MS Office 애플리케이션에 배치한 후 이미지를 줄이거나 늘리지 마십시오. 이렇게 하면 이미지 품질이 저하될 수 있습니다.

- **AI** (Illustrator)

  AI 파일 형식은 Cell 저널의 Leading Edge 그림에만 사용해야 합니다. AI 파일을 저장할 때 모든 글꼴을 포함시키고 모든 이미지를 포함시키십시오(외부 이미지를 포함시키려면 Illustrator의 "링크" 메뉴를 참조하십시오). 글꼴이나 이미지가 올바르게 포함되지 않으면 재현 또는 인쇄 중에 누락될 수 있습니다.

ChemDraw는 화학 구조를 그리기 위한 선호 소프트웨어입니다. 설정은 다음과 같아야 합니다:

- 체인 결합 각도 = 120°
- 고정 결합 각도 = 15°
- 결합 길이 = 0.45 cm
- 결합 너비 = 0.015 cm
- 굵은 결합 너비 = 0.05 cm
- 이중 결합 간격 = 결합 길이의 20%
- 스테레오 결합 너비 = 0.056 cm
- 해시 간격 = 0.065 cm
- 캡션 및 원자 레이블* = Arial, 7pt
- 원자 레이블에서 "말단 탄소에서 레이블 표시" 및 "암시적 수소 숨기기"를 체크 해제해야 합니다.
- 초기 제출: ChemDraw 파일을 텍스트에 포함시키거나 TIFF 또는 PDF 파일로 별도로 제공하십시오.
- 최종 제출: 당사의 단일 열 또는 전체 페이지 템플릿을 사용하고 TIFF 또는 PDF 형식으로 파일을 저장합니다(CDX는 허용되지만 조판 중 PDF로 변환됩니다). 가능하다면 ChemDraw 파일을 Mac보다 PC에서 저장하는 것이 좋습니다. Mac에서 생성된 파일은 PC에서 처리할 때 특정 세부정보(예: 기호)가 손실될 수 있습니다.

이 외의 논문 그림 규정

- 셀: https://www.cell.com/figure-guidelines
- 네이처: https://www.nature.com/srep/author-instructions/submission-guidelines#general-figure
- Wiley: https://authorservices.wiley.com/author-resources/Journal-Authors/Prepare/manuscript-preparation-guidelines.html/figure-preparation.html

이미지 파일에 대해

이미지 파일의 기본적인 속성을 알아봅시다. 논문 그림을 만들 때 각 저널의 규정에 따라 이미지 파일을 만들어야 합니다.

파일 이름:

이미지 파일의 이름입니다. 파일을 구별할 때 사용됨.

카테고리:

- 벡터(Vector): 확대해도 깨지지 않는 이미지(로고, 아이콘 등)
- 비트맵(Bitmap): 픽셀로 이루어진 이미지(사진, 그림 등)

포맷(형식):

- JPG: 사진에 자주 사용, 압축됨
- PNG: 투명 배경이 가능한 파일
- PSD: 포토샵에서 사용하는 파일
- AI: 일러스트레이터에서 사용하는 벡터 파일

색상 모드:

- RGB: 화면(모니터)에서 사용되는 색 모드
- CMYK: 인쇄할 때 사용되는 색 모드

이미지 크기:

이미지의 가로, 세로 크기. 픽셀(px), 센티미터(cm), 또는 인치(inch) 단위로 표시됨.

해상도:

- PPI: 화면에서 픽셀이 얼마나 촘촘한지를 나타냄.
- DPI: 인쇄할 때 도트가 얼마나 촘촘한지를 나타냄.

2

그림 배치하기

논문 그림의 배치

논문 그림의 배치는 여러 요소에 따라 달라질 수 있으며, 특히 그림이 가로로 배치될지 또는 세로로 배치될지에 따라 초기 그림 준비 과정이 달라집니다. 가로로 그림을 배치하는 경우, 그림의 크기와 형식이 전체 페이지 레이아웃과 조화를 이루어야 하며, 독자가 그림과 함께 제공되는 캡션을 쉽게 읽을 수 있도록 해야 합니다. 세로로 그림을 배치할 경우, 그림의 세부 사항과 중요 요소들이 잘 드러나도록 크기와 구성 요소를 신중히 고려해야 합니다.

이 경우 그림의 요소들이 적절히 나누어져 있으며, 각 부분이 독립적으로 이해될 수 있도록 배열되어야 합니다. 따라서, 그림 준비 단계에서부터 이러한 배치 방식을 염두에 두고 작업하는 것이 필요합니다.

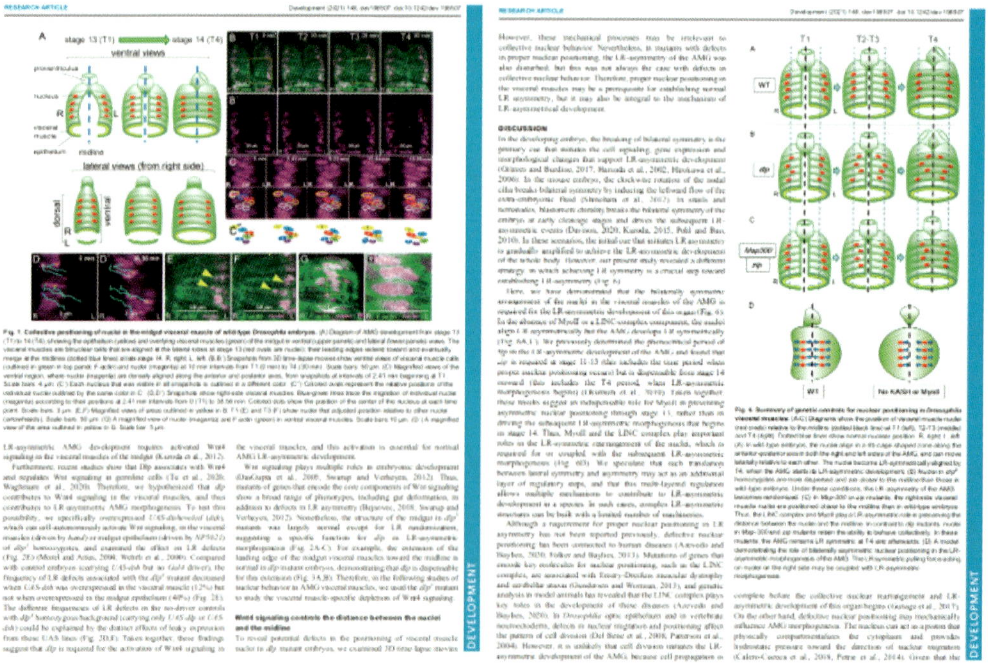

논문 그림을 가로로 배치한 경우(왼쪽)와 세로로 배치한 경우(오른쪽)

가로로 배치했을 때 성공한 경우와 실패한 경우는 다음과 같습니다.

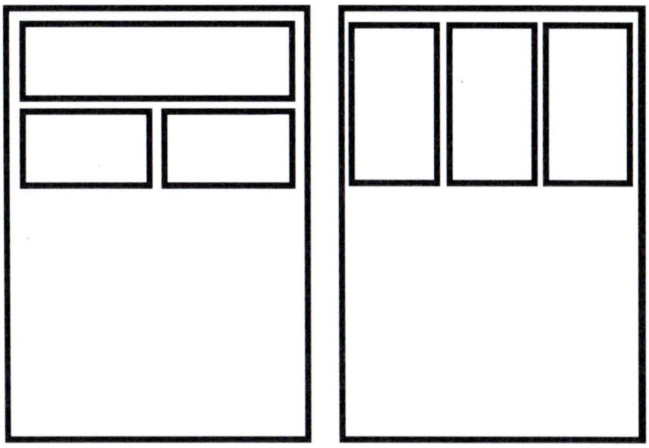

성공한 경우
여백이 없습니다.

실패한 경우
여백이 생겨서 공간을 낭비하게 됩니다.

여백이 없도록 배치하는 몇 가지 방법

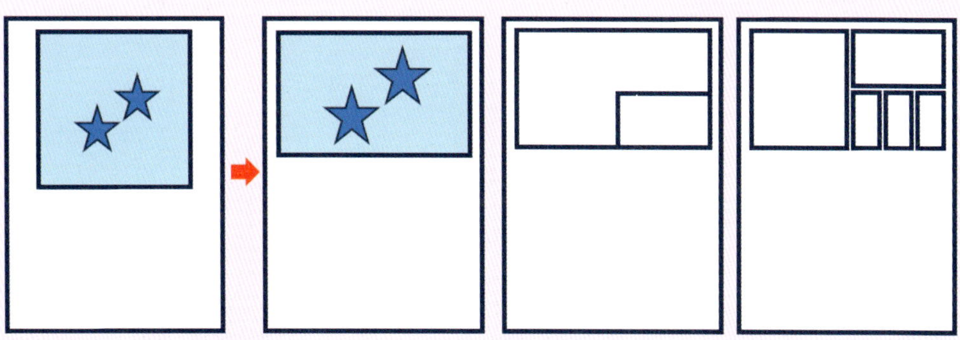

중요하지 않은 부분은 잘라냅니다.
이때 비율이 바뀌지 않도록 주의합니다.

그림 안의 중요하지 않은 부분에 다른 그림을 넣습니다.

테트리스 하듯이 그림을 잘라서 차곡차곡 배치합니다.

'여백의 미'에 대해

일반적인 그림에서는 여백을 활용하여 미적 균형을 이루고, 시각적 여유를 제공함으로써 보는 이에게 편안함을 주는 "여백의 미"를 중시합니다. 그러나 논문에서는 이러한 미적 요소보다는 효율성과 정보 전달이 핵심이기 때문에 다음과 같은 이유로 여백을 최소화합니다.

논문은 제한된 지면에서 많은 정보를 제공해야 하므로, 그림이나 도표에서 불필요한 여백을 줄여 데이터를 더 명확하고 간결하게 전달합니다. 여백이 많으면 공간이 낭비되어 핵심 정보가 충분히 들어가지 못할 수 있습니다.

그림의 여백이 많으면 독자의 시선이 분산될 수 있어, 중요한 데이터에 대한 집중이 저하될 수 있습니다. 논문 그림에서는 데이터나 분석 내용에 집중할 수 있도록 여백을 최소화하여 독자의 시선을 원하는 정보로 이끕니다.

학술지나 논문은 제한된 페이지 수와 지면을 효율적으로 사용해야 합니다. 여백이 많으면 그림이 불필요하게 커지고, 그 결과로 논문 전체의 페이지 수가 증가할 수 있어 불필요한 공간 낭비로 이어집니다.

많은 학술지에서는 그림과 도표의 형식 가이드라인을 제공하는데, 이들은 일반적으로 여백을 최소화하고 내용을 최대한 효과적으로 전달할 수 있는 구성을 지향합니다. 이로 인해 논문 전체가 일관된 형식과 전문성을 유지할 수 있습니다.

따라서, 논문에서는 정보의 명료한 전달이 가장 중요한 목적이기 때문에, 여백을 활용하는 미적 요소보다는 내용의 정확성과 공간 효율성을 우선적으로 고려하게 됩니다.

논문 그림의 흐름

하나의 논문을 통해 논문 그림의 흐름을 알아보겠습니다.

PubMed®

Advanced

Save Email

> Development. 2021 Sep 15;148(18):dev198507. doi: 10.1242/dev.198507. Epub 2021 Apr 29.

Collective nuclear behavior shapes bilateral nuclear symmetry for subsequent left-right asymmetric morphogenesis in Drosophila

Dongsun Shin [1], Mitsutoshi Nakamura [1], Yoshitaka Morishita [1], Mototsugu Eiraku [2], Tomoko Yamakawa [1], Takeshi Sasamura [1], Masakazu Akiyama [3], Mikiko Inaki [1], Kenji Matsuno [1]

Affiliations + expand

PMID: 34097729 PMCID: PMC8126412 DOI: 10.1242/dev.198507

Free PMC article

Abstract

Proper organ development often requires nuclei to move to a specific position within the cell. To determine how nuclear positioning affects left-right (LR) development in the Drosophila anterior midgut (AMG), we developed a surface-modeling method to measure and describe nuclear behavior at stages 13-14, captured in three-dimensional time-lapse movies. We describe the distinctive positioning and a novel collective nuclear behavior by which nuclei align LR symmetrically along the anterior-posterior axis in the visceral muscles that overlie the midgut and are responsible for the LR-asymmetric development of this organ. Wnt4 signaling is crucial for the collective behavior and proper positioning of the nuclei, as are myosin II and the LINC complex, without which the nuclei fail to align LR symmetrically. The LR-symmetric positioning of the nuclei is important for the subsequent LR-asymmetric development of the AMG. We propose that the bilaterally symmetrical positioning of these nuclei may be mechanically coupled with subsequent LR-asymmetric morphogenesis.

Keywords: 3D reconstruction; Actin; Development; Image processing; Nucleus.

논문의 첫 번째 그림입니다. 그림의 의미와 의도를 알아봅시다.

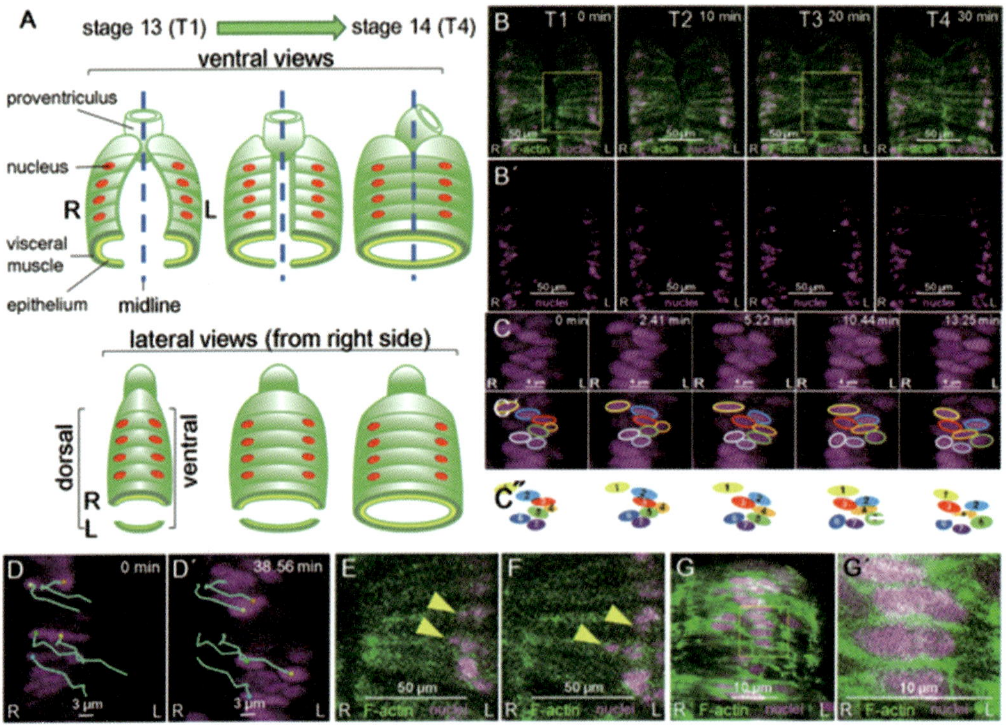

A: 정상적인 창자가 발생하는 과정을 표현한 그림입니다. T1은 time 1, T4는 time 4입니다. T1에 해당하는 시점이 stage13, 즉 13번째 발생 단계이고, T4에 해당하는 시점이 stage 14, 즉 14번째 발생단계인 것을 표시했습니다. Stage 13에서 창자는 분리된 2개의 조각으로 존재하지만, 발생이 진행되면서 stage 14에서는 하나의 원통이 됩니다. 위의 3개는 시간별로 앞에서 본 것이고, 아래 3개는 옆에서 본 것입니다. 각 그림에 R, L로 방향을 표시했습니다.

B: T1에서 T4까지 창자가 발생하는 모습의 현미경 사진입니다. 10분 간격으로 찍었다는 것을 표시했고, 크기를 가늠하기 위해 스케일바를 넣었고, 좌우를 넣었고, 초록색은 근육, 자주색은 세포핵이라고 표시했습니다. 근육, 세포핵의 색과 글씨의 색을 일치시켜서 알아보기 쉽게 했습니다.

B': B와 같은 현미경사진이지만, 세포핵의 움직임을 잘 보기 위해 근육을 빼고 세포핵만 남겼습니다.

C: 발생 과정에서 세포핵의 위치가 시간에 따라 변하는 것을 확대해서 본 것입니다. B와 다른 사진이기 때문에 정확한 시간을 다시 표시했습니다. 크기도 달라졌기 때문에 스케일바도 달라졌습니다. B와 다른 사진이기 때문에 좌우도 새로 표시했습니다.

C', C'': C와 같은 사진에서 세포핵의 위치가 서로 바뀌는 것을 잘 나타내기 위해 테두리를 그렸습니다. C''에서는 더욱 잘 파악할 수 있도록 테두리에 다른 색을 칠해서, 각 세포핵의 위치관계가 바뀐 것을 나타냈습니다.

D, D': 약 30분 동안 세포핵이 얼만큼 이동하는지를 트래킹을 해서 나타냈습니다. 역시 새로운 그림이기 때문에 좌우, 스케일바, 시간을 넣었습니다.

E, F: B그림의 T1, T3의 네모로 표시한 부분을 확대한 것입니다. 따라서 스케일바도 바뀌었습니다. 두 개의 세포핵의 위치관계가 달리지는 것을 노란색의 화살표로 표시했습니다.

G, G': G는 세포핵을 앞에서 본 것이며, 여기에서 네모로 표시한 부분을 확대한 것이 G'입니다. 따라서 스케일바의 크기가 다르고, 어느 부분을 확대한 것인지를 표시했습니다. 세포핵이 근육으로 둘러싸여 있다는 것을 보여주기 위한 사진입니다.

이 첫 번째 그림은 논문의 Introduction을 담고 있습니다. 즉, 이 그림만 보면 이 논문의 introduction을 한 눈에 알 수 있는 것입니다.

두 번째 그림입니다.

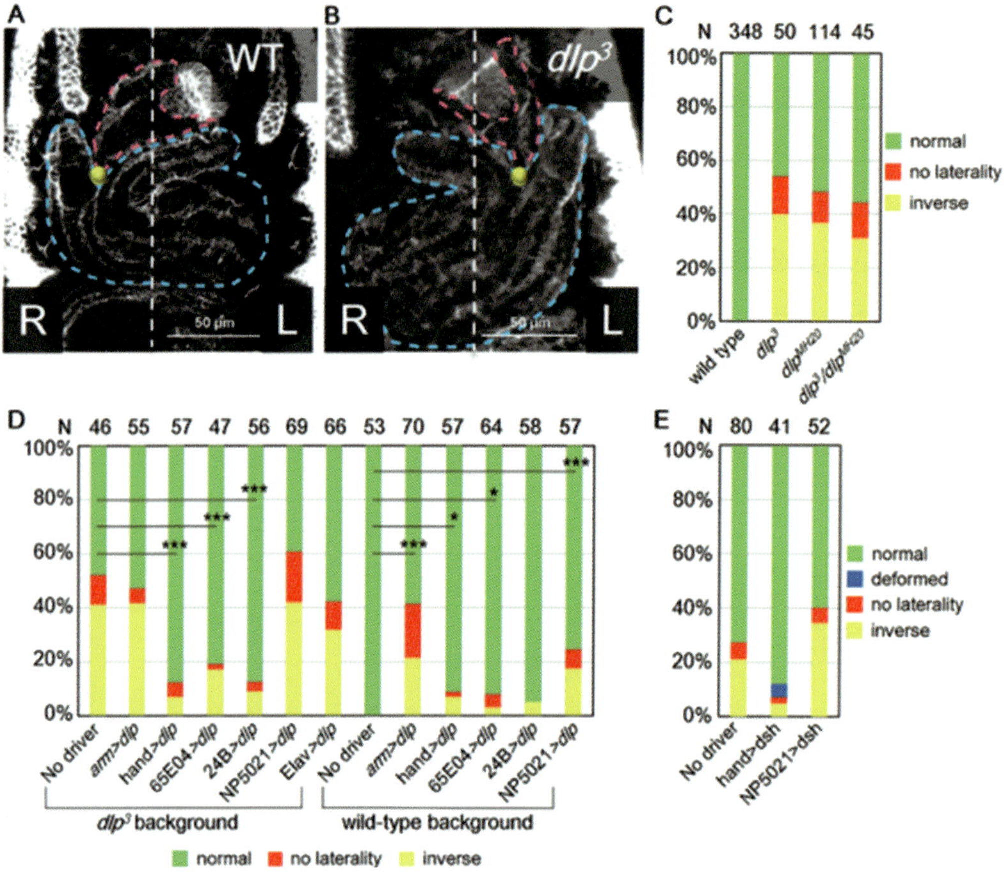

A, B: 창자가 발생할 때, 창자의 윗부분의 방향이 야생형, 즉 정상입니다. 오른쪽의 dlp3라는 유전형과 윗부분이 다르다는 것을 나타낸 현미경 사진입니다. 야생형은 창자의 위쪽이 왼쪽으로, dlp3는 오른쪽으로 치우친 것을 나타내고 있습니다. 어느 쪽으로 치우쳤는지 알아보기 쉽게 하기 위해, 가운데에 선을 그었고, 윗부분과 아랫부분이 만나는 부분에 노란색 원을 그려서, 원이 오른쪽 또는 왼쪽에 위치한다는 것을 나타냈습니다. 또한 창자의 테두리에 점선을 그려서 창자를 구분했습니다. 이렇게 하지 않으면 다 시커멓기 때문에 어디가 창자인지 모를 것입니다(아는 사람만 알 것입니다). 테두리를 그릴 때에도, 창자의 위쪽과 아래쪽을 다른 색으로 그려서 구분했습니다.

C, D, E: C는 야생형과 다른 3가지 유전형에서 창자의 위쪽 방향이 정상, 방향성 없음, 반전의 경우를 나타낸 것입니다. D, E는 여러 드라이버를 사용했을 때 창자의 위쪽 방향의 비율을 나타낸 것입니다.

세 번째 그림입니다.

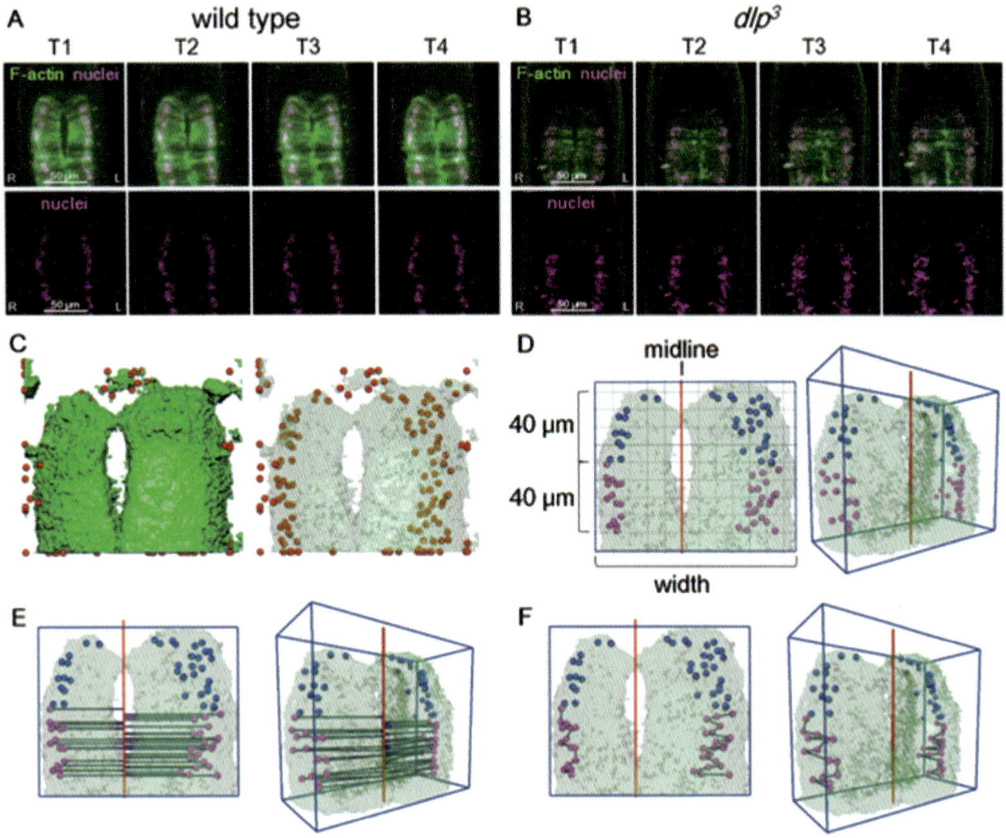

A: 창자가 발생하는 과정을 시간대별로 나타낸 현미경 사진입니다. 세포핵의 움직임을 알아보기 쉽게 하기 위해 두 번째 줄에는 세포핵만 남겼습니다.

B: 정상과 비교하기 위해, dlp3 유전형을 정상인 A와 같은 시간대별로 나타낸 것입니다. 크기, 위치 등의 조건을 A와 최대한 비슷하게 했습니다.

C: 세포핵이 중심에서 얼마나 떨어졌는지를 3D모델을 만들어서 측정했다는 것을 설명하는 그림입니다. 실제 측정 과정에서는 선이 없지만, 측정 방법을 설명하기 위해 선을 그려 넣었습니다.

D: 세포핵 사이의 거리가 얼마나 떨어졌는지를 3D모델을 만들어서 측정했다는 것을 설명하는 그림입니다. 세포핵 사이의 거리를 측정하면, 세포핵들끼리 모여 있는지, 즉 정렬되어 있는지, 혹은 퍼져 있는지를 알 수 있습니다. 실제 측정 과정에서는 선이 없지만, 측정 방법을 설명하기 위해 선을 그려 넣었습니다.

즉, 이 그림은 실험방법을 설명한 것입니다.

네 번째 그림입니다.

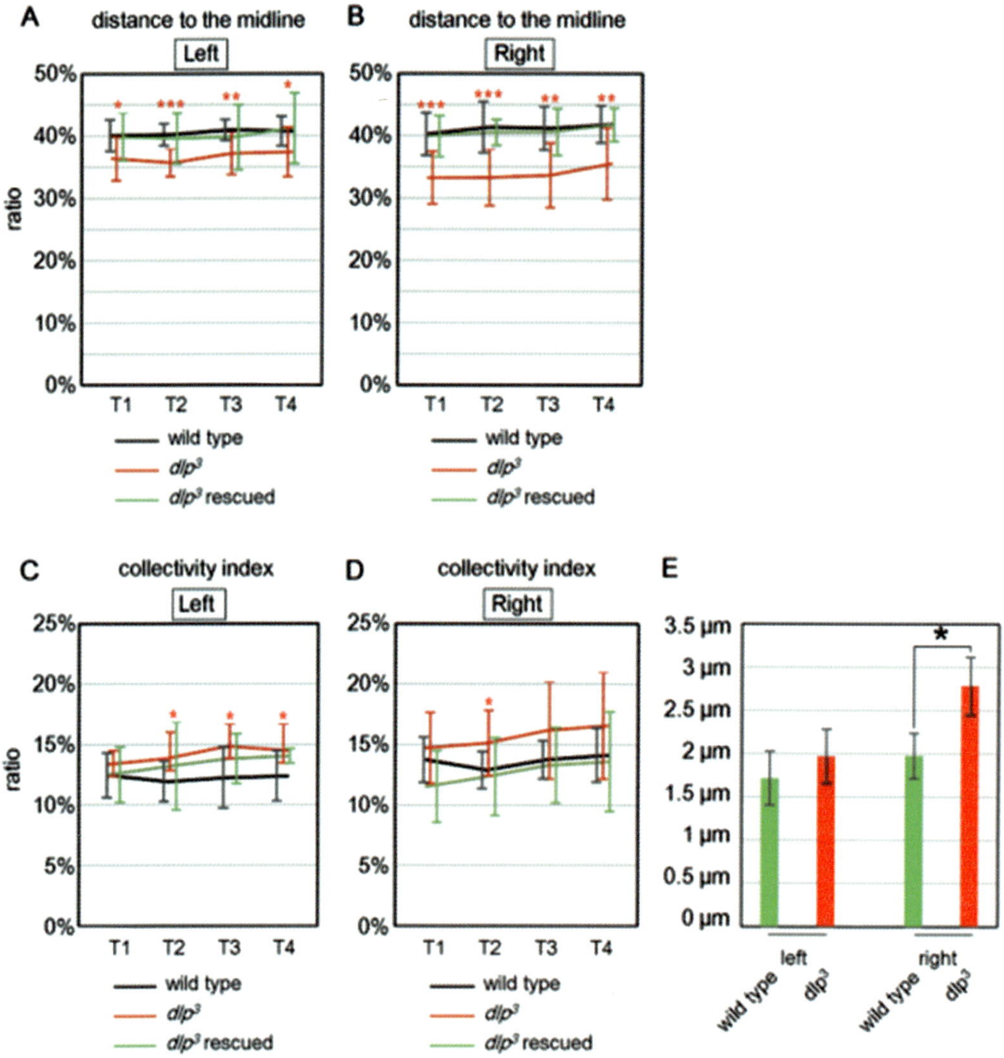

A, B: 발생 중인 야생형, dlp3, dlp3 rescued의 세포핵이 중심과 떨어진 거리입니다. 시간이 지날수록 중심에서 멀어지는 것을 볼 수 있습니다. 창자의 크기는 개체마다 다르기 때문에, 절대거리로 측정하면 객관적이지 않기 때문에, 창자의 양쪽 끝을 측정한 거리를 100%로 하고, 중심에서 세포핵까지의 거리를 길이 대신 %로 표현한 것입니다. 오른쪽과 왼쪽에서의 움직임이 다른데 하나의 표에 표시하면 알아보기 힘들기 때문에 A는 왼쪽, B는 오른쪽으로 표를 분리해서 표현했습니다.

C. D: A, B와 같은 방법으로, A, B는 중심에서 세포핵과의 거리이지만, 여기에서는 각 세포핵들 사이의 거리입니다.

E: 야생형(초록색)과 dlp3 유전형(빨간색)의, 세포핵들 사이의 평균 거리를 실제 길이로 나타낸 것입니다. 알아보기 쉽도록 왼쪽과 오른쪽을 나눠서 표현했습니다.

즉, 이 그림은 실험결과를 설명한 것입니다.

A, B 다음의 공간이 비어 있는, 잘못된 레이아웃이라고 할 수 있습니다. 논문 작성 당시에는 4개의 표가 정렬되어 있었지만, 심사 과정에서 심사위원이 표를 새로 넣으라고 해서 E가 추가되는 바람에 이렇게 레이아웃이 무너졌습니다. 생각 없이 지적하는 심사위원이 있어도 따라야 논문이 출판될 수 있기 때문에 이렇게 된 것입니다. 결과에서도 딱히 의미가 크기 않기 때문에, 이게 꼭 필요하면 supplemental data로 하라고 해야 했을 것입니다. 아니면 A, B 다음에도 이러한 그래프를 넣으라고 해야 했을 것입니다.

다섯 번째 그림입니다.

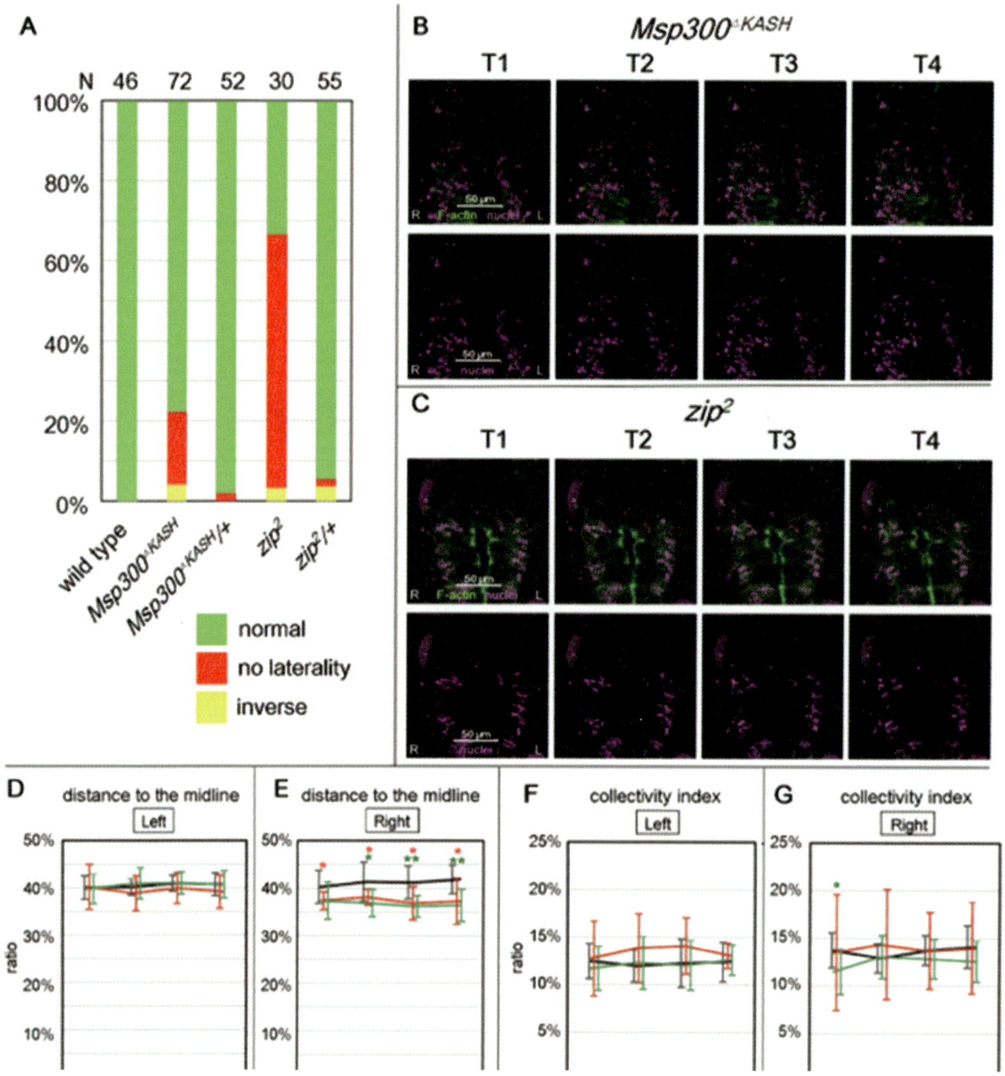

다섯 번째 그림은 Msp300과 MyoII (Zip)이 핵의 올바른 위치와 집합적인 핵 행동에 미치는 영향을 보여줍니다.

A: Msp300과 zip 돌연변이에서 발생하는 좌우 비대칭성 결함을 보여줍니다. 정상적인 경우 좌우 비대칭적으로 발달해야 할 기관이 돌연변이에서는 비대칭성 결함을 나타냅니다.

B, C: Msp300 돌연변이(B)와 zip 돌연변이(C)에서 내장 근육의 핵이 여전히 집합적 행동을 유지하고 있음을 보여줍니다. 이 사진들은 핵들이 여전히 가까이 모여 있지만, 핵의 위치는 돌연변이에 의해 중간선에 가까워졌다는 것을 실제로 보여줍니다.

D, E: Msp300과 zip 돌연변이에서 내장 근육의 핵이 중간선에 가까워졌다는 것을 나타내는 그래프입니다. 핵이 좌우 비대칭적인 위치를 차지하는 것을 방해받았다는 점을 시각적으로 설명합니다. D는 왼쪽 근육, E는 오른쪽 근육의 핵 위치 변화를 각각 보여줍니다.

F, G: 내장 근육의 좌우 양쪽에서 핵 사이의 평균 거리를 측정하여 집합적 행동을 분석한 결과입니다. F는 왼쪽 근육, G는 오른쪽 근육에서 핵이 서로 어떻게 위치하는지를 보여주며, 두 돌연변이에서도 핵의 집합적 행동은 크게 변하지 않았음을 나타냅니다.

요약하자면, A, D, E는 핵 위치 변화와 좌우 비대칭성에 대한 설명이고, B, C는 근육의 핵 구조와 핵의 집합적 행동을, F, G는 집합적 핵 행동의 정량적 분석을 다룹니다.

결론입니다.

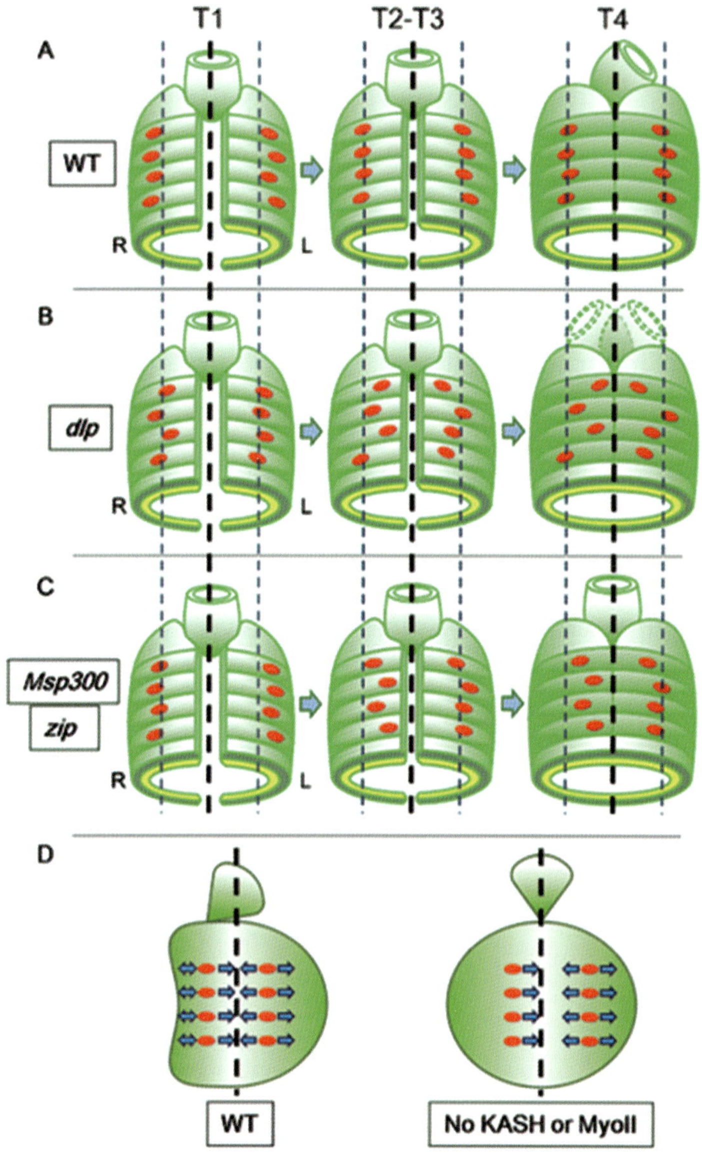

여섯 번째 그림은 핵의 위치가 Drosophila 내장 근육에서 좌우 비대칭 형태 형성에 중요한 역할을 한다는 것을 요약한 모형을 보여줍니다. 이 그림에서는 다음과 같은 내용을 설명합니다.

야생형(정상): 내장 근육의 핵은 좌우 대칭으로 배열되어 있으며, 이는 기관이 비대칭적으로 발달하기 위한 필수 과정입니다. 핵의 올바른 위치는 좌우 대칭을 유지하며, 이후 비대칭적인 형태 변형을 유도합니다.

dlp 돌연변이: dlp 유전자가 결핍된 돌연변이에서는 핵이 더 분산되고 중간선에 더 가까워져 있습니다. 이러한 핵의 잘못된 위치는 기관의 좌우 비대칭성을 무작위로 변화시킵니다.

Msp-300 또는 zip 돌연변이: 이 돌연변이에서는 특히 오른쪽 근육에서 핵이 중간선에 더 가까이 위치하지만, 좌우 대칭적인 집합적 행동은 유지됩니다. 이 경우 기관은 좌우 대칭으로 발달합니다.

모델 설명: 좌우 대칭적인 핵 배열이 좌우 비대칭적인 기관 발달에 기여하며, MyoII와 LINC 복합체가 핵의 좌우 대칭적인 위치를 유지하는 데 중요한 역할을 한다는 점을 강조합니다.

이 그림은 좌우 대칭적인 핵 배열이 비대칭적인 기관 발달을 위한 기초적인 과정임을 설명하며, 좌우 대칭에서 비대칭으로의 전환이 발달의 여러 단계에서 어떻게 조절되는지를 시각적으로 보여줍니다.

이렇게 그림만 보는 것으로도 논문 리뷰가 끝났습니다! 이렇게 논문 그림이 중요한 것입니다!

3

라벨링 하기

표 편집하기

논문 그림을 만드는 과정

각 그림을 만든 과정을 알아보겠습니다.

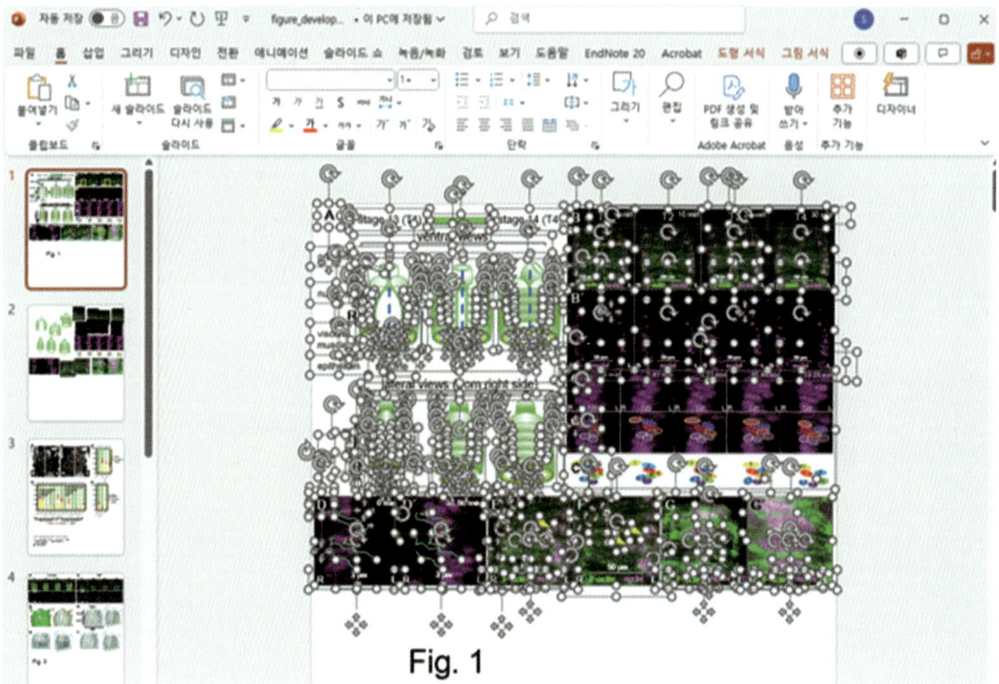

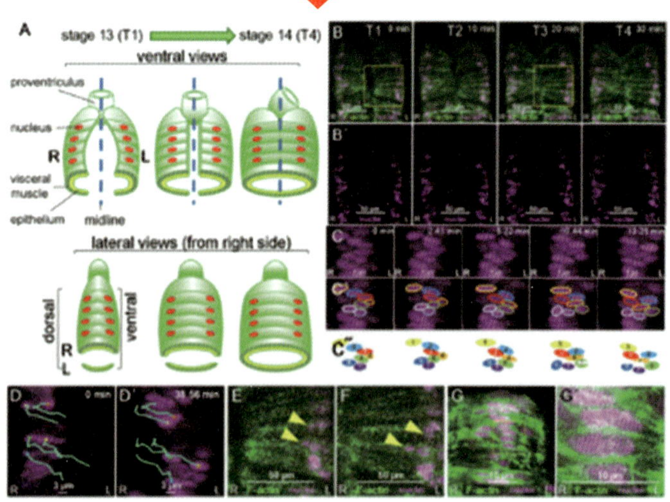

Fig. 1. Collective positioning of nuclei in the midgut visceral muscle of wild-type *Drosophila* embryos. (A) Diagram of AMG development from stage 13 (T1) to 14 (T4), showing the epithelium (yellow) and overlying visceral muscles (green) of the midgut in ventral (upper panels) and lateral (lower panels) views. The visceral muscles are binuclear cells that are aligned at the lateral sides at stage 13 (red ovals are nuclei); their leading edges extend toward and eventually

그림 1은 A는 바탕이 되는 그림을 일러스트레이터에서 그려서 캡처한 후 파워포인트로 가져왔습니다. 이러한 그림은 파워포인트에서 그리는 것이 어렵기 때문에 일러스트레이터에서 그린 것이며, 세포핵은 파워포인트에서 그리는 것이 더 쉽기 때문에 파워포인트에서 따로 그린 것입니다. 그림을 정렬한 후, 저널에서 사용하는 폰트를 써서 설명을 썼습니다.

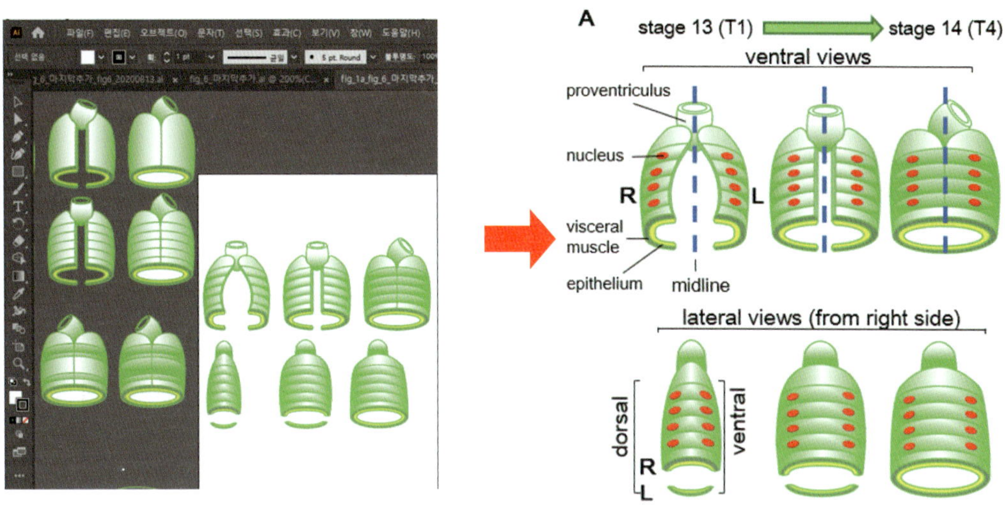

B는 현미경 사진을 그대로 잘라서 파워포인트로 가져왔습니다. 사진을 자를 때, 일률적으로 자르기 위해 포토샵에서 액션기능을 사용했습니다. 가져온 사진은 좌우, 위아래 간격을 통일하고, 사진 사이의 여백도 통일하였습니다. 이후 사진 위에 도형과 글자를 이용해서 설명을 표시했습니다. 글씨 색은 사진의 색과 같은 계열을 사용해서 알아보기 쉽게 했습니다. 보기를 들어서, 근육의 색은 초록색이기 때문에 초록 계열의 색을 사용했고, 세포핵은 보라색이기 때문에 보라 계열의 색을 사용했습니다. 근육의 일부분을 나타내는 박스는 초록색 위에서 잘 보이게 하기 위해 노란색을 사용했습니다.

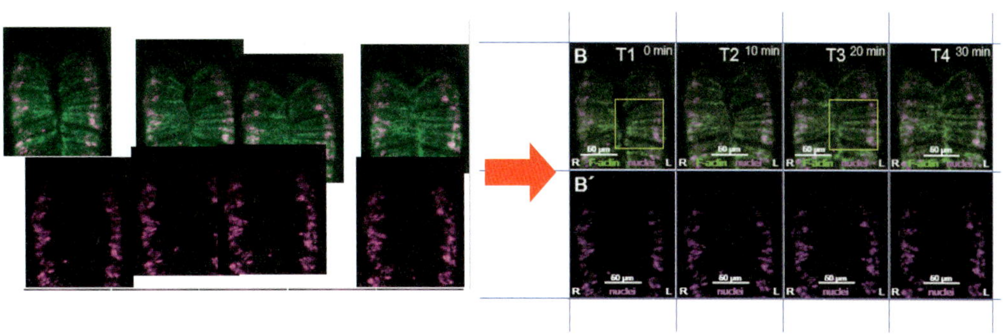

C는 현미경 사진의 위에, 일러스트레이터에서 테두리를 그리고, 테두리 안에 색을 채웠습니다. 그리고 설명을 썼습니다.

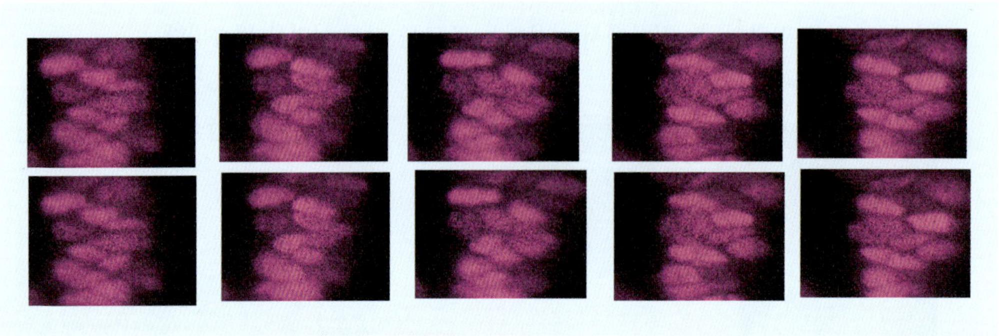

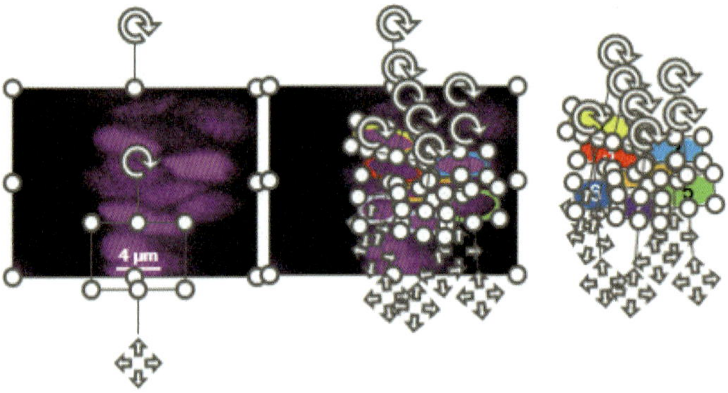

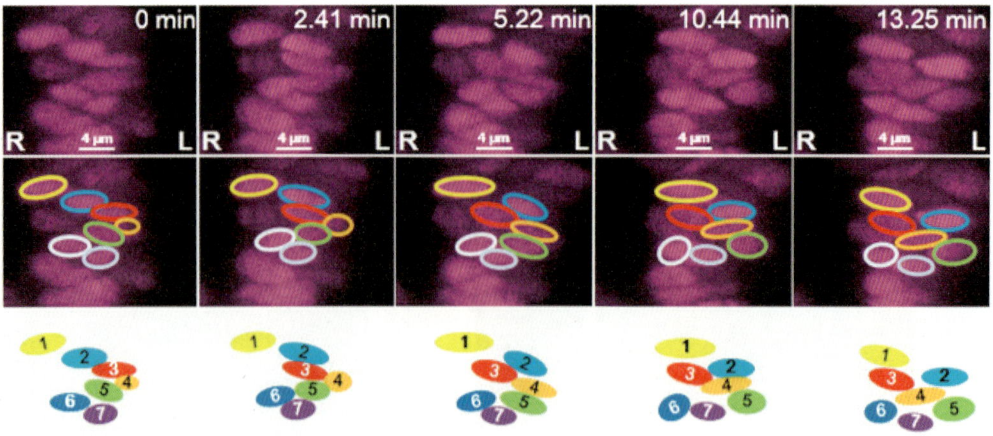

D는 현미경 사진을 잘라서 넣었습니다. 사진의 선은 현미경 사진을 분석하는 프로그램에서 그린 것을 그대로 캡처한 것입니다. 이 위에 설명을 썼습니다.

E, F, G는 B와 같은 방법으로 글씨와 도형으로 설명을 썼습니다.

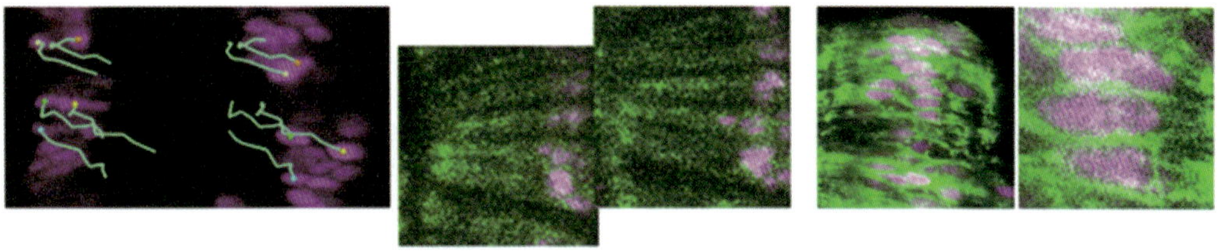

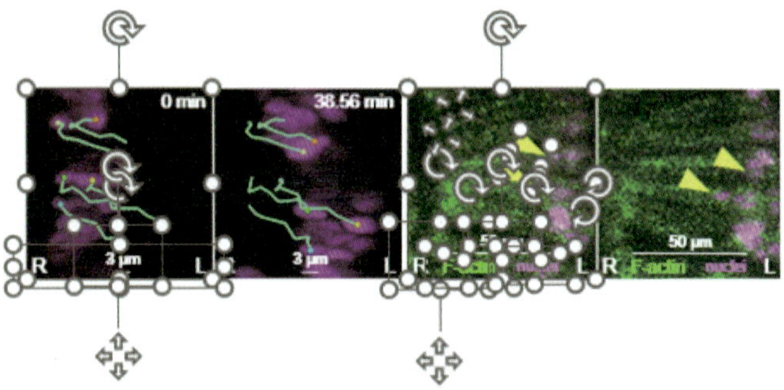

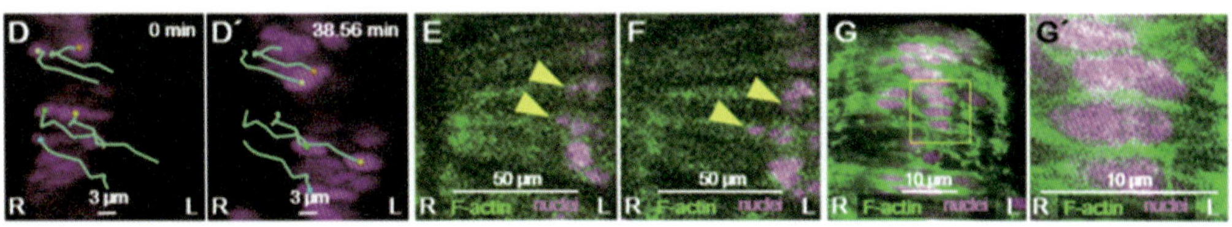

그림 2입니다.

A, B: 현미경 사진 위에, 일러스트레이터에서 테두리를 그리고, 테두리를 알아보기 쉽게 점선으로 바꾸었습니다. 오른쪽을 나타내는 R, 왼쪽을 나타내는 L 글자를 잘 보이게 하기 위해, 글자의 배경을 검은색에서 반투명하게 했습니다. 같은 방법으로 WT, dlp3글자도 잘 보이게 하기 위해 배경을 반투명하게 했습니다.

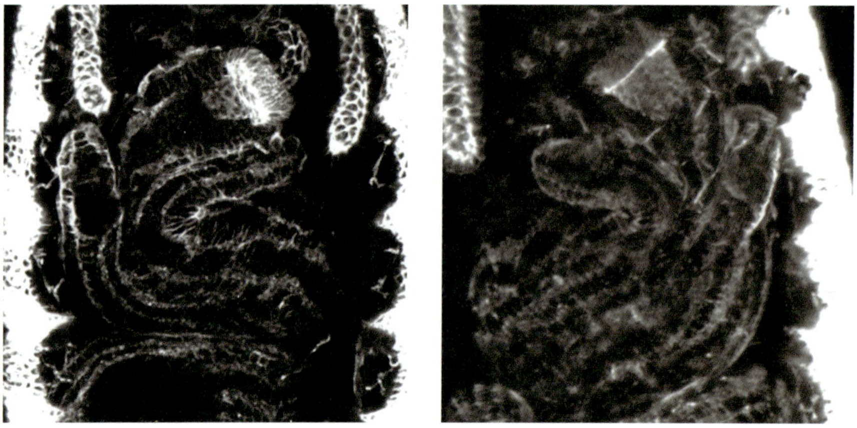

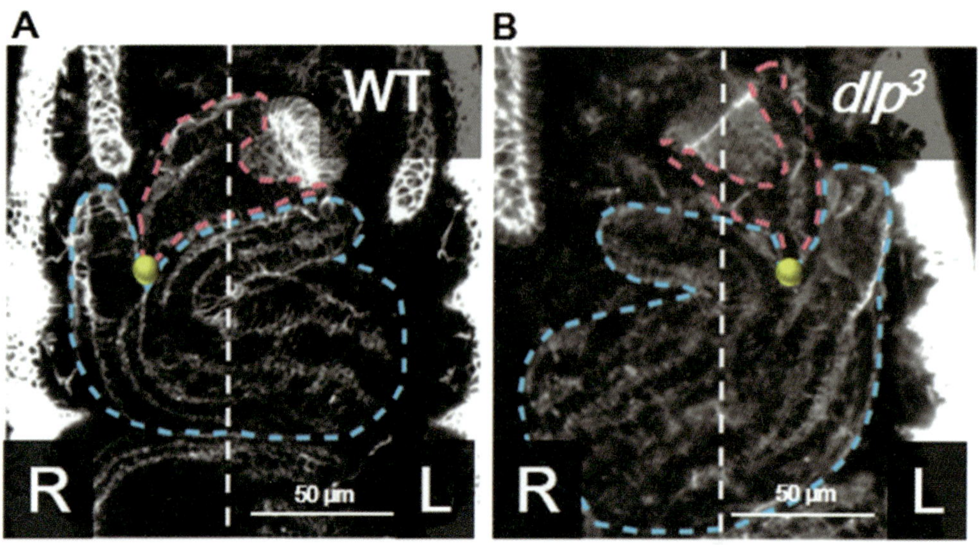

C, D, E: 드디어 그래프 편집입니다! 엑셀에서 만든 막대 그래프를 선택하고, CTRL+C를 눌러서 카피한 후, 파워포인트에 붙여넣습니다. 이때, 그래프의 테두리, 색 등을 논문 내용에 맞춰서 엑셀에서 미리 설정한 후 가져옵니다. 파워포인트에서 그래프 위에 도형과 글자를 이용해서 설명을 씁니다.

한 그림 안에 여러 개의 그래프가 있을 때, 보조선을 그려서 각 그래프들 간의 간격을 통일합니다.

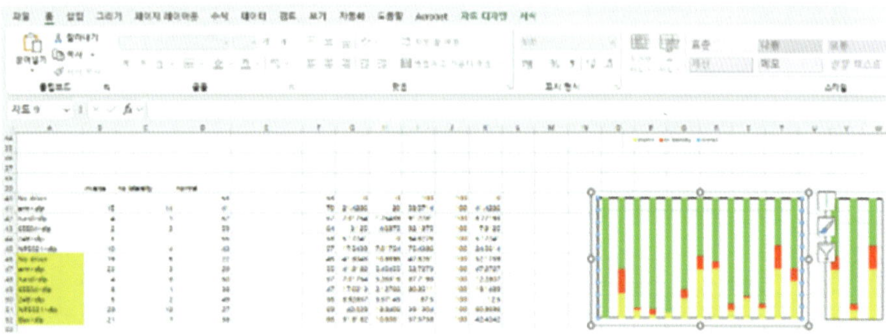

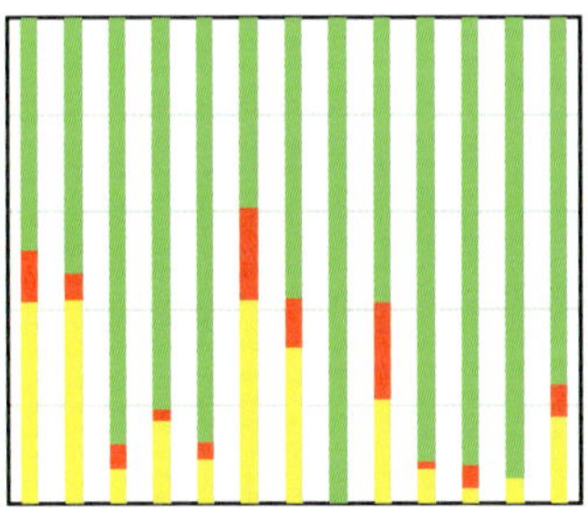

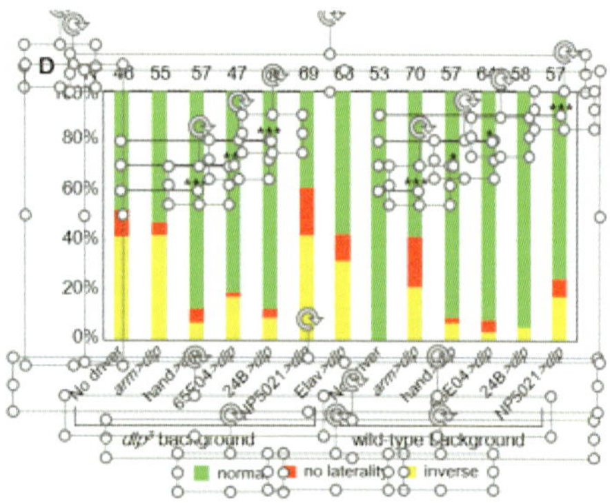

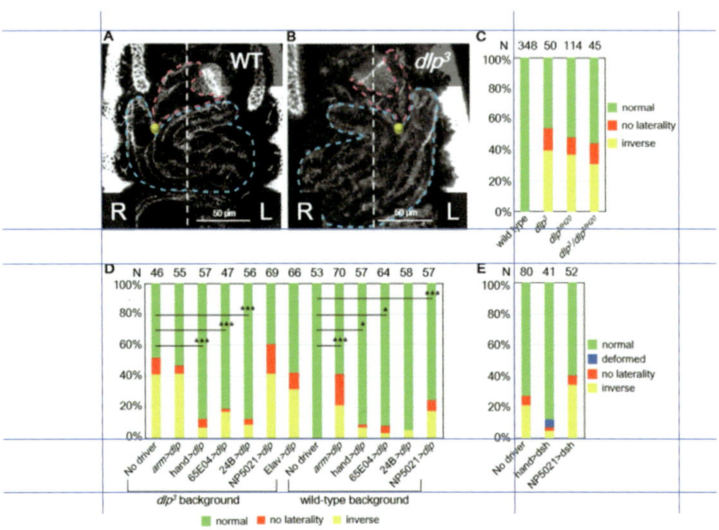

그림 3의 A, B는 그림1의 B와 동일한 방법을 사용했습니다. C, D는 Maya에서 3D로 분석한 것을 캡처해서 파워포인트에서 글자만 넣었습니다.

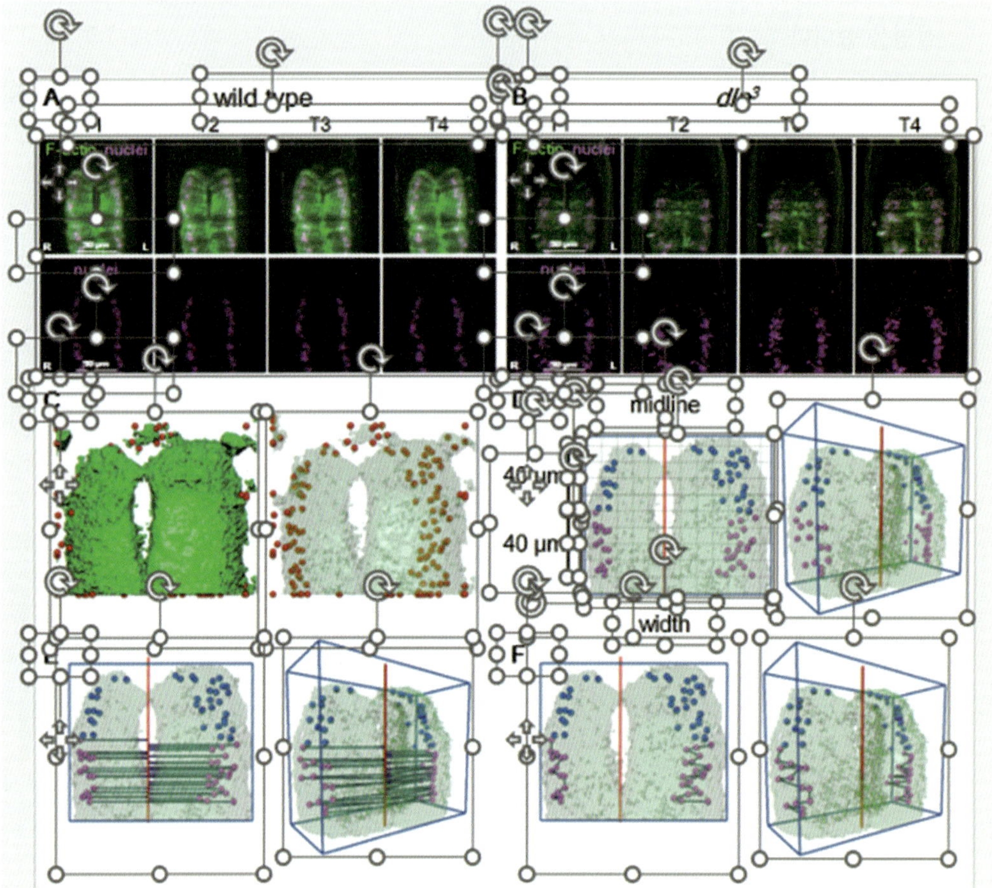

그림 4는 선 그래프입니다. 엑셀에서도 선의 굵기, 색, 점선 등을 사용할 수 있지만 제약이 있습니다. 따라서 복사해서 일러스트레이터에 붙여넣은 후, 선의 굵기, 색을 바꾸었습니다. (위치나 값을 바꾸면 큰일납니다!)

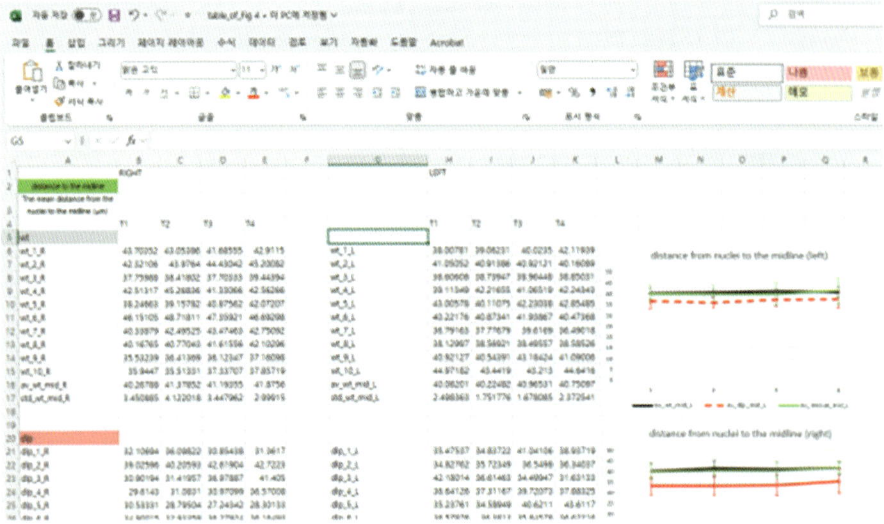

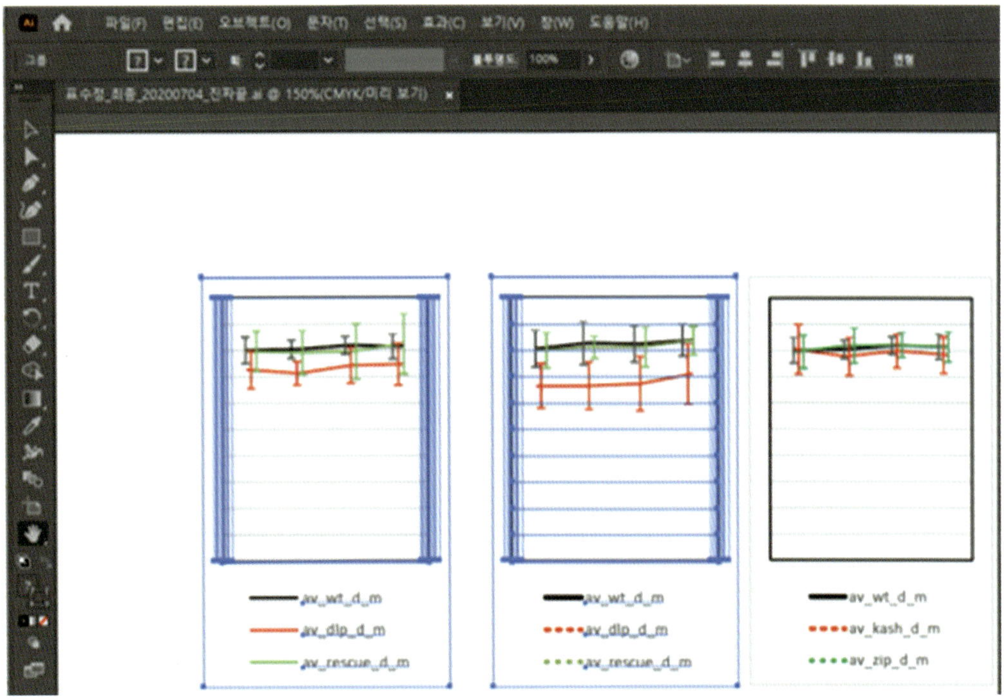

일러스트레이터에서 편집한 그래프를 복사해서 파워포인트에 붙여넣고, 글자로 설명을 써서 마무리했습니다.

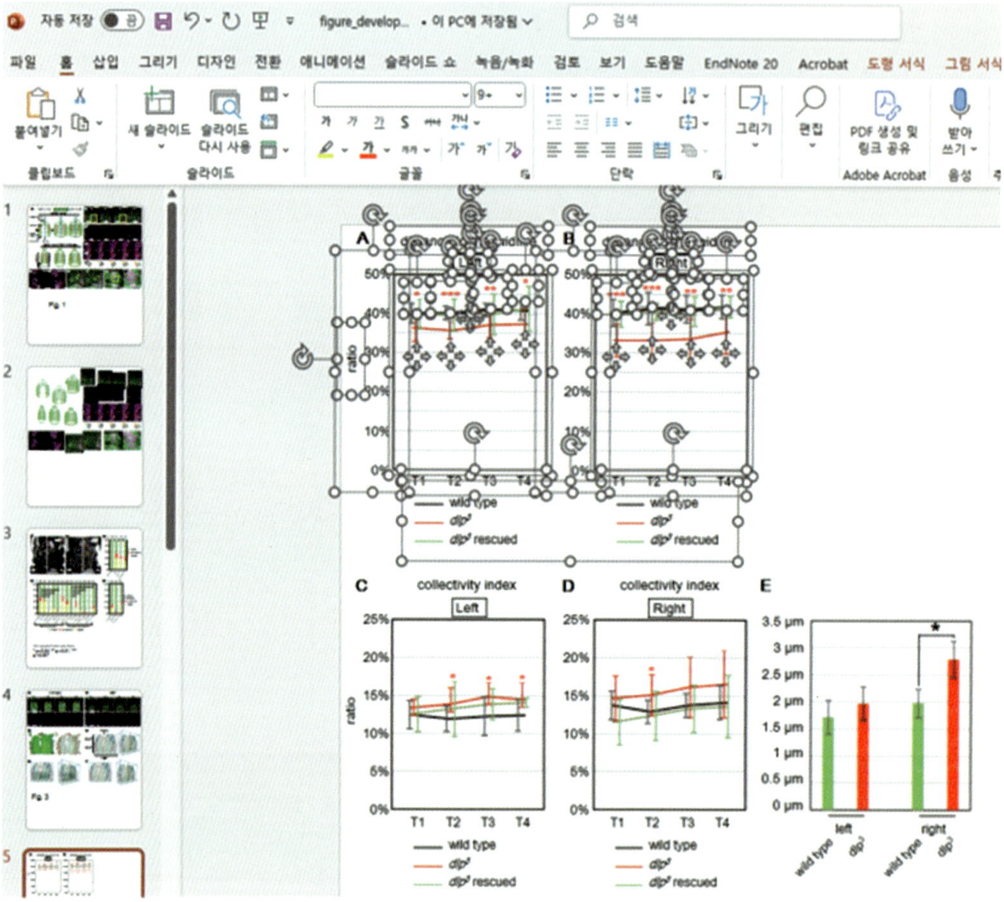

그림 5는 앞의 그림들과 같은 방법을 사용했습니다. 여기에는 여러 개의 그림들이 들어갔기 때문에 그림 사이에 선을 넣어서 구분하였습니다.

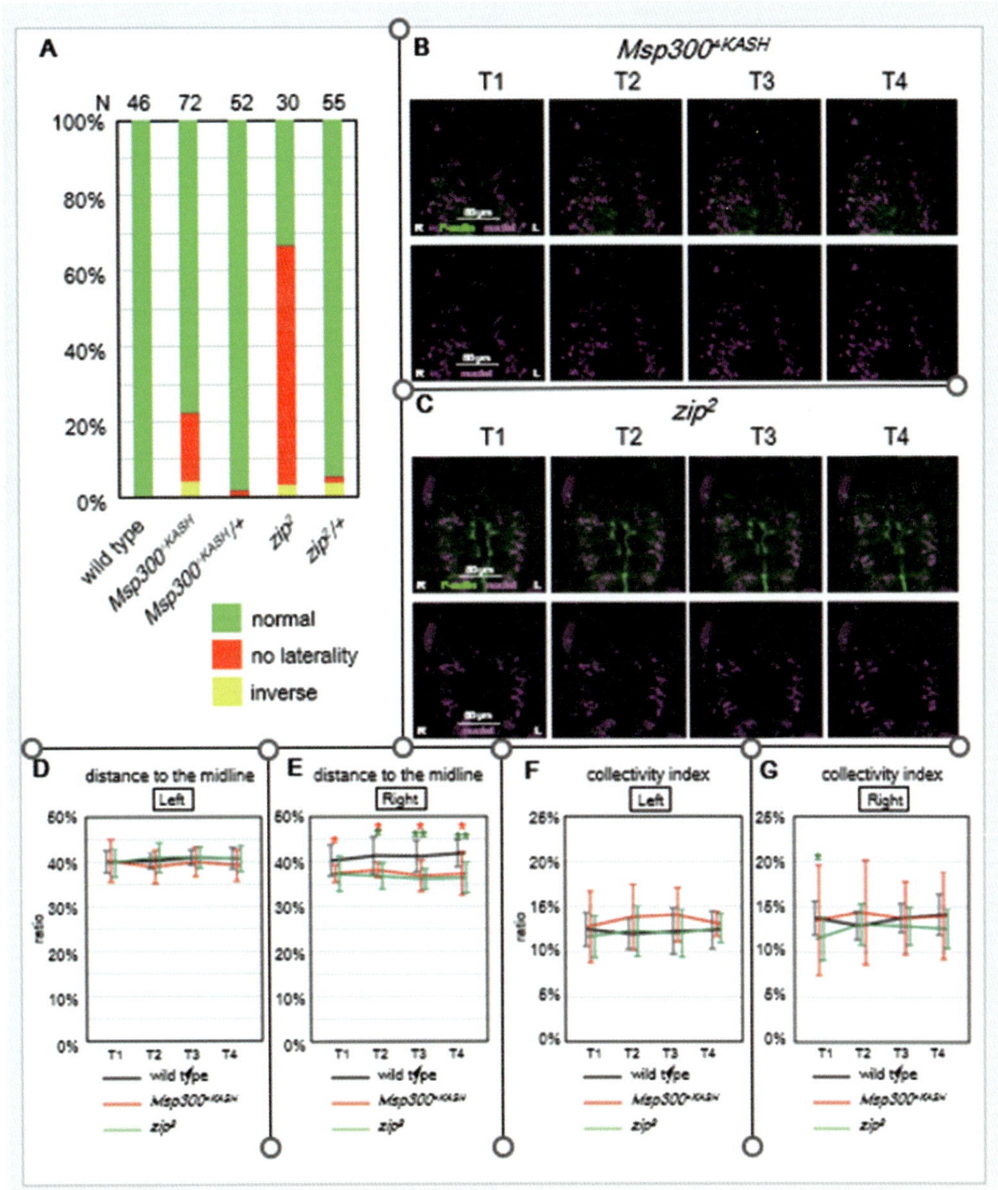

그림 6입니다. 그림 1과 같이 배경은 일러스트레이터에서 그렸고, 그림의 나머지 부분과 설명은 파워포인트에서 했습니다.

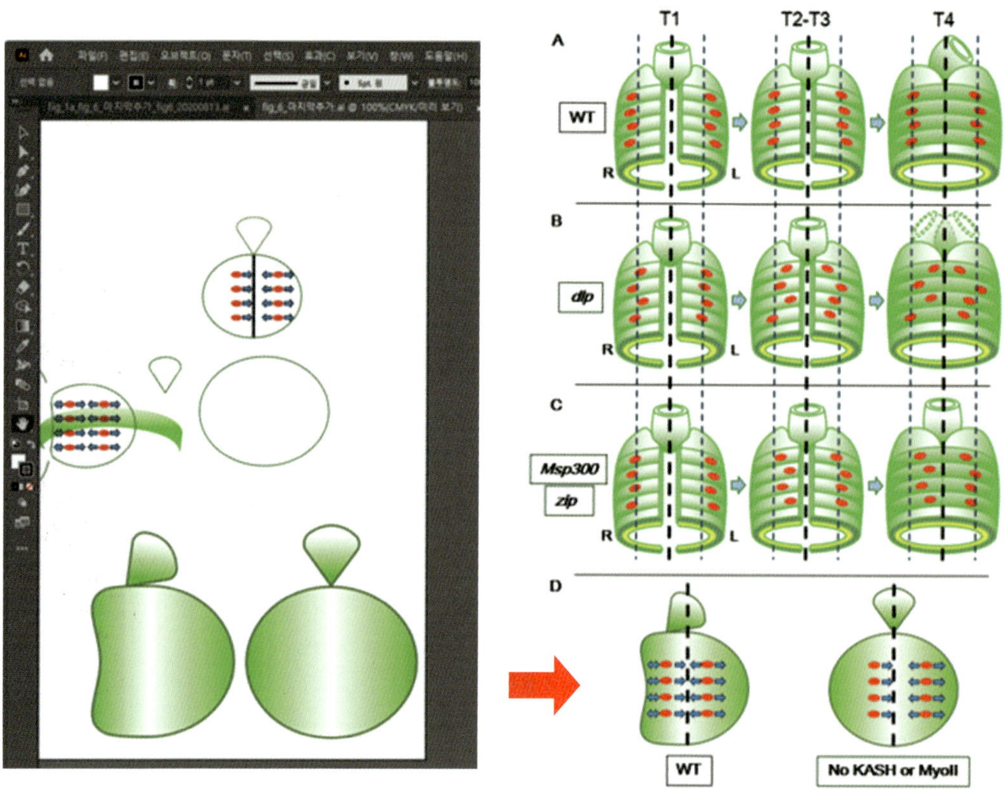

논문에 사용된 그림들을 파워포인트에서 마지막으로 만들었기 때문에, 파워포인트에서 다른 이름으로 저장 〉 TIF파일로 저장했습니다. 많은 저널에서 TIF를 요구하기 때문입니다. 이렇게 저장한 후, 포토샵에서 잘라서 사용했습니다.

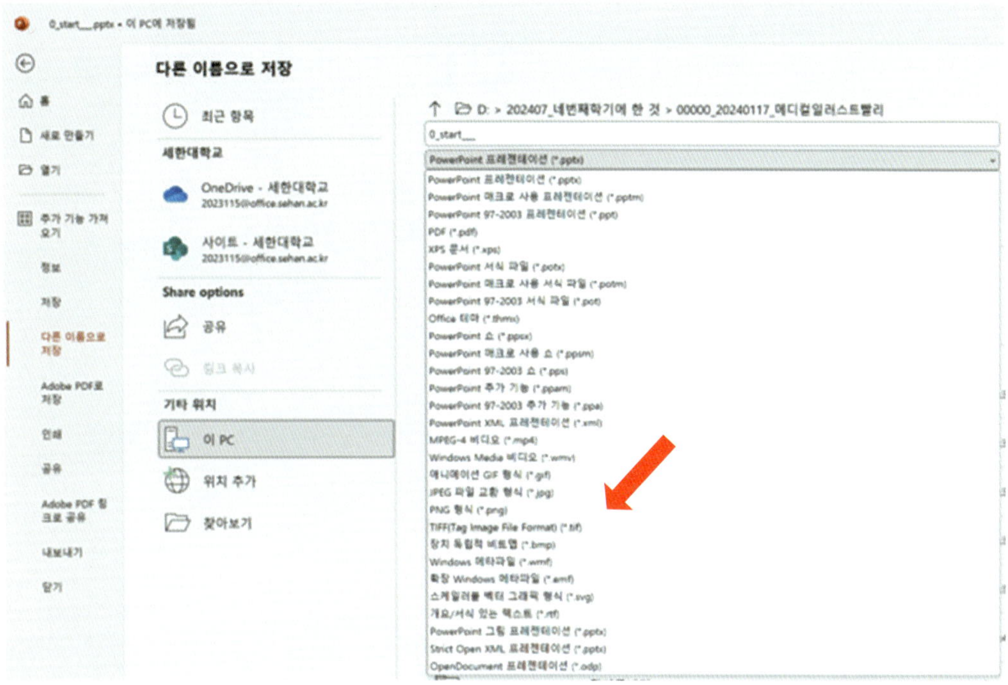

간단하게 저장하는 방법으로는, 윈도우+SHIFT+S 키를 동시에 눌러서 윈도우 기본 캡처 기능을 써서 캡처한 후, 저장하는 방법도 있습니다(윈도우 키를 누른 상태에서 SHIFT 키를 누르고, 두 개의 키가 눌린 상태에서 S 키를 누릅니다).

4

소프트웨어

그래프를 그리는 프로그램

그래프를 그릴 때 사용되는 대표적인 프로그램은 Excel, SPSS, Prism, Origin, R, Python 등이 있습니다. 각각의 장단점을 알아보겠습니다.

엑셀 (Microsoft Excel)

|장점: · 사용자 친화적이고 직관적인 인터페이스
· 기본적인 그래프 및 차트 제작에 적합
· 대부분의 사용자에게 친숙하고 널리 사용됨

|단점: · 고급 통계 기능이나 복잡한 그래픽 옵션이 제한적
· 대규모 데이터셋 처리에는 적합하지 않음

SPSS

|장점: · 비교적 사용하기 쉬운 인터페이스
· 사회과학 분야의 표준적인 분석 도구
· 기본적인 그래프와 고급 통계 분석 기능 제공

|단점: · 비교적 비싼 라이선스 비용
· 매우 복잡한 그래픽 또는 맞춤화된 그래픽 제작에는 제한적

Prism (GraphPad Prism)

|장점: · 과학 연구 및 의학 분야에 최적화된 그래프 및 통계 기능
· 사용하기 쉬운 인터페이스
· 데이터 시각화에 강점, 아름다운 그래픽 제작 가능

|단점: · 제한된 데이터 관리 기능
· R이나 Python 같은 프로그래밍 언어에 비해 유연성이 떨어짐

Origin

|장점: · 과학 및 공학 데이터 분석에 강점

· 고급 그래프 및 데이터 분석 기능

· 데이터의 맞춤형 시각화 및 인터랙티브한 그래픽 제공

|단점: · 학습 곡선이 다소 가파름

· 비용이 비교적 높음

R

|장점: · 매우 강력한 통계 분석 및 그래픽 기능

· 다양한 패키지와 확장 기능 제공

· 데이터 과학 및 통계 분야에서 널리 사용됨

|단점: · 프로그래밍 기반으로 초보자에게 다소 어려울 수 있음

· 초기 설정 및 환경 구축에 시간 소요

Python

|장점: · 범용 프로그래밍 언어로서의 유연성

· Matplotlib, Seaborn, Plotly 등 다양한 시각화 라이브러리

· 빅 데이터 분석 및 머신 러닝과 연계 용이

|단점: · 프로그래밍 지식 필요

· 시각화에 관한 코드 작성이 처음에는 복잡할 수 있음

Graphical abstract

"Graphical abstract" 또는 "Visual abstract"는 논문에서 주요 내용을 시각적으로 요약하여 표현한 것입니다. 일반적인 텍스트 기반 초록과 달리 이미지, 그래프, 차트 등을 활용하여 논문의 핵심 아이디어와 결과를 직관적으로 보여줍니다. 이는 독자가 논문의 주요 내용을 빠르게 파악할 수 있도록 돕고, 특히 저널 에디터나 리뷰어가 논문을 검토하는 시간을 절약하는 데 도움을 줍니다.

Visual abstract의 주요 요소는 다음과 같습니다.

- 핵심 결과: 그래프나 차트로 연구의 주요 발견을 간단하게 시각화합니다.
- 연구 방법론: 연구 절차를 다이어그램으로 쉽게 설명합니다.
- 연구 배경: 연구가 왜 중요한지를 짧고 명료하게 시각화합니다.
- 결론: 연구의 결론을 강하게 표현합니다.

최근 과학, 의학, 기술 분야에서 Graphical abstract는 널리 사용되고 있으며, 논문을 홍보하거나 SNS 및 학술 행사에서 연구를 알리는 데에도 유용합니다. 또한 독자들에게 연구에 대한 흥미를 유발하고, 학문적 정보의 접근성을 높이는 데 큰 역할을 합니다. 학술지에 따라 다르긴 하지만, 기존의 전형에서 벗어나 새로운 접근법을 시도할 수 있는 공간이 visual abstract에 존재하며, SNS에서는 시각적 요소가 재미있고 자극적일수록 더 많은 주목을 받을 수 있습니다.

기상천외한 Graphical abstract의 예제들을 소개하고 싶지만 저작권 문제로 본문에 싣지 못해 안타깝습니다.

앞서 예제로 본 'Collective nuclear behavior shapes bilateral nuclear symmetry for subsequent left-right asymmetric morphogenesis in Drosophila' 논문의 Graphical Abstract를 보겠습니다.

이 그림은 정상형(wild type) 초파리와 돌연변이(mutant) 초파리의 체내에서 세포핵이 어떻게 장기의 구조를 지지하는지 보여줍니다. 정상형에서는 세포핵이 텐트의 기둥처럼 장기를 지지해 좌우 비대칭을 형성합니다. 반면 돌연변이에서는 핵이 제자리에 있지 않아 장기의 모양이 텐트처럼 무너지고, 좌우 비대칭이 무작위로 변합니다. 이러한 내용을 표현했습니다.

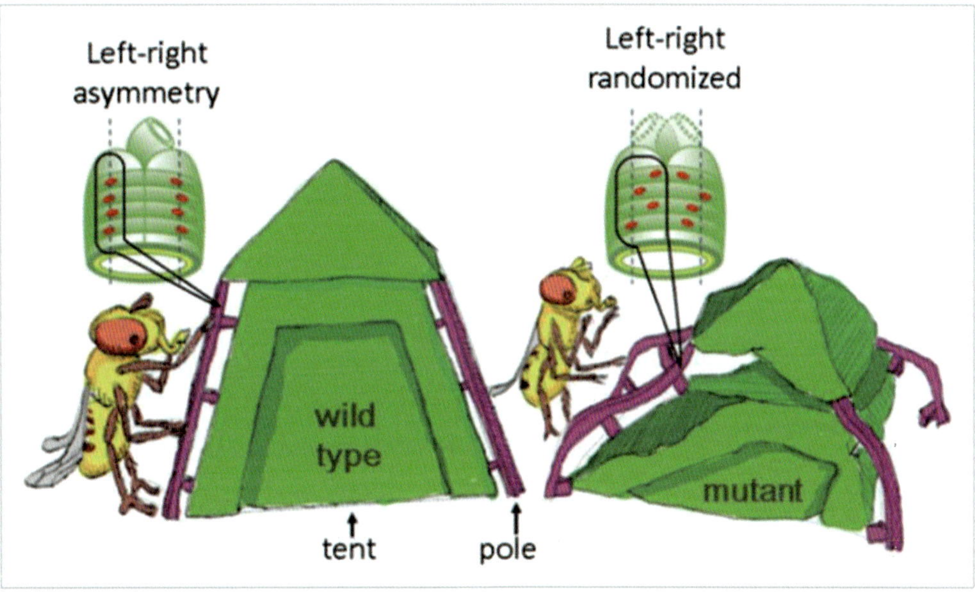

CAPTION

Nuclei are the toughest intracellular organelles. When aligned, they act like structural pillars supporting the structure of the gut and influencing asymmetrical changes in shape during its development.

Graphical abstract는 연구비가 넉넉한 연구실에서는 전문 업체에 맡기지만 연구비가 없는 경우에는 직접 내부에서 그려야 하는 경우가 있습니다. 따라서 그림을 못 그리는 대학원생이, 교수님이 시켜서 어설프게 그린 느낌을 내기 위해 만년필을 써서 수작업으로 했습니다. 먼저 일러스트레이터에서 그려서, 희미한 선으로 출력하고, 만년필로 선을 다시 그렸습니다.

만년필로 그린 것을 스캔한 후, 포토샵에서 '곡선' 기능을 써서 배경을 하얗게 만들었습니다.

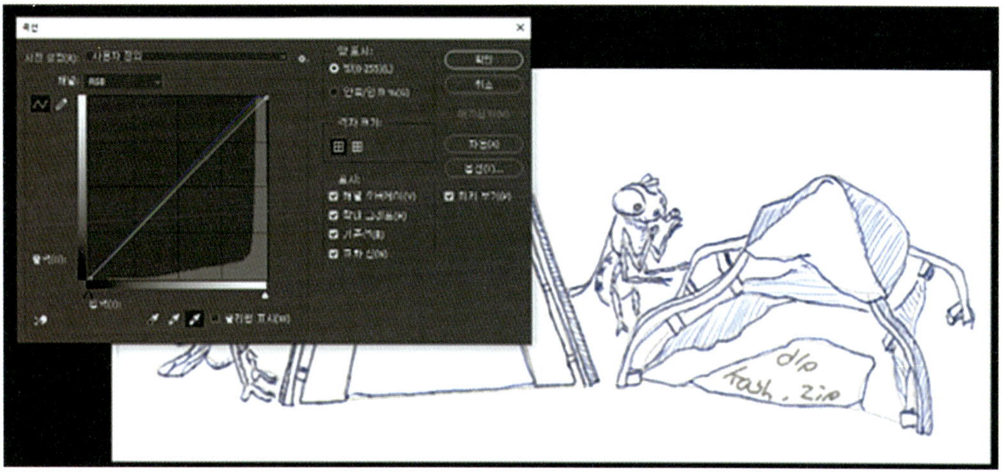

배경을 하얗게 만든 후, 어설프게 칠한 느낌을 내기 위해 포토샵에서 어설프게 공간을 남기거나 비뚤비뚤하게 칠했습니다. 이후 파워포인트에서 논문의 그림과 도형을 넣어서 완성했습니다.

Graphical Abstract를 만드는 이유는 홍보의 이유도 있기 때문에 이 그림으로 홍보를 했습니다. 보도자료는 대학의 홍보팀에서 다음처럼 만들었습니다.

일본 오사카 - 외부에서 동물은 종종 거울상 왼쪽과 오른쪽 특징으로 양측 대칭으로 나타납니다. 그러나 폐와 내장과 같은 여러 기관이 왼쪽-오른쪽(LR) 비대칭이기 때문에 이러한 균형이 내부적으로 항상 반영되는 것은 아닙니다. 살아있는 조직에서 세포핵의 움직임을 영상화하는 혁신적인 기술을 사용하는 오사카 대학의 연구원들은 발달 중인 배아에서 내부 장기의 LR 비대칭 형성을 담당하는 핵 정렬 패턴을 결정했습니다.

배아 발생은 단세포 접합체를 LR 축을 포함한 여러 기능 축을 가진 완전한 살아있는 개체로 변형시키는 복잡한 유전적 및 분자 과정을 포함합니다. 발달 생물학의 오랜 수수께끼는 발달 중인 배아에서 LR 대칭이 깨지는 것입니다. LR 축을 따라 신체의 장기 및 기타 구조의 측면화(한 쪽이 다른 쪽보다 우세) LR 비대칭을 유발하는 메커니즘은 척추동물에서 잘 알려져 있지만 무척추동물의 생체역학은 여전히 불확실합니다.

연구팀은 무척추동물의 LR 비대칭 발달을 연구하기 위한 적절한 모델로서 장, 특히 초파리(초파리)의 전중장(AMG) 발달에 중점을 두었습니다. 적절한 기관 발달을 위해서는 종종 핵이 다음 위치로 이동해야 합니다. 제1저자인 신동선은 “우리의 이전 연구에서는 분자 신호 전달 경로와 비대칭 발달의 생체역학적 제어를 담당하는 단백질이 밝혀졌지만 역학은 아직 결정되지 않았다”고 설명했습니다.

살아있는 조직에서 핵을 동적으로 추적하는 과제를 해결하기 위해 연구진은 핵 이동을 조사하는 새로운 방법을 혁신했으며, 공초점 레이저 스캐닝 현미경을 사용하여 적절한 배아 단계에서 면역염색된 초파리 중장에 대한 3차원(3D) 저속 촬영 영상을 얻었습니다. 그런 다음 수학적 모델링 및 컴퓨터 이미징 기술을 적용하여 내장 근육의 핵 이동에 대한 3D 표면 애니메이션 모델을 생성했습니다.

연구진은 3D 타임랩스 영상을 통해 '적절한 핵 위치'라고 불리는 전후(전후) 축을 따라 AMG 근육 핵의 초기 LR 대칭 분포를 확인했습니다. 붐비는 핵이 LR 대칭으로 상대적 위치를 적극적으로 재배열하는 핵 행동'이 대칭적인 초기 '적절한 핵 위치 지정'과 '집단 핵 행동'은 AMG의 후속 LR 비대칭 발달을 담당합니다. 대조적으로 유전자 변형 초파리 실험 핵이 LR-비대칭으로 정렬되면 이후 AMG의 LR-비대칭 발달이 손실된다는 사실이 배아에서 입증되었습니다. 핵은 가장 견고한 세포 내 소기관으로 알려져 있습니다. 따라서 이러한 결과를 바탕으로 연구자들은 핵이 구조적 기둥은 집합적으로 정렬되어 장의 구조를 지지하고 발달 과정에서 LR 비대칭 모양 변화에 영향을 줍니다.

수석 저자 Kenji Matsuno는 이번 발견의 잠재력을 다음과 같이 설명합니다. "중요 조직에서 움직이는 핵을 추적하는 이 새로운 방법은 정상적인 발달 과정에서 내부 장기의 비대칭 형성에서 핵 정렬의 역할을 명확히 하는 데 도움이 되었습니다. 또한 우리의 발견은 적용될 것으로 예상됩니다. 재생 기관의 모양을 제어하는 것입니다. 이 지식은 잠재적으로 질병 메커니즘을 모델화하기 위해 인공 장기를 성장시키는 것과 같은 응용이 있을 수 있는 장기 재생에 대한 미래 연구를 형성할 수 있습니다."

오사카대학교는 1931년 일본의 7개 제국대학 중 하나로 설립되었으며, 현재는 광범위한 학문적 스펙트럼을 갖춘 일본 최고의 종합대학 중 하나입니다. 이러한 강점은 기초 연구부터 과학 과정 전반에 걸쳐 확장되는 혁신을 위한 단일한 추진력과 결합됩니다. 긍정적인 경제적 영향을 미치는 응용 기술 창출에 대한 노력 혁신에 대한 헌신은 일본과 전 세계에서 인정을 받아 2015년 일본에서 가장 혁신적인 대학(로이터 2015 상위 100대)으로 선정되었으며, 세계에서 가장 혁신적인 대학 중 하나로 선정되었습니다. 현재 오사카대학은 문부과학성이 선정한 국립대학 지정법인으로서의 역할을 최대한 활용하여 인류복지 혁신과 지속가능한 발전에 기여하고 있습니다.

American Association for the Advancement of Science (AAAS)에서 보도한 자료의 예

EurekAlert! AAAS

HOME NEWS RELEASES MULTIMEDIA MEETINGS

NEWS RELEASE 15-JUN-2021

From symmetry to asymmetry: The two sides of life

Researchers at Osaka University use innovative imaging techniques to dynamically demonstrate that symmetric, collective alignment of cell nuclei influences left-right asymmetric development in the midgut of the fruit fly embryo

Peer-Reviewed Publication

OSAKA UNIVERSITY

Osaka, Japan - On the outside, animals often appear bilaterally symmetrical with mirror-image left and right features. However, this balance is not always reflected internally, as several organs such as the lungs and intestines are left-right (LR) asymmetrical. Researchers at Osaka University, using an innovative technique for imaging movement of cell nuclei in living tissue, have determined the patterns of nuclear alignment responsible for LR-asymmetrical shaping of internal organs in the developing embryo.

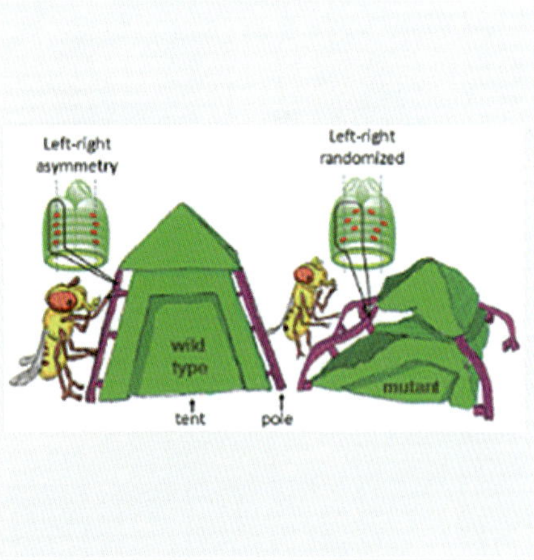

IMAGE: NUCLEI ARE THE TOUGHEST

특정 나라에 따라, 그 나라의 언어로 홍보자료를 만들면 영어로 만들었을 때보다 더 관심을 받을 수 있습니다.

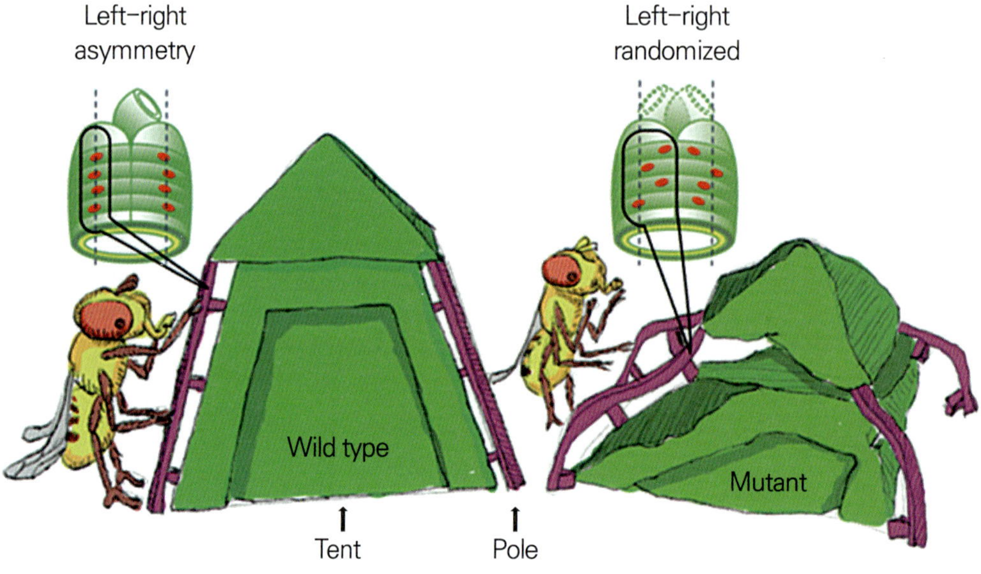

이러한 홍보자료를 배포하면 관심있는 언론사, 저널에서 소개합니다. 외국어로도 만들면, 그 언어로 검색했을 때도 검색이 잘 됩니다.

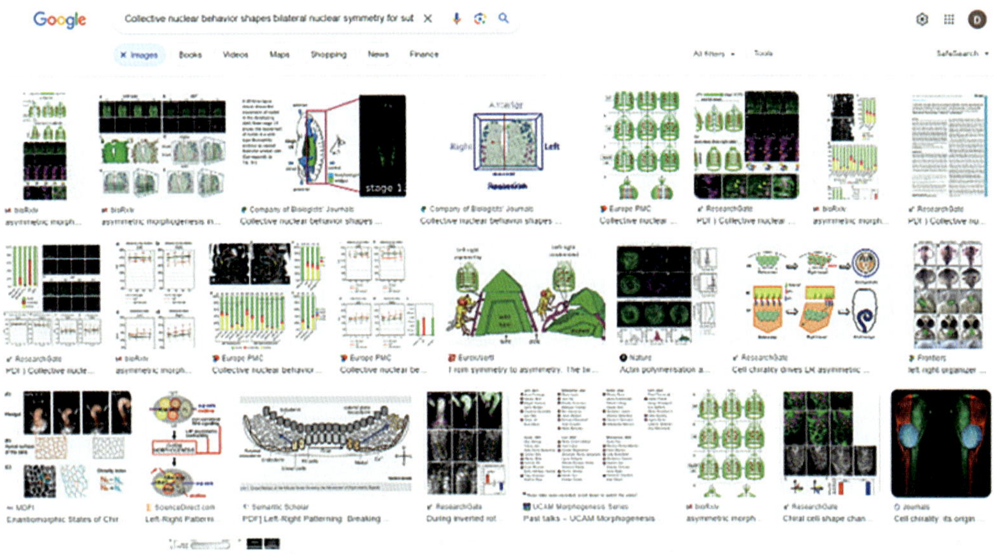

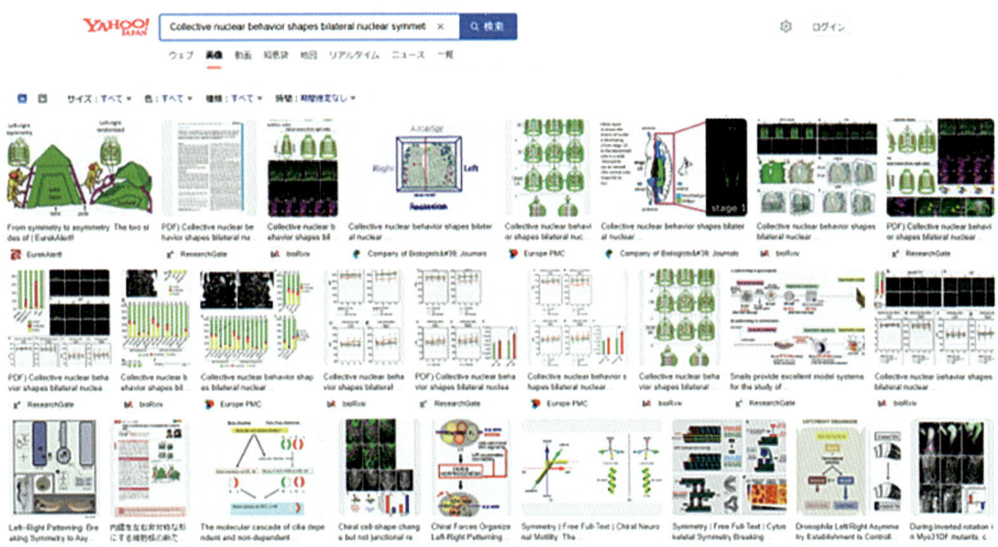

채택이 안 된 아이디어들

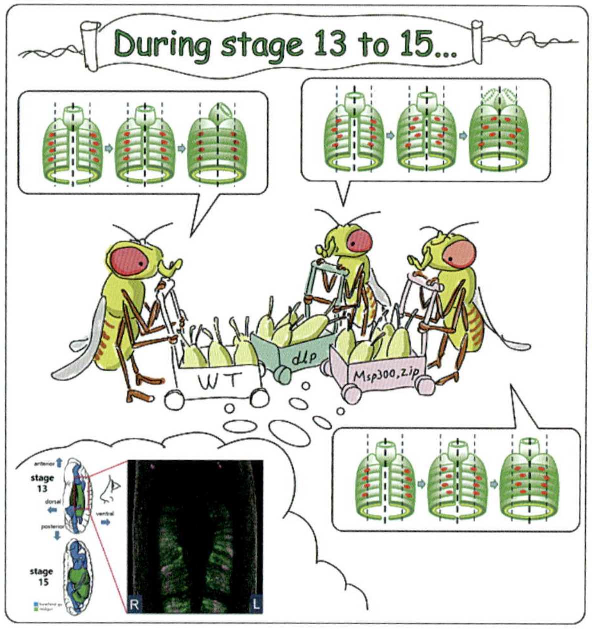
During stage 13 to 15...
WT
dlp
Msp300,zip
anterior
stage 13
dorsal
ventral
posterior
stage 15
R
L

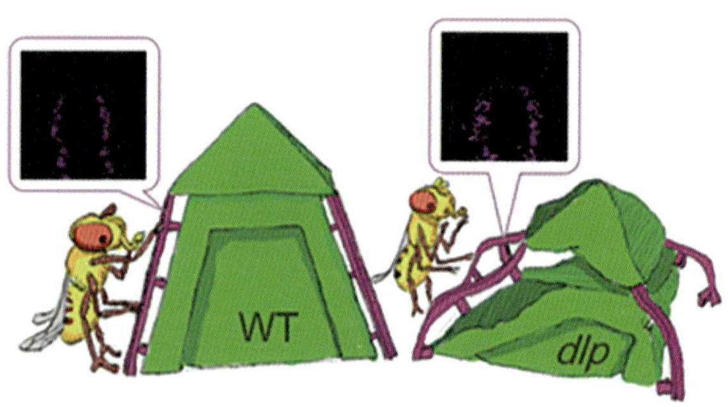
WT
dlp

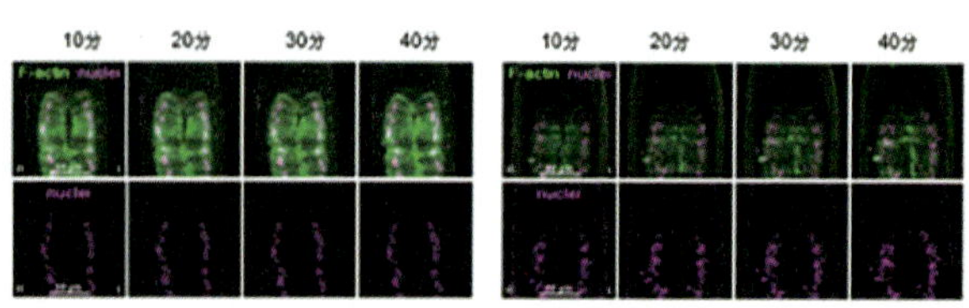
10分 20分 30分 40分
10分 20分 30分 40分

파워포인트로 간단하게 그리기

먼저 AI로 그려봅시다. ChatGPT로 그린 핵입니다.

그런데 그리고자 하는 건 저 핵미사일이 아니고 세포핵입니다. 따라서 ChatGPT로 다시 그려보도록 하겠습니다.

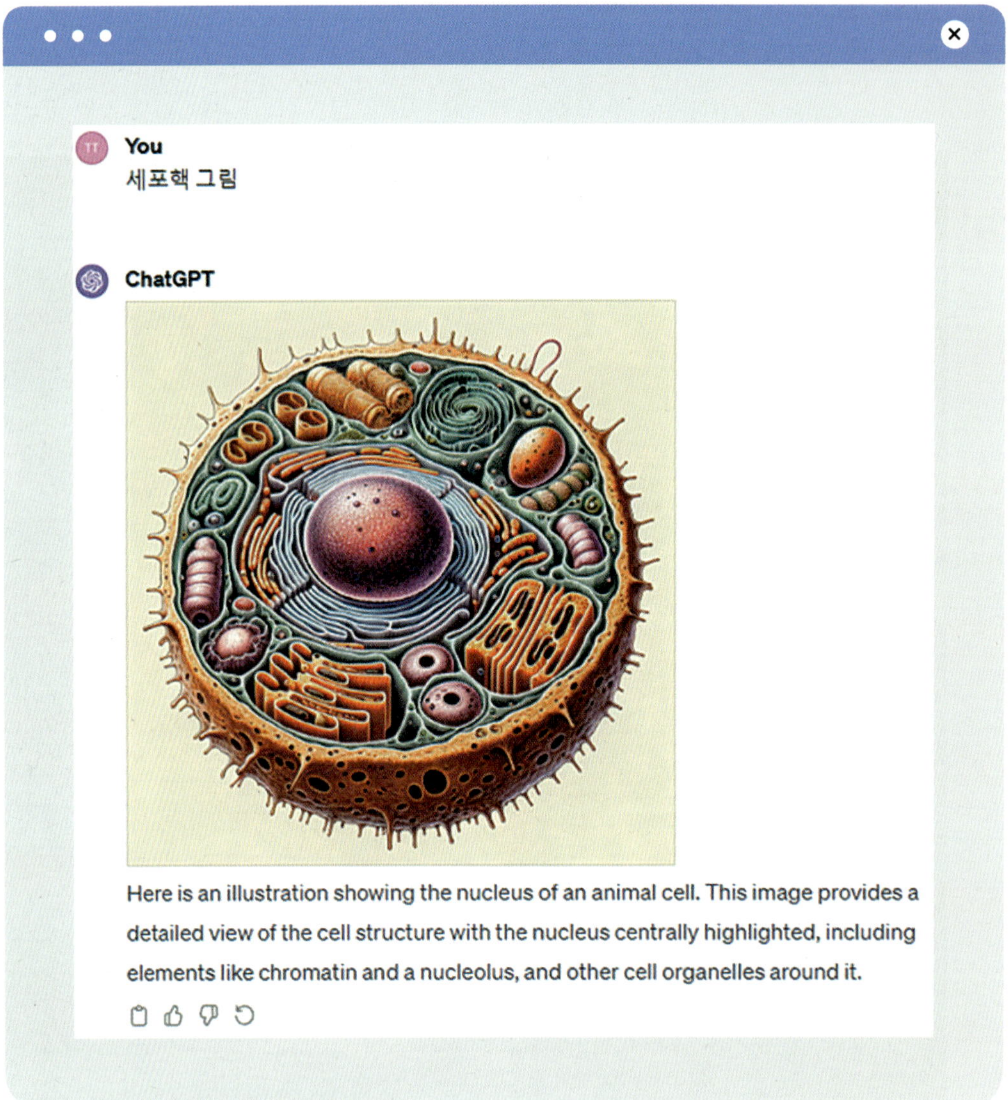

뭔가 그럴듯하지만, 사실과 다른 그림이 그려졌습니다. 색도 이상합니다. 그리고 의미를 알 수 없는 복잡한 구조물들이 있는데 뭐가 뭔지 모르겠습니다. 따라서 단순하게 그려보도록 하겠습니다.

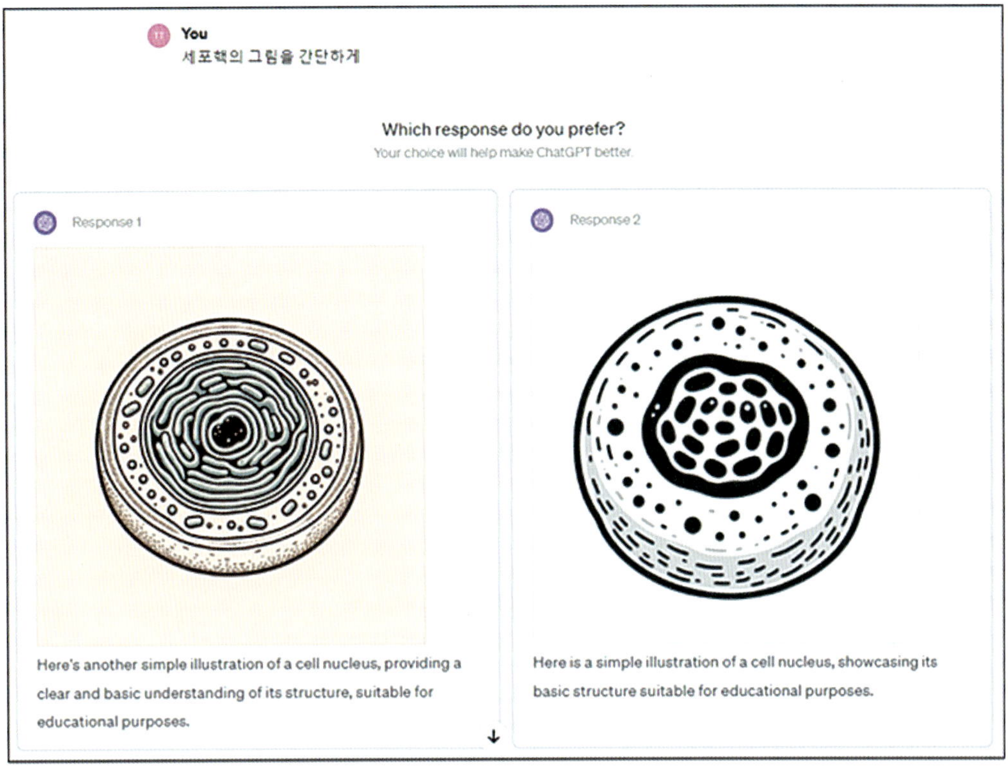

단순하게 그렸지만 여전히 구조가 사실과 다릅니다. 아직 AI로 논문그림을 그리는 것은 무리입니다. 따라서 처음부터 하나하나, 목적과 의도에 맞게 그려보도록 하겠습니다.

먼저 파일을 준비합니다. (짠!)

디자인 〉 슬라이드 크기에서 A4용지, 세로로 설정합니다. 논문은 A4 크기이기 때문에 처음부터 논문의 크기에 맞춰서 그리는 것입니다. 만약 학회 발표용 포스터에 들어갈 그림을 만드는 경우라면, 포스터의 크기에 맞춰서 그려야 합니다.

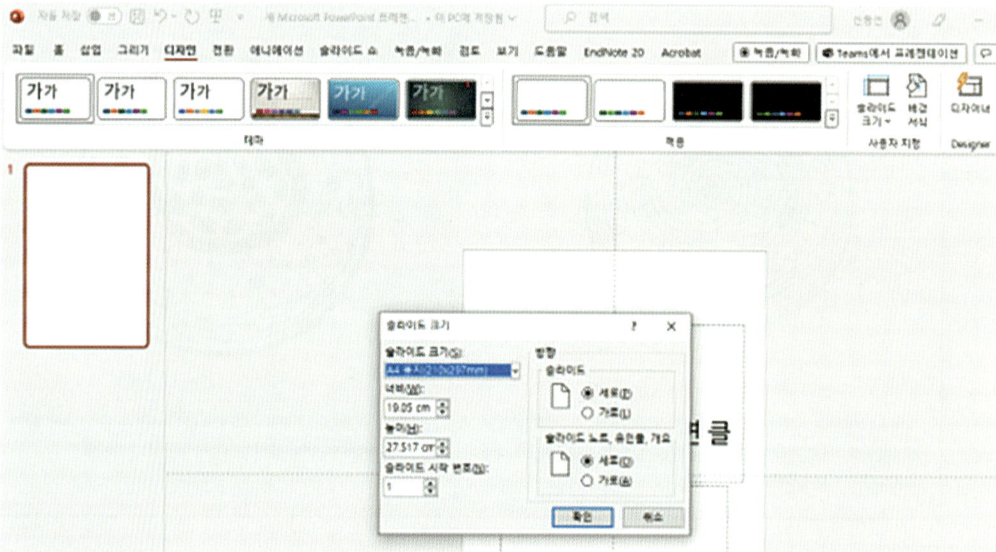

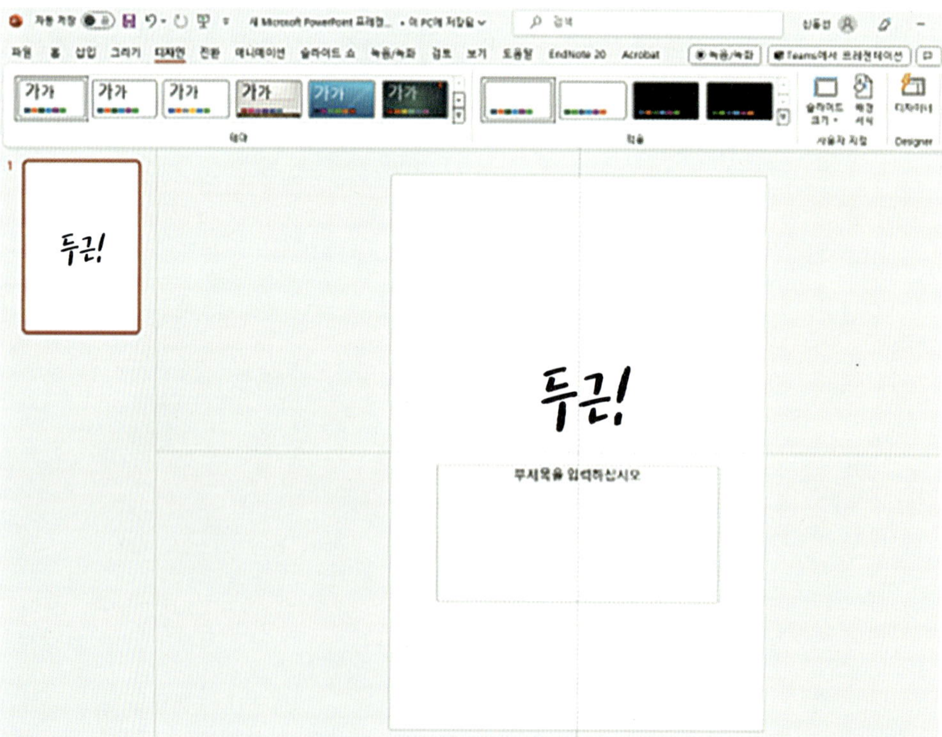

세포핵을 그리기에 앞서, 세포핵에 대해서 알아보겠습니다.

세포핵(細胞核, 영어: cell nucleus, 줄여서 핵)은 모든 진핵생물에서 발견할 수 있는 세포 내의 기관 중 가장 크고 단단한 기관입니다. 핵은 유전자가 변형되지 않게 유지하고 유전자 발현을 조절함으로써 세포의 활성을 조절하는 역할을 하며 세포 분열과 유전에 관여합니다.

공 모양이거나 타원 모양인 경우가 많습니다. 크기는 지름이 수μm(마이크로미터)에서 20-30 μm 정도가 보통입니다. 핵은 안팎 2층으로 이루어진 핵막으로 둘러싸여 있고, 여기에 핵공이라는 다수의 구멍이 있습니다. 대부분의 분자들은 핵막을 통과할 수 없고 작은 분자들이나 이온은 이 핵공을 통해 이동합니다.

이러한 세포핵을 먼저 파워포인트를 써서 그리겠습니다. 삽입 〉 도형에서 타원을 선택해서 타원을 그립니다.

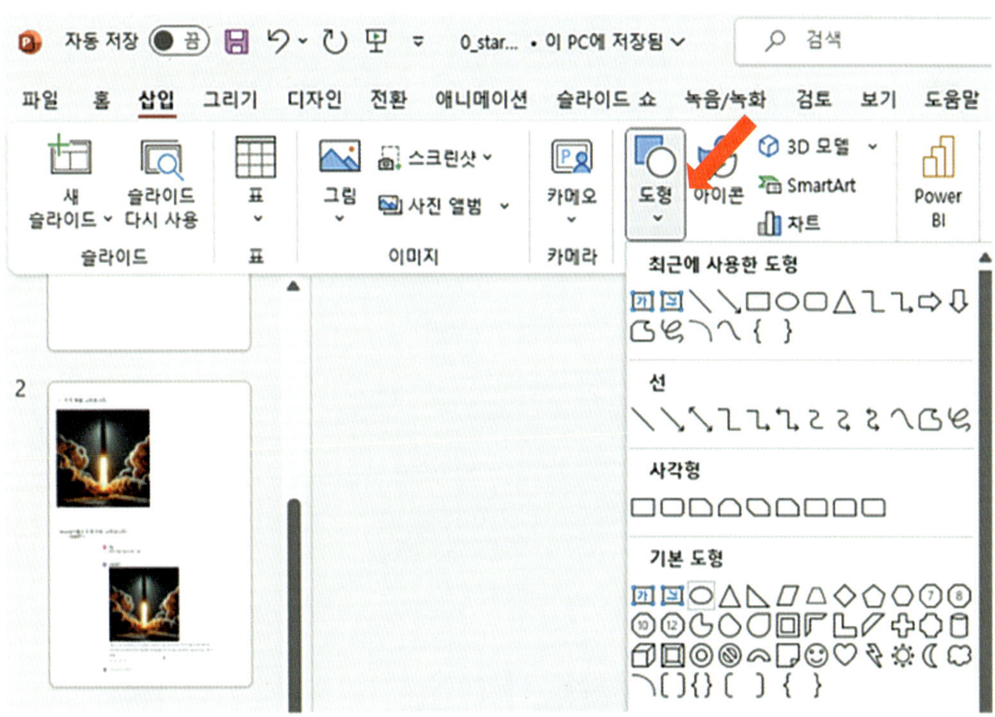

타원이 그려졌습니다. 타원을 선택하고, 마우스 오른쪽 버튼을 누르면 나오는 메뉴 중에 도형 서식을 선택하면 도형의 서식을 선택할 수 있는 창이 열립니다.

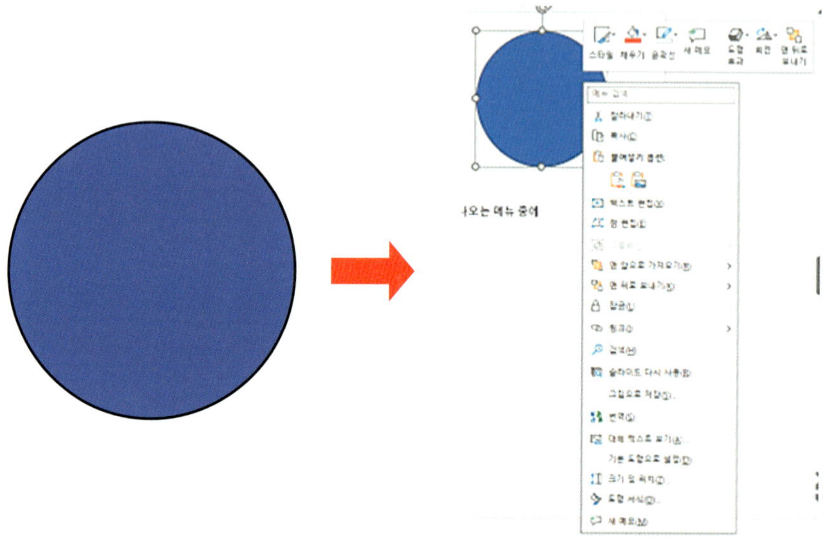

너비를 8pt로 하고, 대시 종류를 밑에서 세 번째 대시로 합니다.

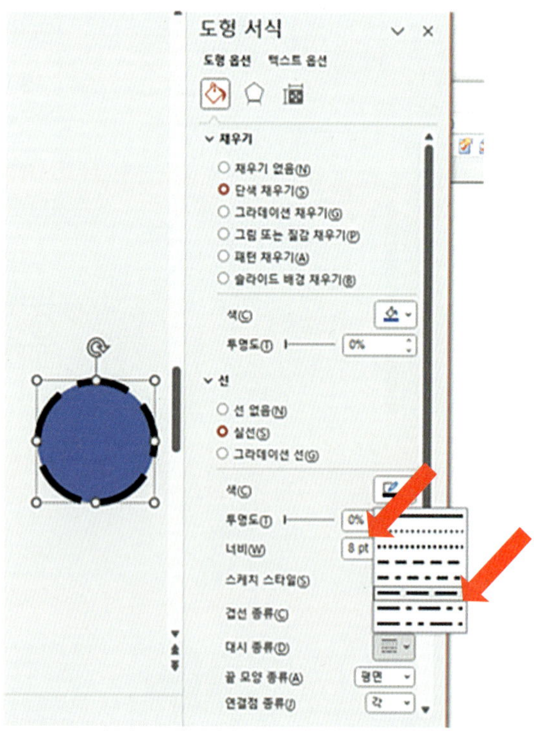

채우기 색과 선의 색을 적당히 선택합니다. 색을 선택할 때, 통상적으로 사용되는 색을 선택하거나 감각적으로 좋아 보이는 색을 선택합니다.

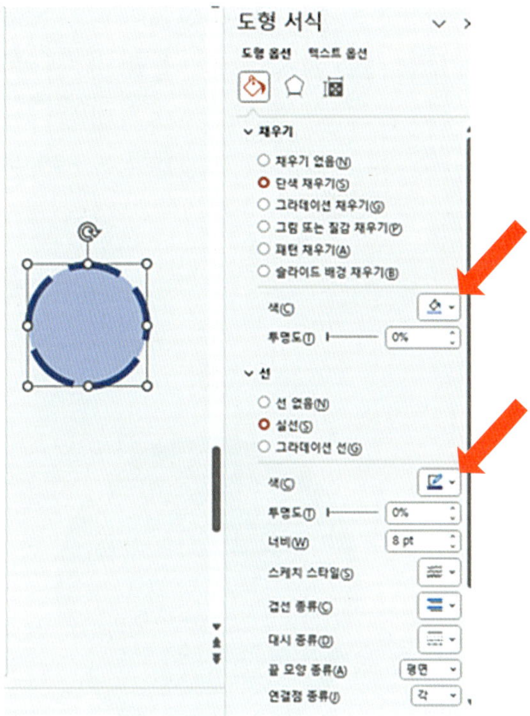

삽입 〉 도형에서 타원을 선택해서 원 안에 작은 타원을 그립니다.

타원의 테두리가 자동으로 그려졌는데, 불필요한 정보로 오해할 수 있으니, 도형서식에서 '선 없음'을 선택해서 선을 지웁니다.

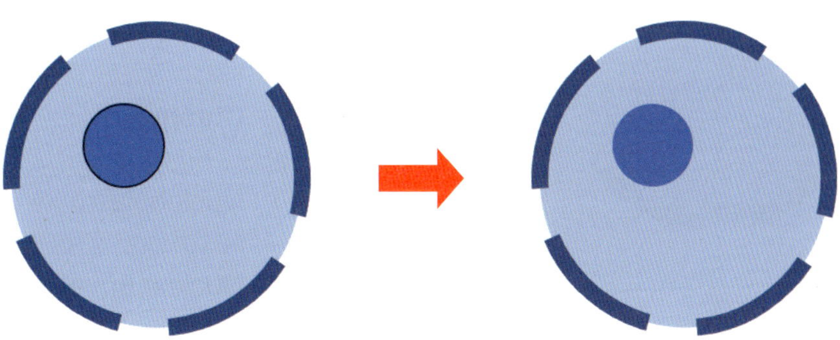

삽입 〉 도형 메뉴에서 '자유 곡선'을 선택하고, 자유롭게 실타래와 같은 모양을 그립니다.

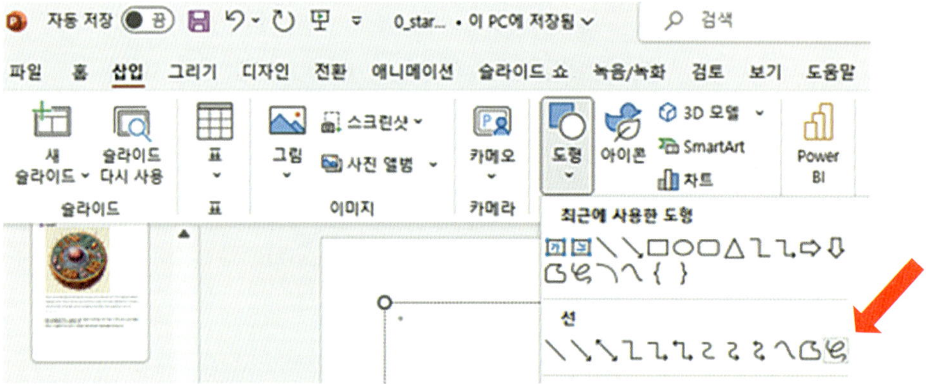

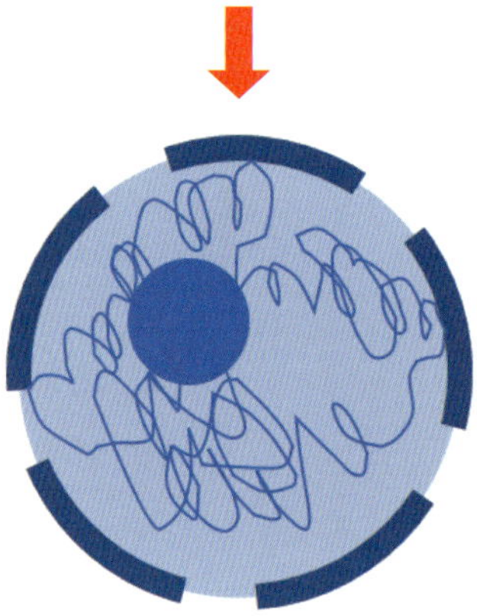

삽입 〉 도형 메뉴를 이용해서, 선과 텍스트 상자를 그려서 각 부분에 이름을 붙입니다.

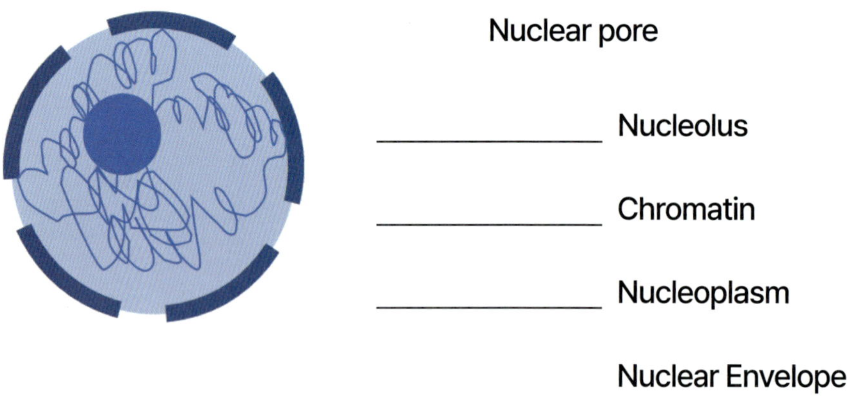

이때, 각 이름과 지시선은 정렬 〉 맞춤에서 왼쪽으로 맞춰줍니다.

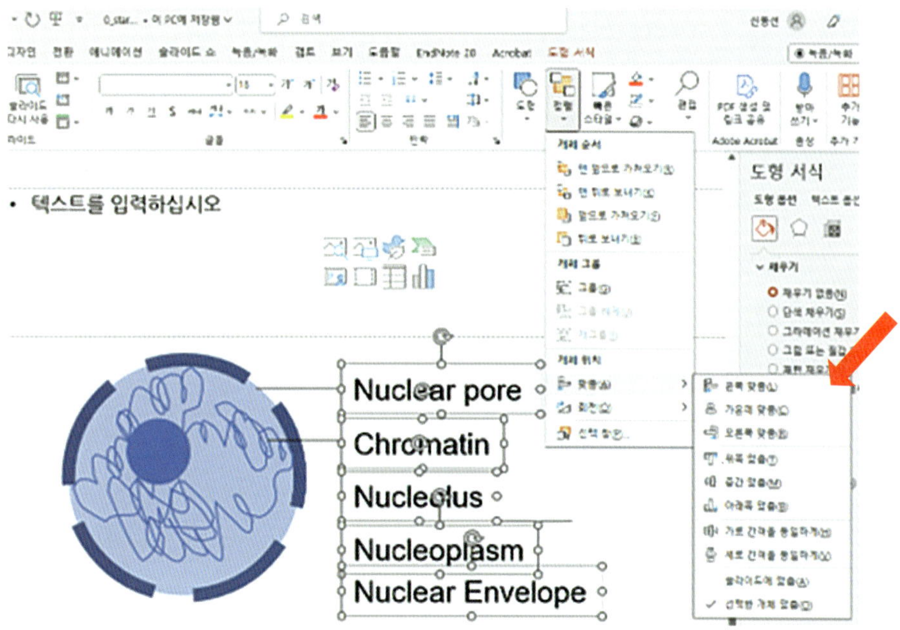

일단 완성되었습니다!

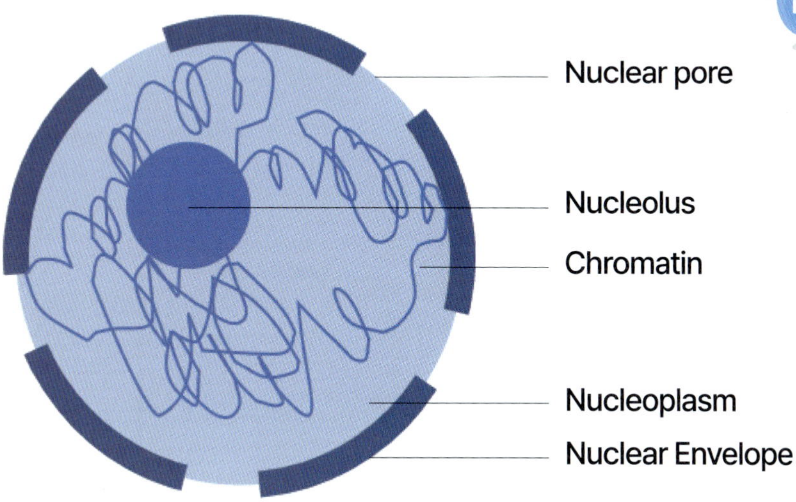

더 꾸며봅시다. Chromatin을 선택하고, 도형 서식에서 '너비'를 더 굵게 해서 자연스럽게 합니다.

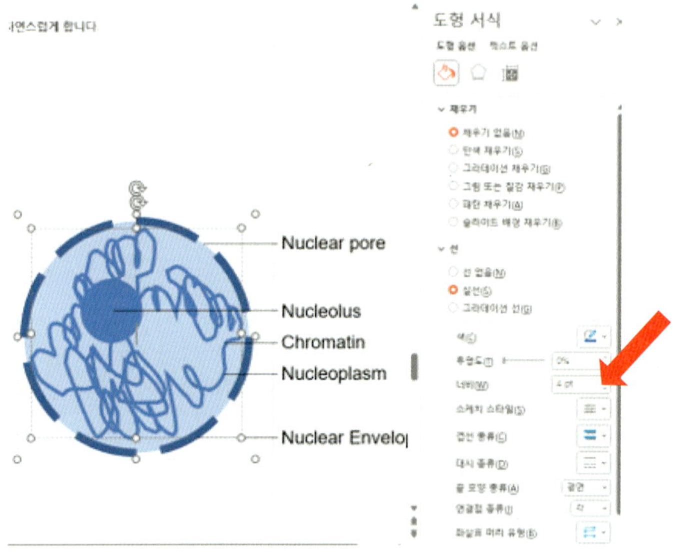

Nucleolus에 입체감이 생기게 하기 위해 그라데이션을 넣습니다. 도형 서식에서 '그라데이션 채우기'를 선택하고, 그라데이션의 종류와 그라데이션의 방향, 중지점을 설정합니다.

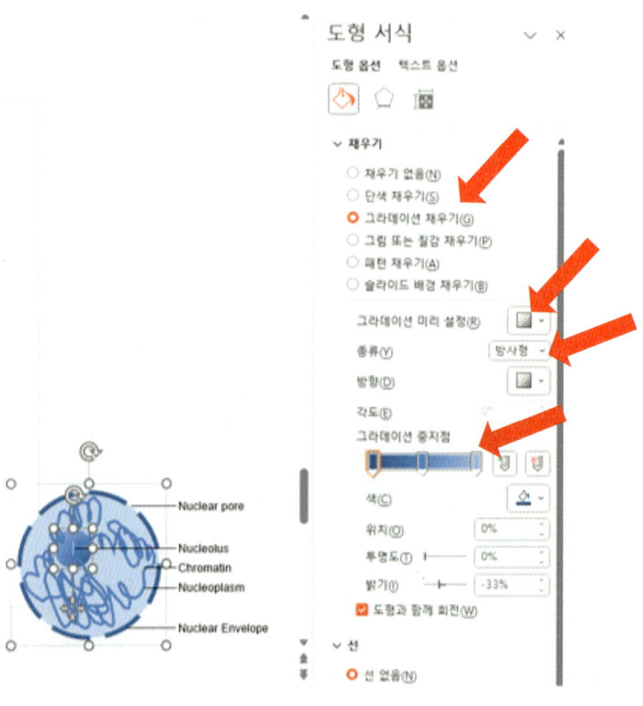

바탕이 되는 Nucleoplasm에도 그라데이션을 넣어서 입체감이 생기게 합니다. 이때, Nucleolus 보다 옅은 색으로 해야 Nucleolus을 부각시킬 수 있습니다. 또한 그라데이션의 방향을 Nucleolus와 다르게 해서 Nucleolus를 부각시킵니다.

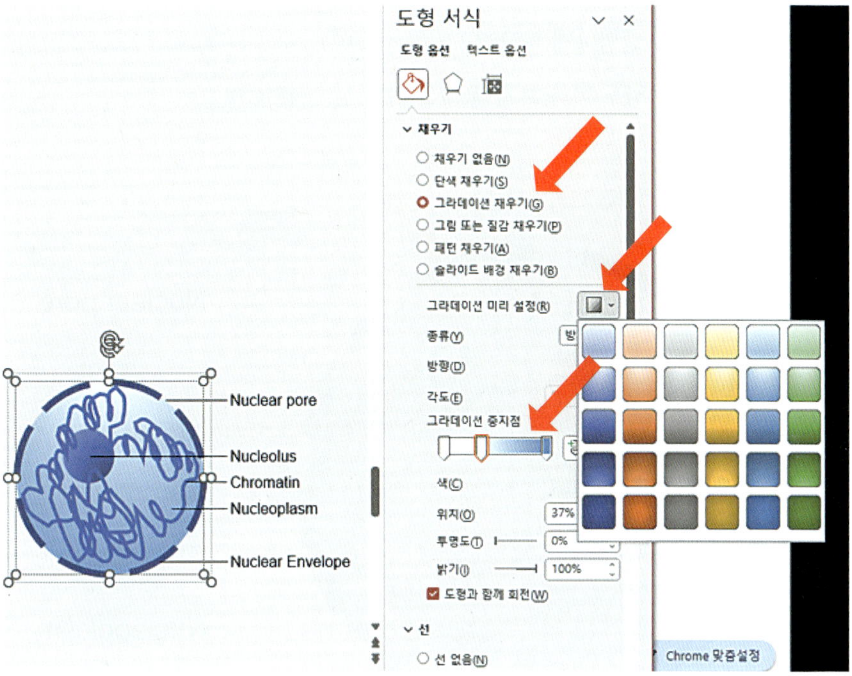

교과서, 논문에서 본 듯한 그림이 완성되었습니다!

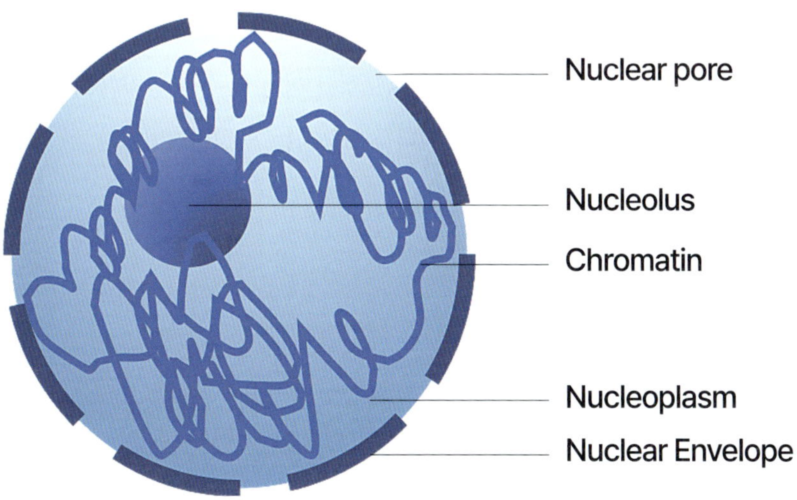

이렇게 파워포인트의 도형 기능을 써서 만드는 것이 가장 간단한 방법입니다. 하지만 이미 정해진 기능만을 쓰다 보니 아쉬운 부분들이 있습니다. 예를 들어서,

- Nuclear pore에 해당하는 구멍을 더 작게 하고 싶고(A),
- 구멍의 위치도 랜덤하고 하고 싶고(B),
- 전체적인 모양을 랜덤하게 찌그러뜨리고 싶고(C),
- Chromatin의 모양도 더욱 보기 좋게 그리고 싶습니다(D).

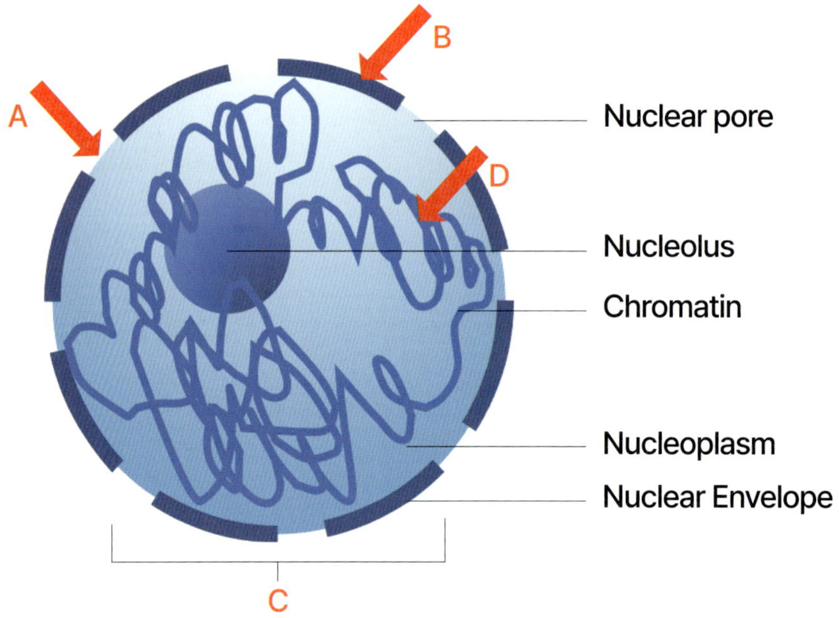

이러한 수정을 파워포인트에서 자유 곡선, 자유 도형을 써서 할 수도 있지만 어마어마하게 번거롭기 때문에 논문 그림을 그릴 때 일러스트레이터를 사용하는 게 일반적입니다.

일러스트레이터로 정밀하게 그리기

이것은 파워포인트로 그린 것입니다. 이 자체로도 별 문제가 없지만 더 잘 그리고 싶습니다. 따라서 일러스트레이터로 그려서 Nuclear pore의 위치, 크기를 랜덤하게 하고, 살짝 찌그러뜨려서 자연스럽게 표현하려고 합니다.

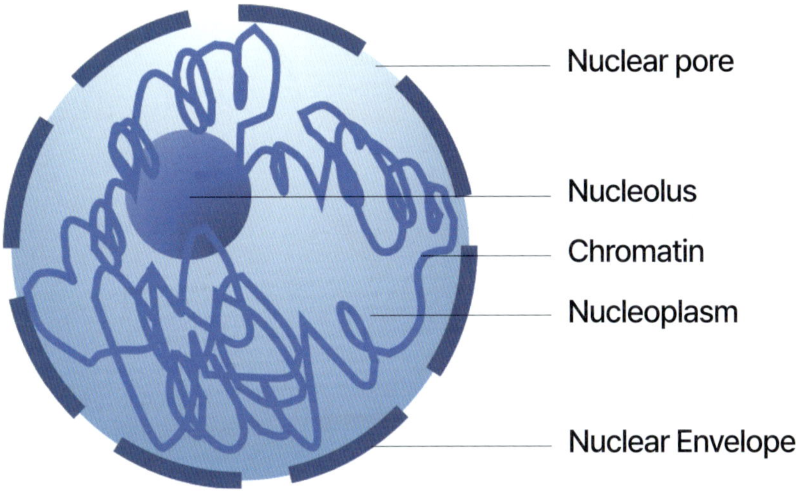

이게 일러스트레이터로 그린 것입니다.
파워포인트에서 아쉬웠던 점을 해결한 것입니다.

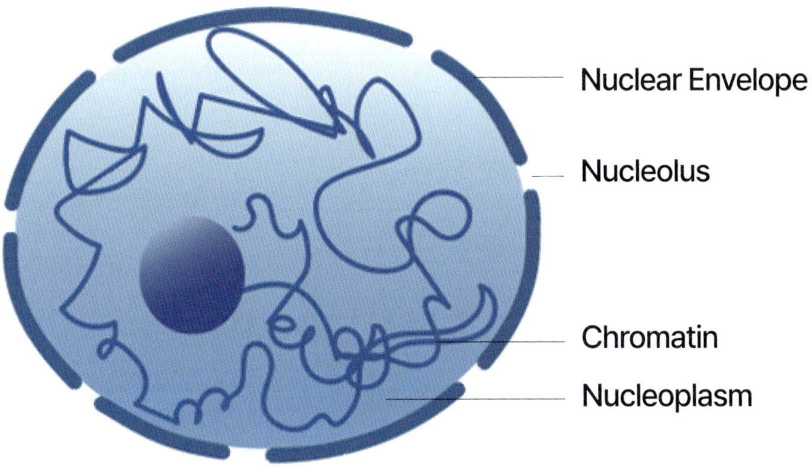

일러스트레이터에서 다음의 과정을 거칠 것입니다.

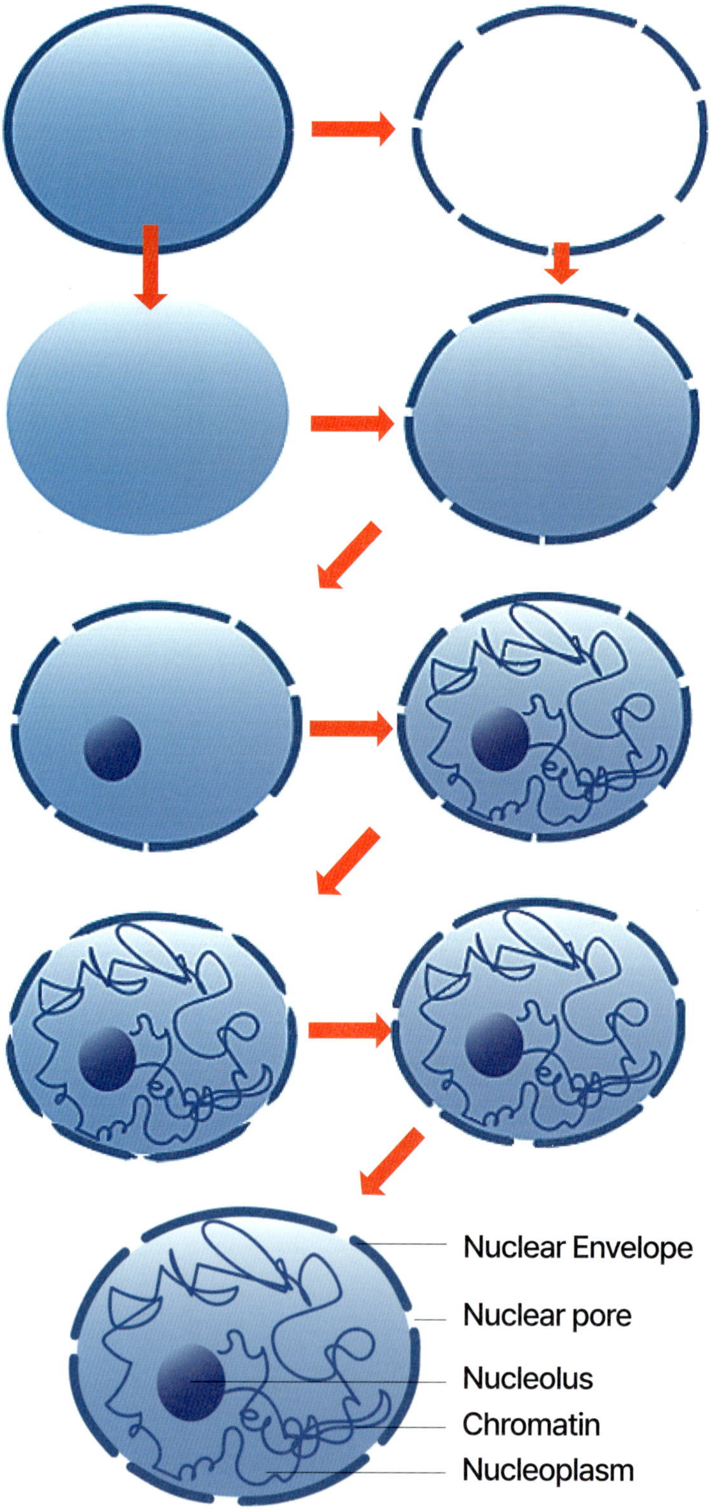

여기에선 Adobe Illustrator 28.7.1 버전을 썼습니다. 2024년 12월 현재, 가장 최신버전이기 때문입니다.

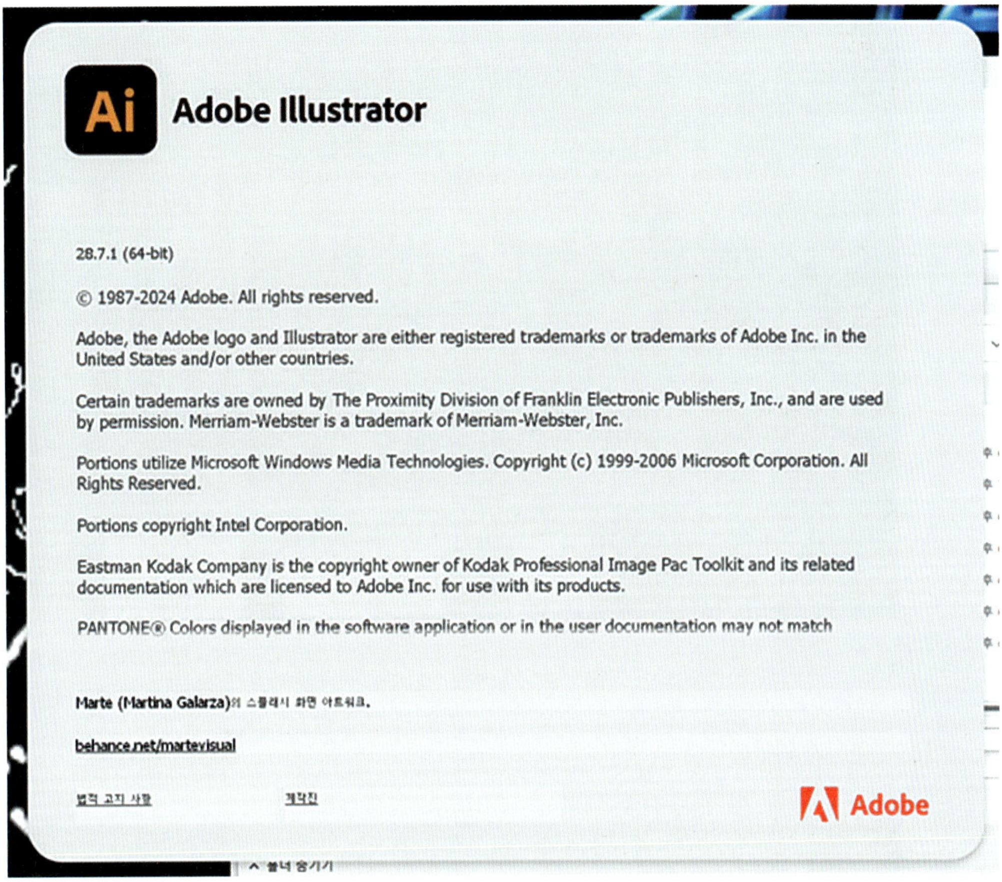

프로그램이 열리는 동안, 일러스트레이터에 대해서 알아봅시다. 단축키는 다음의 4개를 가장 많이 씁니다. 이 외에도 많지만, 자신이 자주 쓰는 것만 외우면 됩니다.

- 오브젝트 전체 선택: V
- 오브젝트의 특정 요소 선택: A
- 펜: P (Pen의 P라고 기억하면 쉽습니다)
- 용지 확대 및 축소: Ctrl+'+' 키 , Ctrl+'-' 키
- 용지 움직이기: H (Hand라고 기억하면 쉽습니다)

파일의 크기는 A4로 합니다. 논문 크기가 A4로 되어 있기 때문에, A4로 크기를 설정해야 그림을 어느 정도 크기로 그릴지를 가늠할 수 있기 때문입니다.

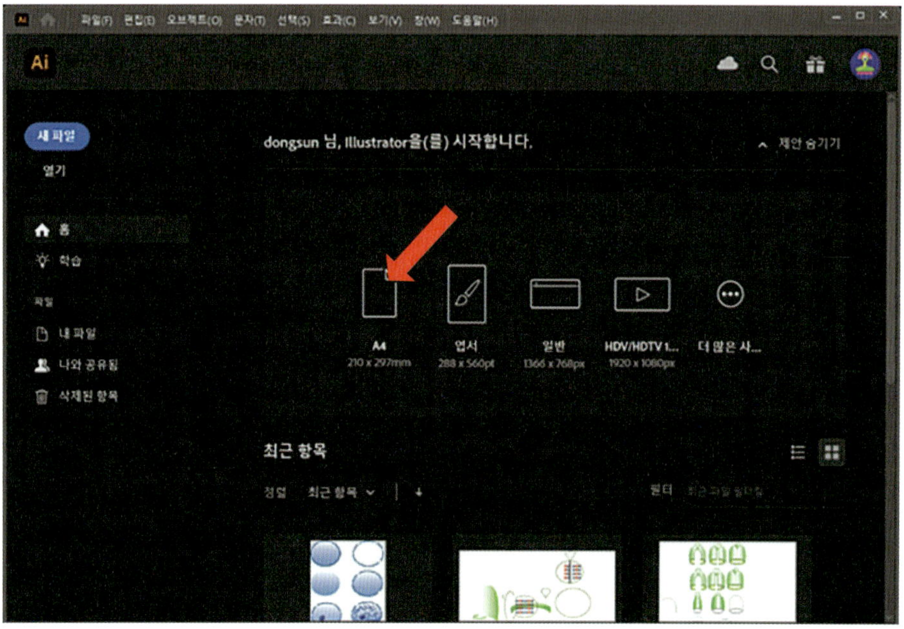

이렇게 준비가 되었습니다.

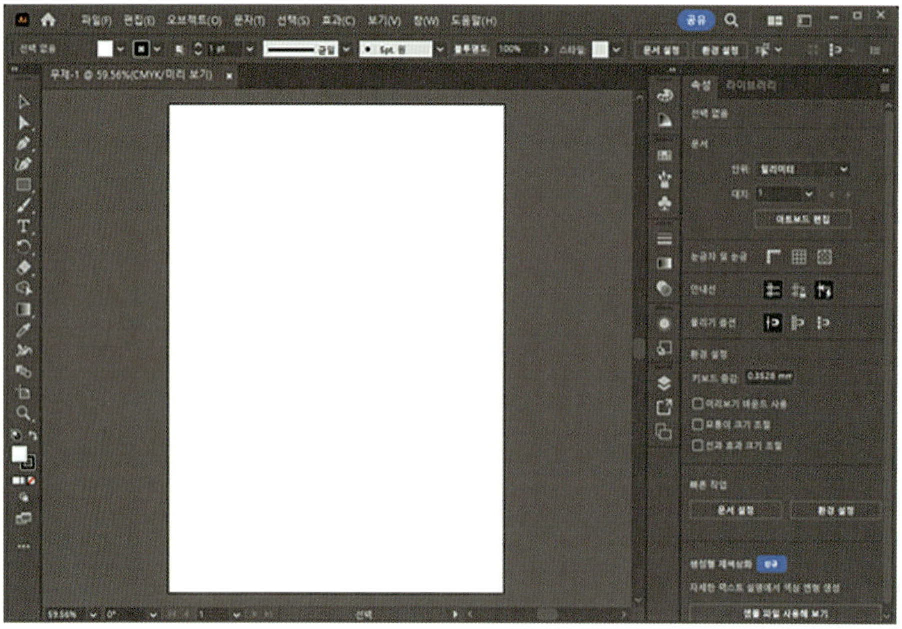

도구 모음에서 원형 도구를 선택하고, 적당한 크기로 그립니다. 단축키는 L이라고 메뉴 옆에 친절하게 나옵니다.

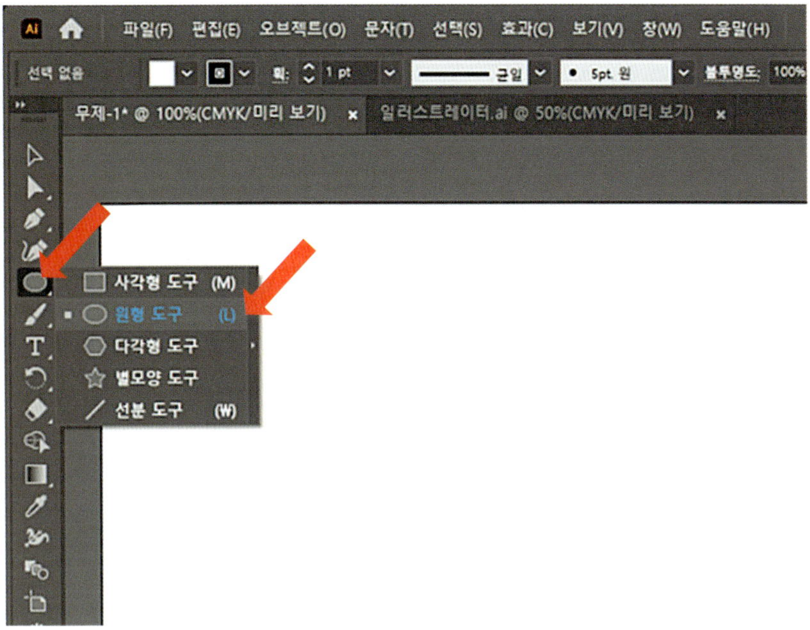

그렸습니다.

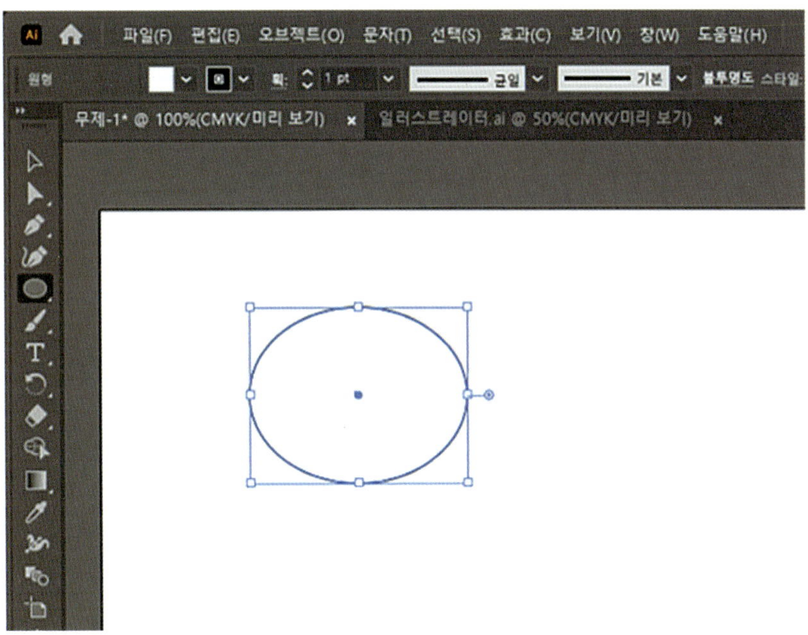

이제 원의 테두리와 안쪽색을 바꿀 것입니다.

도구 모음에서 선택(단축키 V)를 선택하고, 그린 원을 선택하면, 오른쪽 창에 속성이 나오는데, 그 중에 모양 카테고리의 '칠'을 선택합니다.

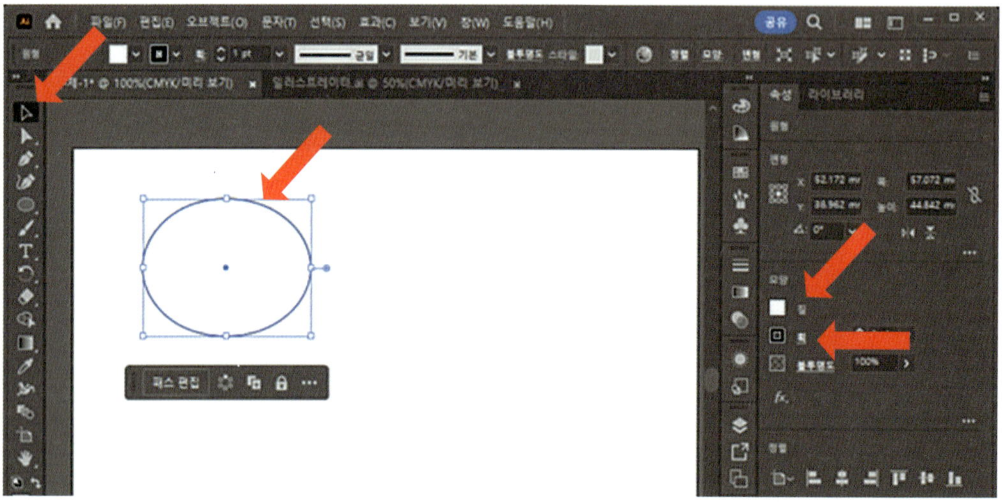

그라데이션으로 색을 칠할 것이니, 색 중에서 그라데이션 모양을 선택합니다.

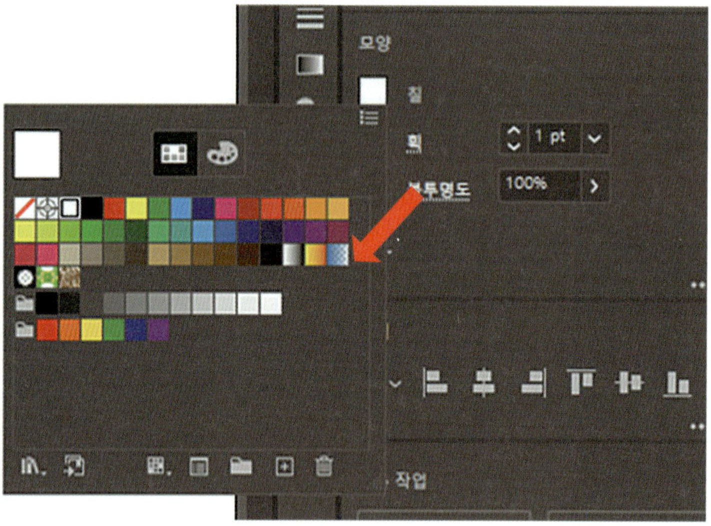

그라데이션으로 색칠이 되었는데, 방향이 맘에 들지 않습니다. 그라데이션을 위에서 아래로 주고 싶기 때문입니다.

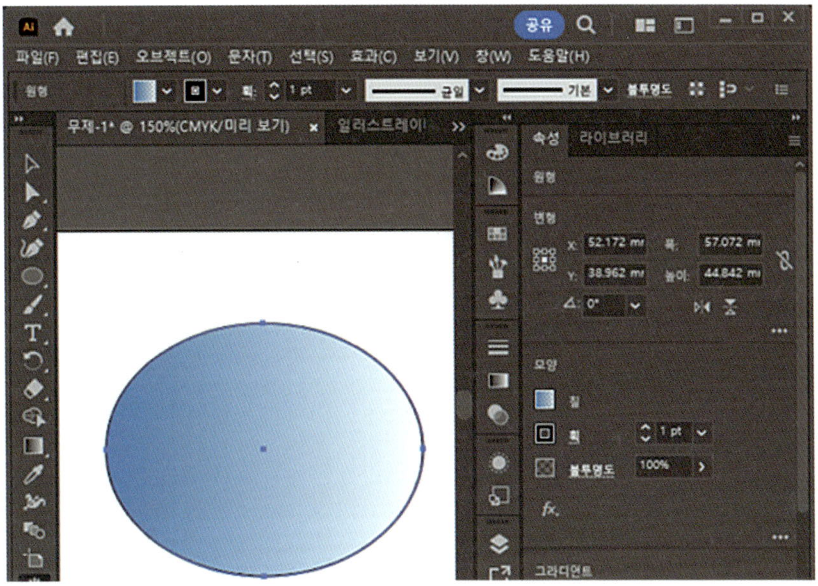

따라서, 다시 '칠 ' 을 선택하고 '그레디언트 옵션 ' 을 선택하면…….

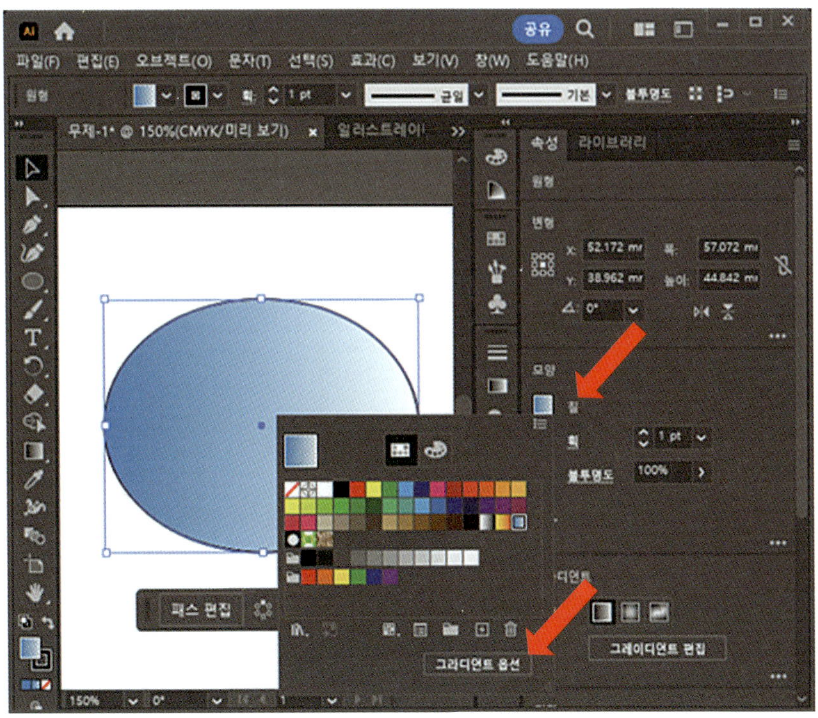

그래디언트 편집창이 열립니다. 여기서 각도를 90도로 합니다.

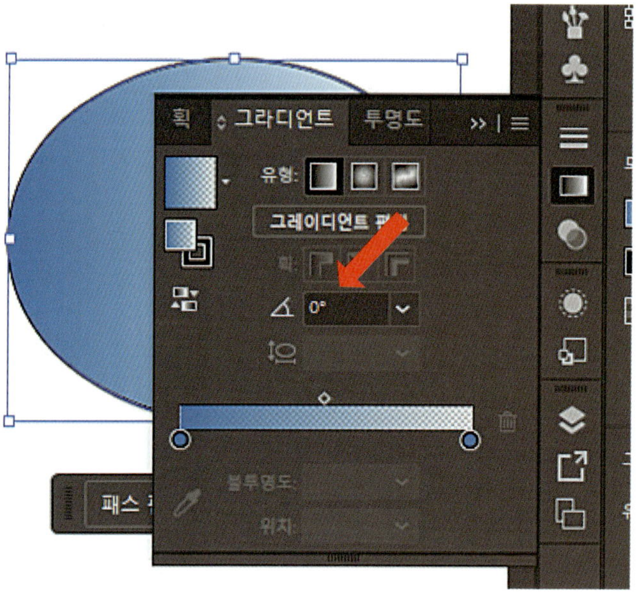

그래디언트 각도가 바뀌었습니다. 바를 조절해서 그래디언트의 비율, 정도, 색을 조절할 수 있습니다.

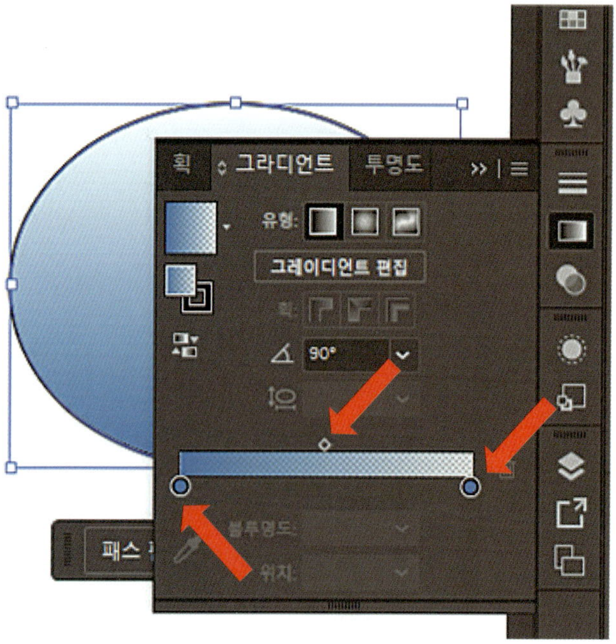

선택(V)을 선택한 후, 원을 선택해서, Ctrl+C를 눌러서 복사한 후, Ctrl+V를 눌러서 붙여넣기를 합니다.

선을 편집해야 하는데, 선을 편집하면 끊어진 선 각각이 개별적인 오브젝트가 되어서, 선 안쪽을 채울 수 없기 때문에, 처음에 만든 원을 배경으로 쓸 것입니다. 따라서 복사한 원을 가지고 선을 편집할 것입니다.

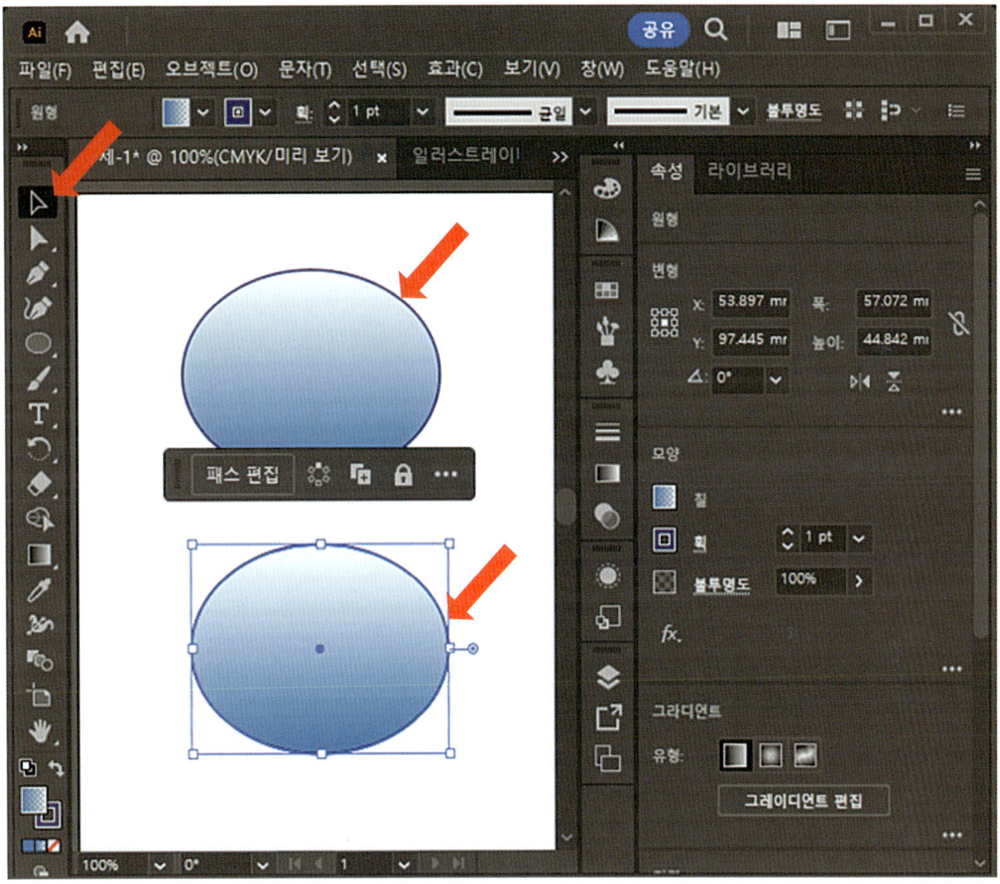

선을 편집할 때, 안쪽에 색이 있으면 번거롭기 때문에, '칠'을 선택한 후, '/'를 선택해서 칠을 지웁니다.

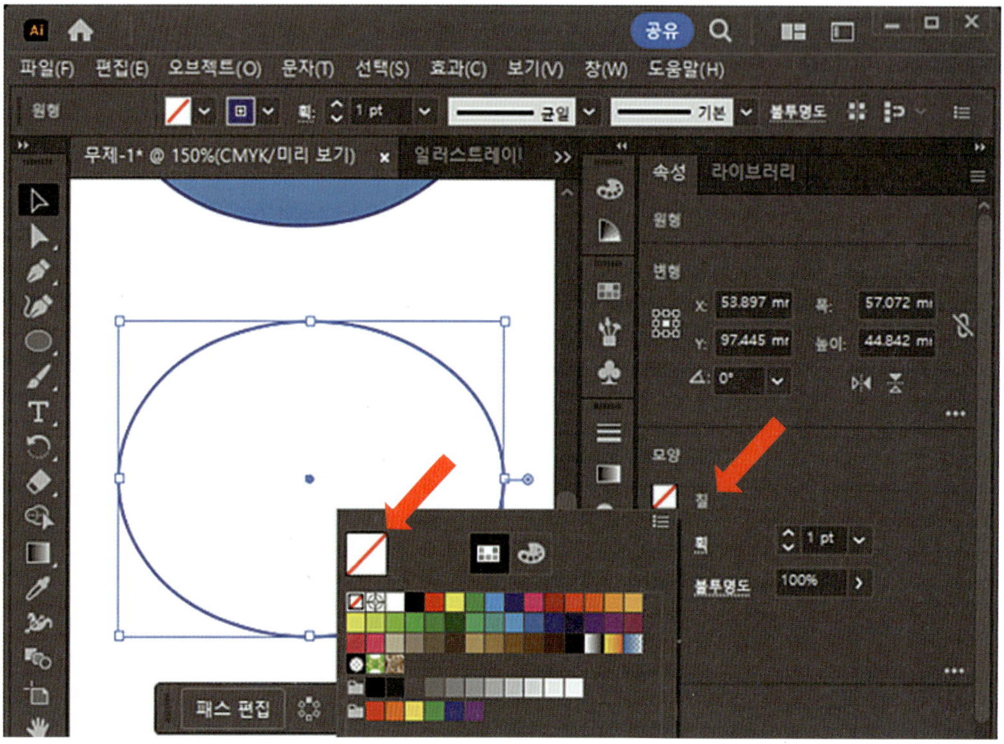

세포핵을 표현할 때, 세포핵의 구멍인 Nuclear pore를 표현하려면 선에 두께가 필요하기 때문에 획을 4pt로 합니다.

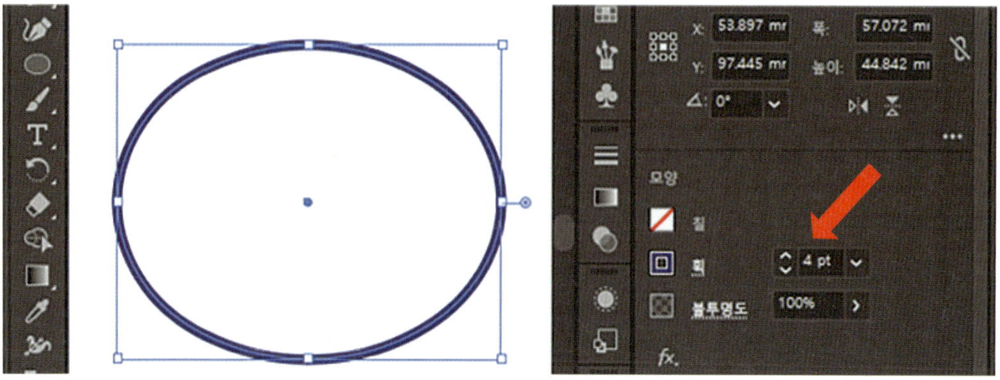

이제 선 군데군데를 뚫을 것입니다. 뚫는다는 것보다 선을 쪼갠다는 게 더 정확한 표현입니다. 가위 도구(단축키 C)를 선택해서, 선 위에서 자르고자 하는 부분의 양 끝을 콕콕! 클릭합니다.

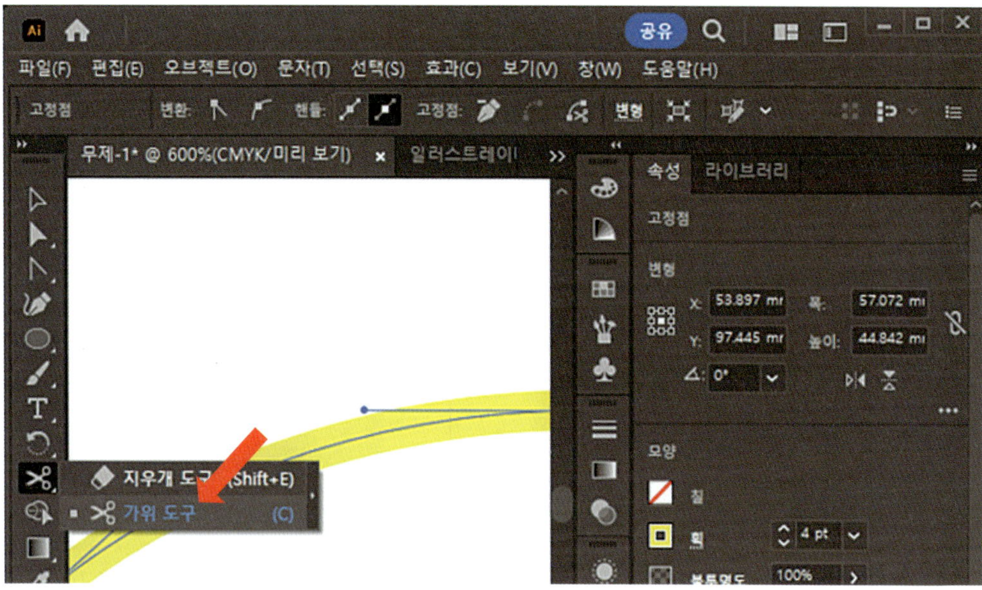

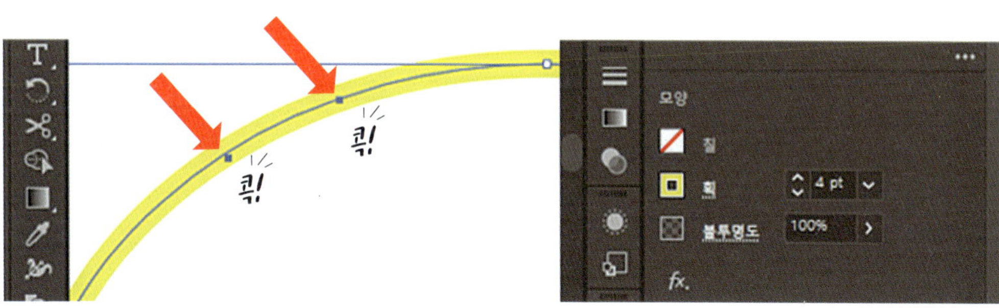

직접 선택 (단축키 A)를 눌러서, 자르고자 하는 부분을 드래그해서 선택하고, Del 키를 눌러서 지웁니다.

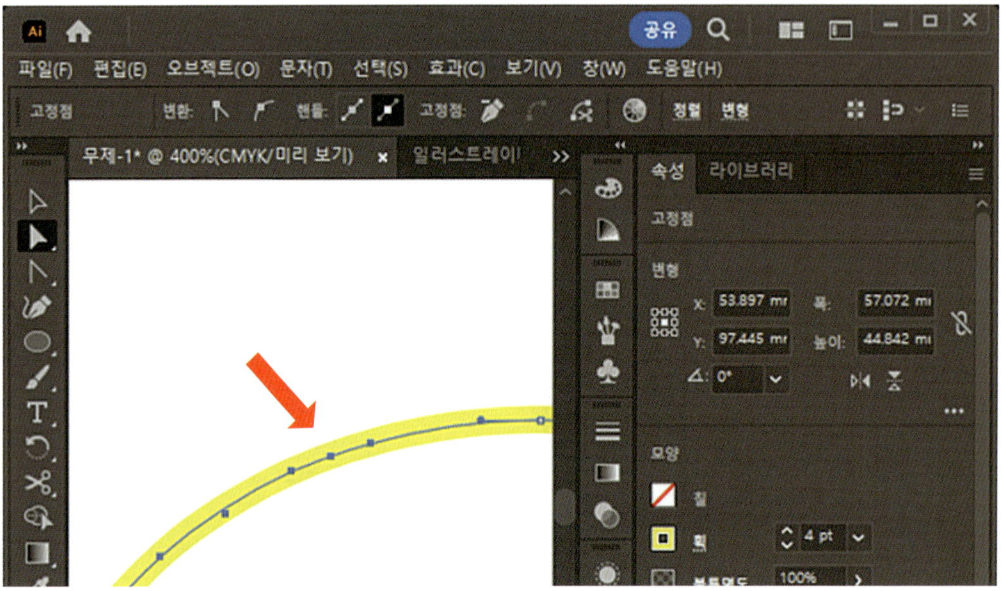

뚜둥! 지워졌습니다!

같은 방법으로 적당한 위치에 구멍을 뚫습니다(사실은 분리하는 것입니다).

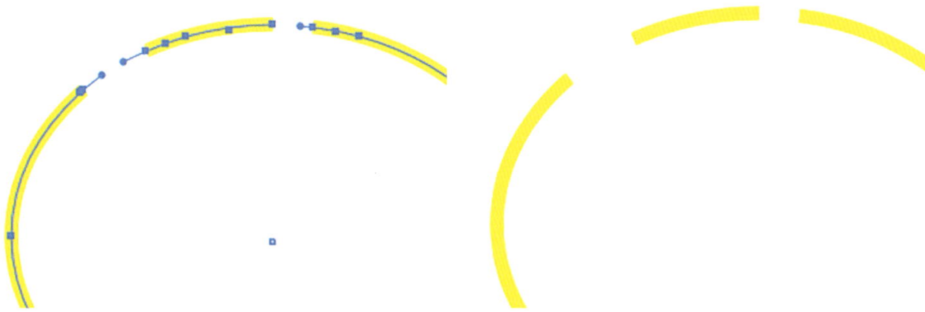

여기서 패스, 고정점, 핸들에 대해서 알고 넘어갑니다.

테두리, 즉 선을 패스라고 하며, 패스 위에 위치한 점을 고정점이라고 하며, 고정점의 양쪽에는 핸들이 있습니다. 이 핸들을 움직여서 고정점 주위의 곡률을 조절합니다.

직접 선택(A)을 선택하고 패스 전체를 선택하면, 고정점을 볼 수 있습니다.

고정점을 클릭하면, 핸들이 나옵니다.

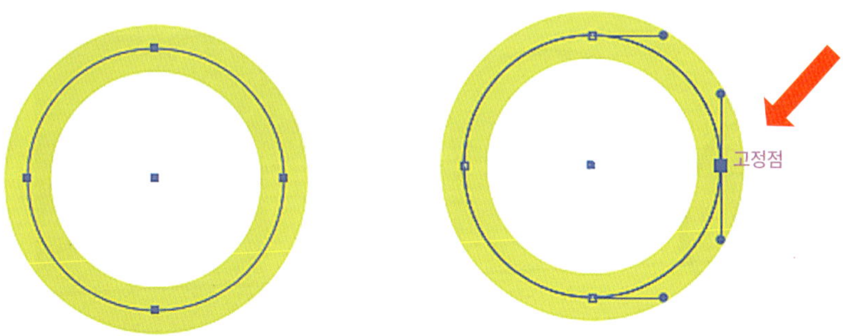

핸들을 움직여서 고정점을 중심으로 곡률을 조절합니다.

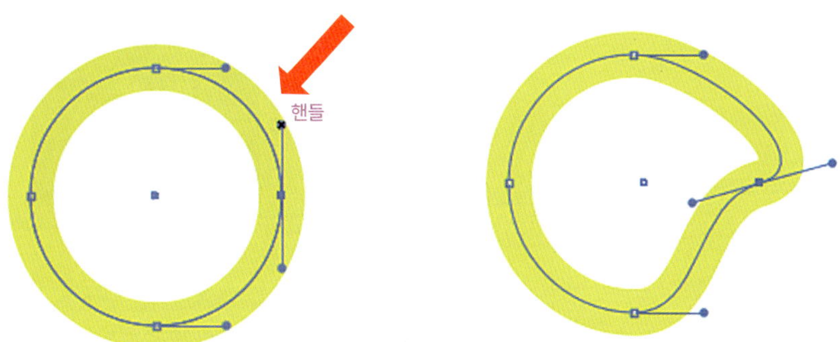

이러한 방법으로, 테두리를 조금씩 찌그러뜨립니다. 세포핵은 자연물이기 때문에 모양이 불규칙하기 때문입니다.

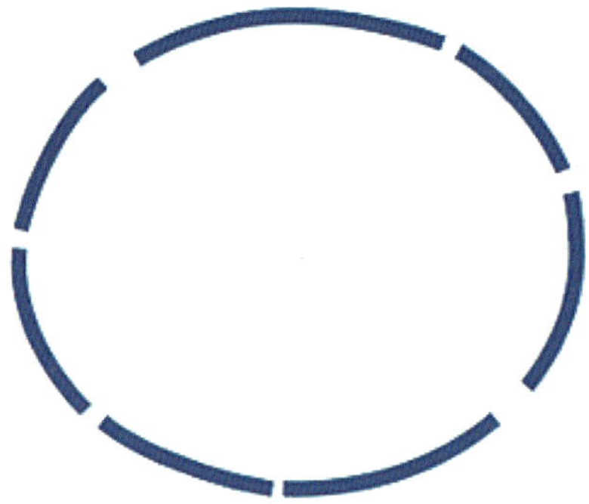

테두리를 끝냈으면, 아까 만든, 그라데이션이 들어간 원을 이동해서 배경으로 넣습니다. 이때, 배경이 테두리 위에 위치하면, 테두리가 잘 안 보이기 때문에 배경을 테두리 뒤로 보내야 합니다. 따라서 배경이 되는 원을 선택하고, 마우스 오른쪽 버튼을 눌러서 나오는 메뉴 중 정돈 〉 맨 뒤로 보내기를 선택해서 맨 뒤로 보냅니다.

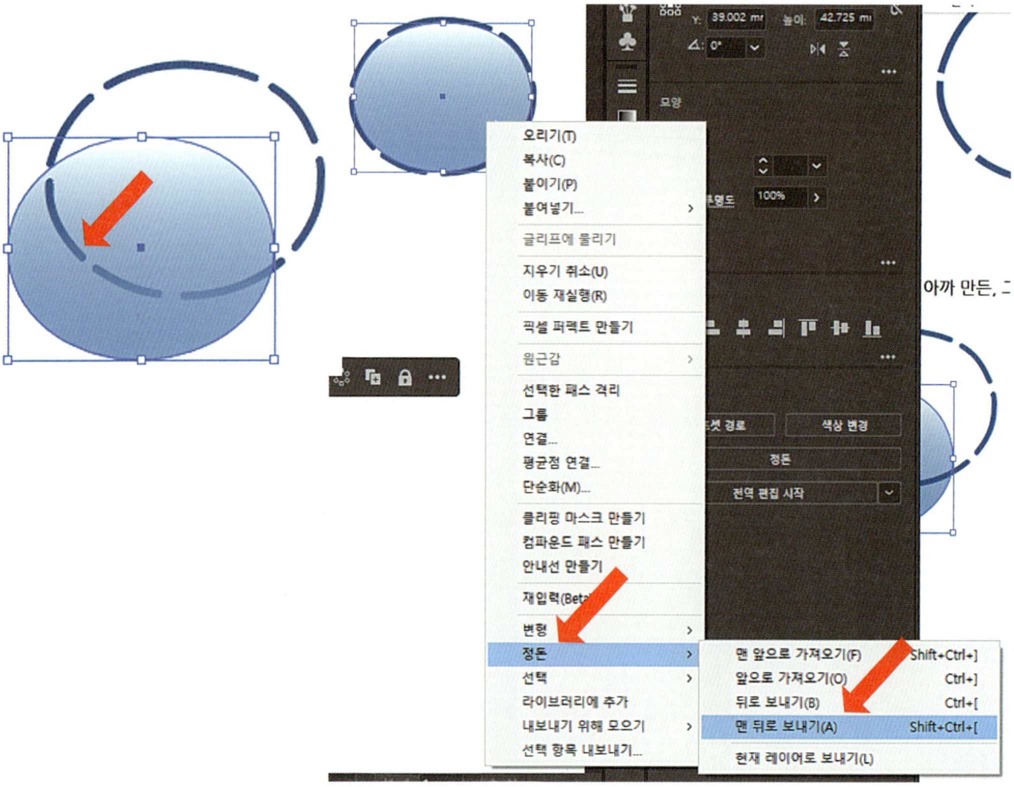

파워포인트에서 할 때는, 기능의 한계로 인해 핵 속의 Nucleoplasm이 선의 가운데에 위치했지만, 실제로는 테두리인 Nuclear Envelope의 안쪽에 있어야 합니다.

따라서 배경이 되는 원, 즉 Nucleoplasm이 빠져나오지 않도록 고정점, 핸들을 조절해서 테두리인 Nuclear Envelope의 안쪽에 들어가도록 합니다. 적당한 고정점이 없으면, 앞서의 가위 도구로 고정점을 추가해서 조절합니다.

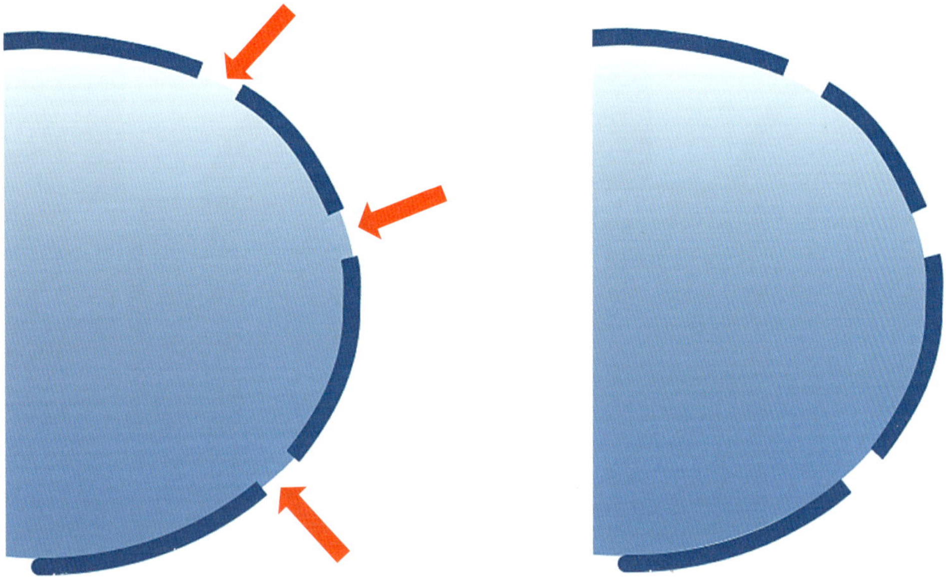

이렇게 작은 부분을 자유롭게 조절할 수 있기 때문에 파워포인트 대신에, 번거롭지만 일러스트레이터를 쓰는 것입니다. 이런 디테일한 부분으로 인해 더욱 정확한 그림이 됩니다.

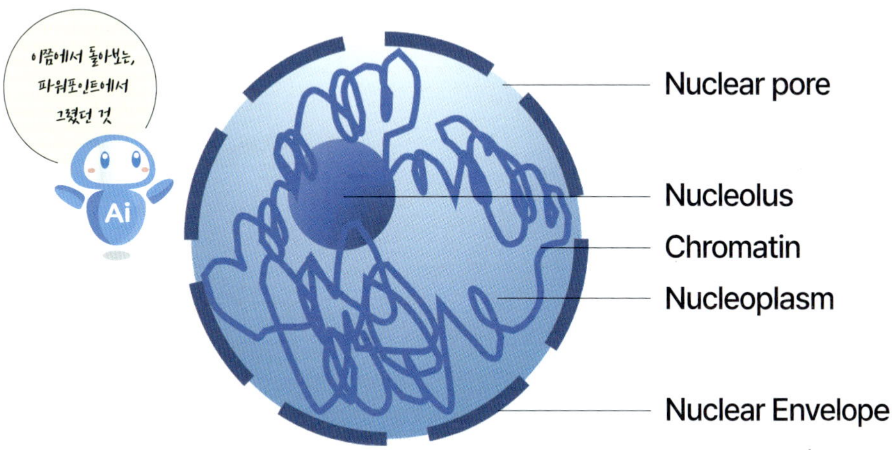

테두리인 Nuclear Envelope을 더욱 사실적으로 만듭니다.

실제로는 모서리가 칼같이 잘려 있지 않고, 둥글게 되어 있습니다. 따라서 모서리를 둥글게 만듭니다. 선택을 선택해서, 테두리 하나를 선택하고, 속성 창에서 '획 ' 을 선택합니다, 여기에서 '단면 ' 중 '둥근 단면 ' 을 선택합니다.

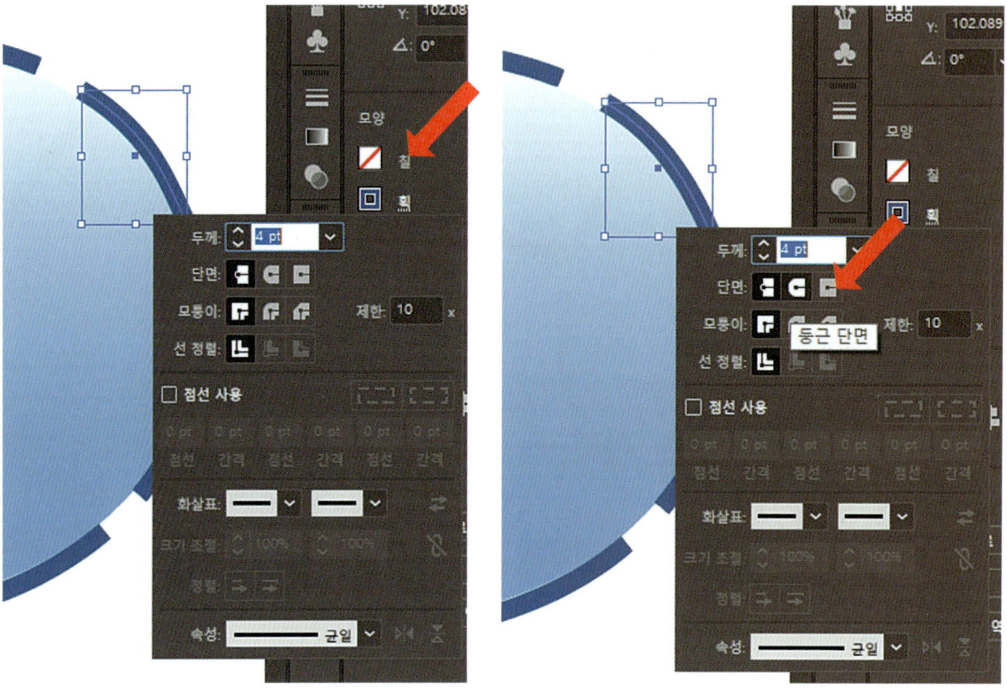

접한 단면과 둥근 단면. 사소한 차이지만 이로 인해 더욱 사실에 가까워졌습니다!

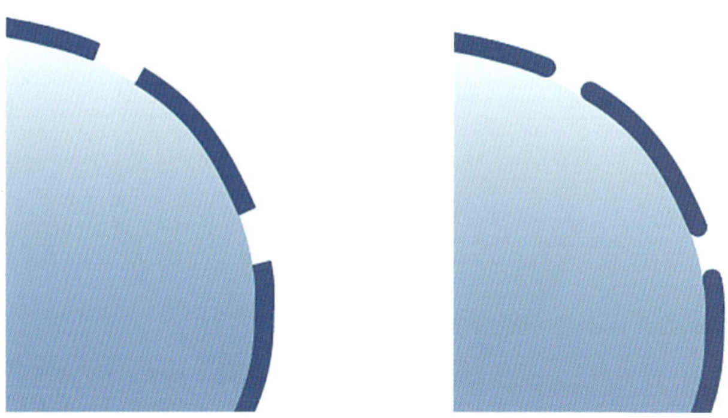

Nucleolus를 그립니다.

원형 도구를 선택해서, 약간 일그러진 원을 그리고, 획은 필요하지 않기 때문에 '/'를 선택해서 보이지 않게 합니다. 그라데이션 방향은 배경과 다르게 하고, 색도 진하게 해서 배경과 확실하게 구분되도록 합니다.

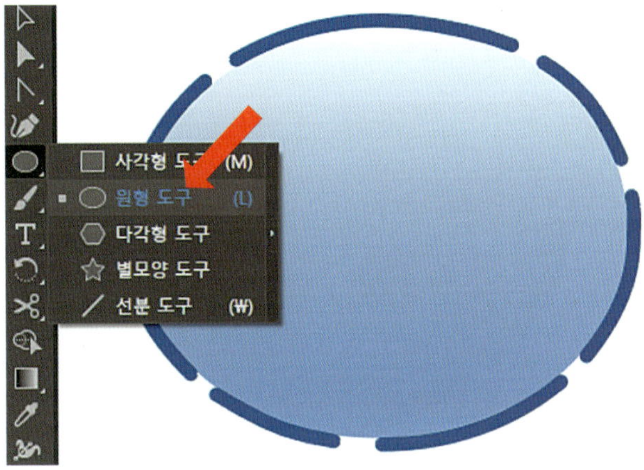

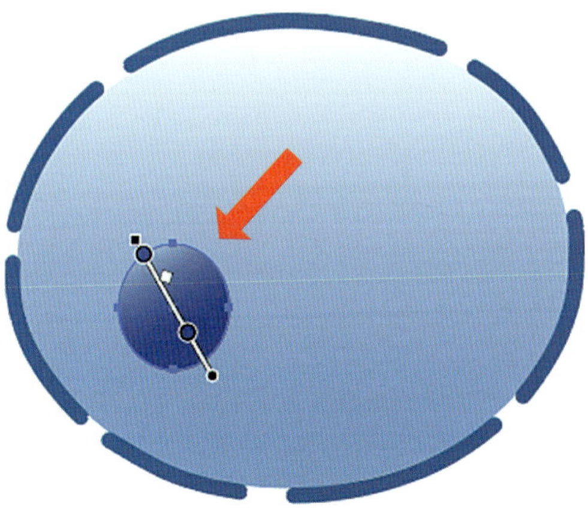

마지막으로 페인트브러쉬 도구(단축키 B)를 선택해서 자유로운 곡선을 그려서 실타래 같은 Chromatin을 그립니다.

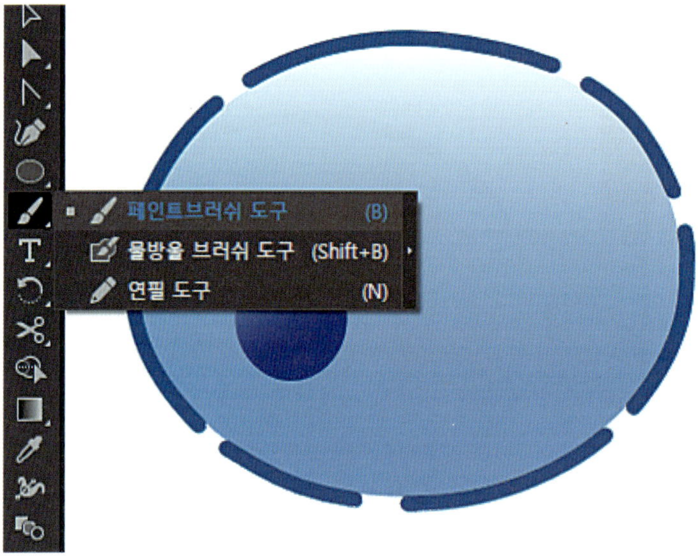

선택을 선택해서, 그린 곡선을 클릭하면 나오는 속성에서, 획의 두께를 조절합니다.

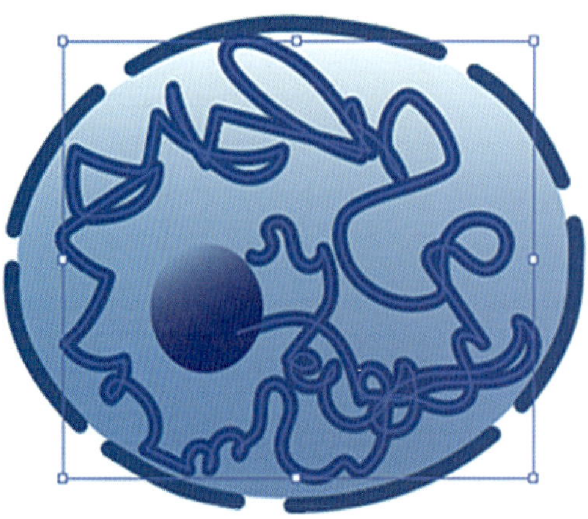

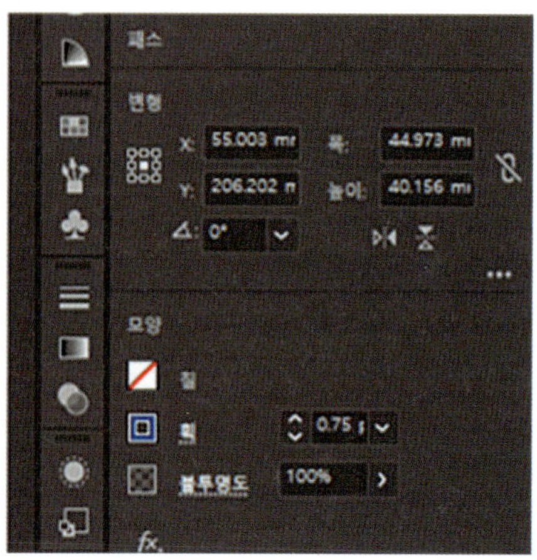

어느덧 완성되었습니다. 윈도우 + Shift + S 키를 눌러서 캡처한 후, 파워포인트에 붙여넣고 이름을 붙입니다. 일러스트레이터에서도 이름을 붙일 수 있지만, 개인적으로 파워포인트에서 하는 게 편하기 때문입니다.

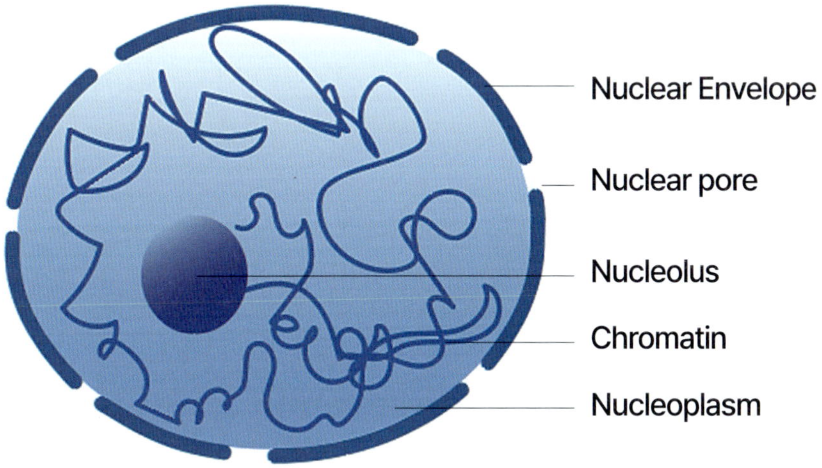

일러스트레이터처럼 벡터를 사용해서 그림을 그리는 소프트웨어로는 이 외에도 다음과 같은 소프트웨어들이 있습니다. 각각의 장단점은 다음과 같습니다.

1) Inkscape

장점: 무료 오픈 소스 소프트웨어로, 일러스트레이터와 유사한 기능을 많이 제공합니다. 다양한 벡터 디자인 작업을 할 수 있으며, 커뮤니티가 활발하고 많은 플러그인과 확장 기능을 지원합니다.

단점: 인터페이스가 다소 복잡할 수 있으며, 일부 기능은 상업 소프트웨어에 비해 덜 직관적일 수 있습니다. 대형 파일을 처리할 때 성능이 떨어질 수 있습니다.

2) CorelDRAW

장점: 오래된 벡터 그래픽 소프트웨어로, 강력한 디자인 및 레이아웃 기능을 제공합니다. 인쇄물 디자인과 같은 작업에 특히 유용하며, PDF 및 다양한 파일 형식과의 호환성이 뛰어납니다.

단점: 유료 소프트웨어로, 일러스트레이터와 비슷한 가격대를 형성하고 있습니다. 초보자에게는 다소 복잡할 수 있습니다.

3) Affinity Designer

장점: 비교적 저렴한 가격에 일회성 결제로 제공되며, 매우 직관적인 사용자 인터페이스를 가지고 있습니다. 일러스트레이터와 유사한 벡터 및 래스터 작업을 모두 지원하며, 빠른 성능으로 많은 사용자들에게 사랑받고 있습니다.

단점: 일부 고급 기능은 일러스트레이터에 비해 부족할 수 있으며, 플러그인 지원이 제한적입니다.

4) Gravit Designer

장점: 클라우드 기반의 벡터 디자인 소프트웨어로, 웹 브라우저에서 바로 작업이 가능합니다. 직관적인 인터페이스와 무료 버전을 제공하여 초보자도 쉽게 접근할 수 있습니다.

단점: 무료 버전의 경우 제한된 기능을 제공하며, 고급 기능 사용을 위해서는 유료 플랜이 필요합니다. 파일 처리 속도가 느릴 수 있습니다.

Maya를 활용해 3D로 그리기

이번엔 Maya를 써서 3D로 그려봅시다.

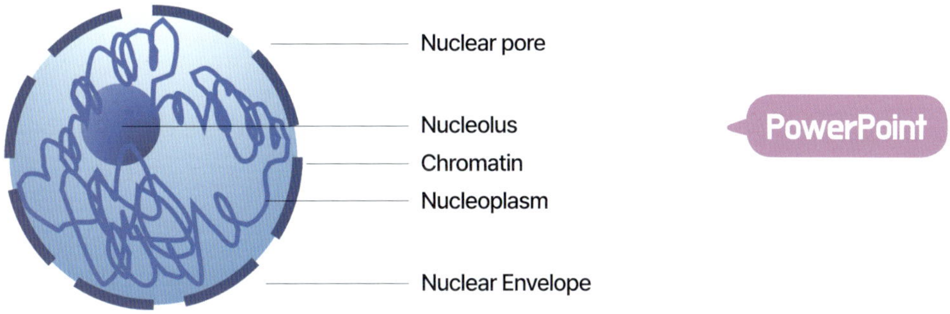

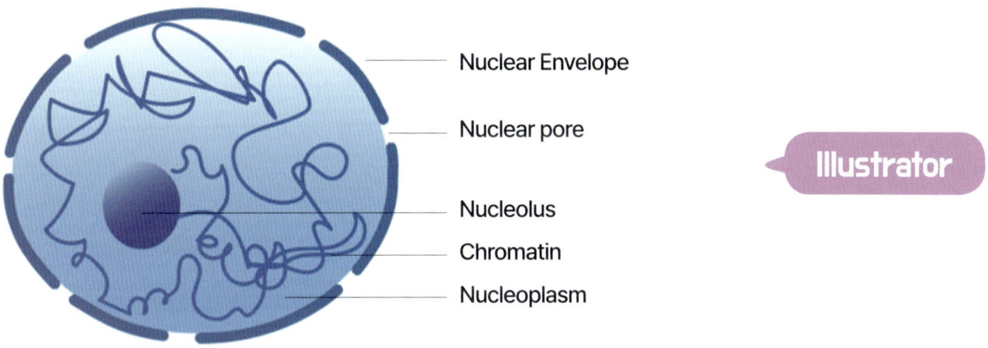

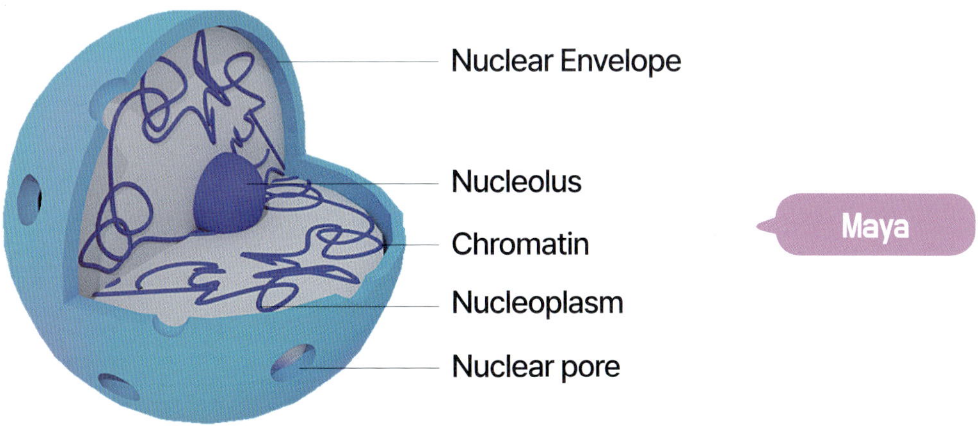

프로그램 이름의 표기에 대해 알아보고 넘어갑시다.

파워포인트는 'PowerPoint'로 표시합니다. 제작사에서 그렇게 정했기 때문입니다. 마찬가지로 일러스트레이터는 'Illustrator', 마야는 'Maya'로 표시합니다. 논문을 쓸 때 power point, illustrator, maya 등으로 표기하는 경우가 있지만 잘못된 것이고, 제작사에서 정한 것으로 하는 것이 원칙입니다. 프로그램의 이름을 정한 것도 브랜드 아이덴티티 및 시각적 차별화를 위한 것이기 때문입니다.

비슷한 보기로, 그룹의 이름을 지을 때 대문자와 소문자, 또는 띄어쓰기를 사용하는 방식은 단순한 타이포그래피 이상의 의미를 가지며, 다음과 같은 논리적인 이유로 결정됩니다.

대문자만 사용하는 경우는 강한 인상을 주고, 그룹의 이름을 더 눈에 띄게 만드는 역할을 합니다. 예를 들어, BLACKPINK, TWICE, NMB48, YOASOBI 같은 이름은 모두 대문자로 표기함으로써 시각적 무게감을 주며, 쉽게 기억에 남도록 돕습니다.

대문자와 소문자를 섞어 사용하는 경우는 독창성과 유니크함을 강조합니다. 예를 들어, Perfume, Nogizaka46, Hey! Say! JUMP, fripSide, iKON, GFriend처럼 대문자와 소문자를 조합하면, 그룹 이름이 더욱 독특해 보이고 기억하기 쉬워집니다. 이러한 스타일링은 타 그룹과의 차별화를 가능하게 하며, 팬들에게 강한 인상을 남길 수 있습니다.

대소문자를 조합한 이름은 시각적으로나 발음상으로 리듬감을 줄 수 있습니다. Red Velvet이나 f(x) 같은 경우, 시각적으로 리듬감을 주는 동시에 발음할 때도 자연스러운 흐름을 제공합니다. 이로 인해 이름 자체가 하나의 브랜드로 인식되기 쉬워집니다.

마야(Maya)는 오토데스크(Autodesk)에서 개발한 3D 컴퓨터 그래픽 소프트웨어입니다. 마야(Maya) 프로그램은 3D 모델링, 애니메이션, 시뮬레이션 및 렌더링 분야에서 널리 사용되며, 다음과 같은 주요 장점을 가지고 있습니다.

강력한 모델링 도구: 마야는 고급 모델링 기능을 제공합니다. 이를 통해 사용자들은 다양한 복잡도의 3D 모델을 정교하게 제작할 수 있습니다.
첨단 애니메이션 기능: 마야는 세밀한 애니메이션 조작이 가능하며, 키 프레임, 비선형 애니메이션 편집, 캐릭터 리깅 및 스키닝 등의 고급 기능을 포함합니다.
현실적인 시뮬레이션 및 효과: 마야는 물리 기반의 동적 시뮬레이션을 제공하여 불, 연기, 액체, 천, 헤어 등의 현실적인 시각 효과를 만들 수 있습니다.
통합된 렌더링 엔진: 마야는 아놀드(Arnold)와 같은 고급 렌더링 엔진과 통합되어 있어, 사실적이고 고품질의 이미지 및 애니메이션을 생성할 수 있습니다.
확장성 및 사용자 정의 가능성: 사용자는 Python 또는 MEL 스크립트를 통해 마야를 확장하고 사용자 정의할 수 있으며, 다양한 서드파티 플러그인을 사용하여 기능을 더욱 확장할 수 있습니다.
업계 표준 소프트웨어: 마야는 영화, 게임, TV, 그리고 시각 효과 산업에서 널리 인정받고 사용되며, 이는 마야가 제공하는 고급 기능과 안정성을 증명합니다.
강력한 커뮤니티 및 지원: 마야 사용자 커뮤니티는 매우 활발하며, 온라인 튜토리얼, 포럼, 교육 자료 등을 통해 사용자들이 지식을 공유하고 학습할 수 있는 환경을 제공합니다.

이러한 장점들로 인해 마야는 3D 아티스트, 애니메이터, 시각 효과 전문가들 사이에서 매우 인기 있는 선택지가 되고 있습니다.

마야(Maya)는 다양한 기능과 복잡한 작업을 위한 다수의 단축키를 제공합니다. 이 단축키들은 작업 효율성을 크게 향상시킬 수 있습니다. 주요 단축키는 다음과 같습니다.

- W, E, R: 이들은 각각 이동(Translate), 회전(Rotate), 크기 조정(Scale) 도구를 활성화합니다.
- Spacebar: 주 메뉴 바와 핫박스를 전환하거나, 작업 공간을 전환하는 데 사용됩니다.
- G: 마지막으로 실행한 명령을 반복합니다.
- Z: 마지막 동작의 실행을 취소합니다.
- F: 선택된 객체 또는 컴포넌트에 카메라를 포커스 합니다.
- A: 모든 객체에 카메라를 포커스 합니다.
- Ctrl + D: 선택한 객체를 복제합니다.
- Alt + 마우스 버튼: 카메라를 회전(Alt + 왼쪽 버튼), 줌 인/아웃(Alt + 오른쪽 버튼), 패닝(Alt + • 중간 버튼) 할 때 사용합니다.

이외에도 마야는 매우 많은 단축키를 제공하며, 사용자는 이러한 단축키를 사용자 정의하여 자신의 작업 흐름에 맞게 조정할 수 있습니다. 마야를 사용하면서 자주 사용하는 기능에 대한 단축키를 익히면 작업 효율성을 크게 향상시킬 수 있습니다.

마야를 실행하면 처음 나오는 화면입니다. 모델링만 할 것이기 때문에 모델링에 관련된 메뉴만 나오는 환경으로 바꿉니다.

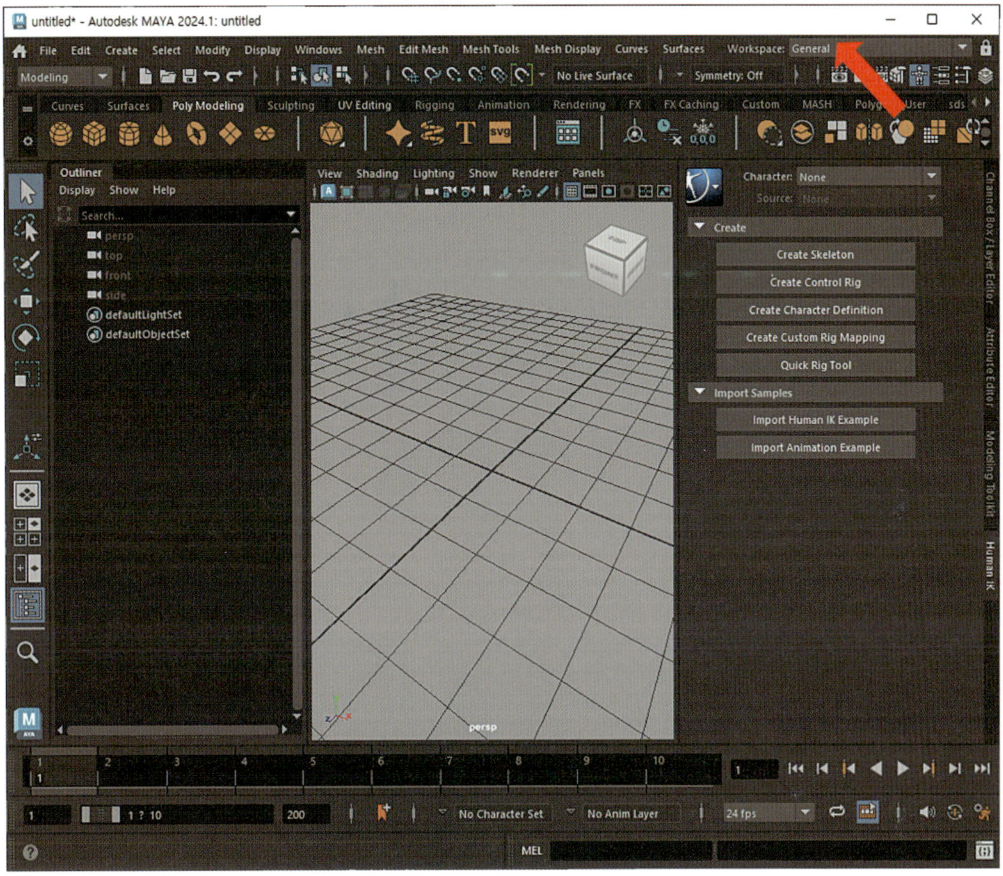

모델링을 위한 메뉴로 구성이 되었습니다. 그런데 어떤 오브젝트를 만들었는지를 확인해야 하기 때문에, Windows 〉 Outliner를 켭니다.

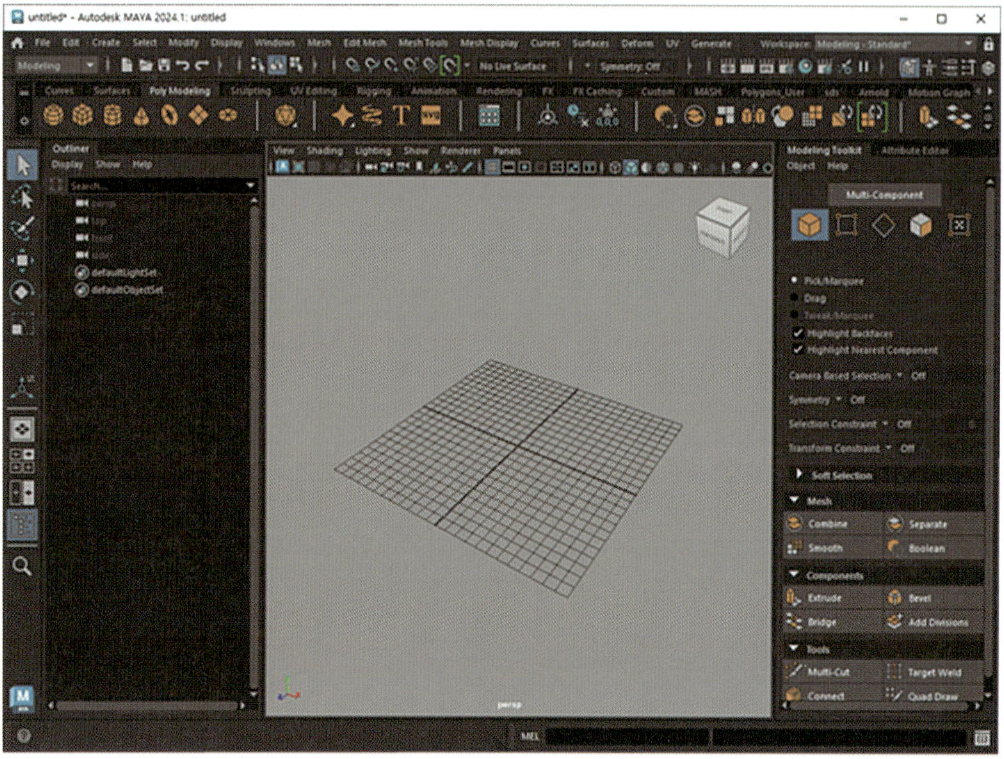

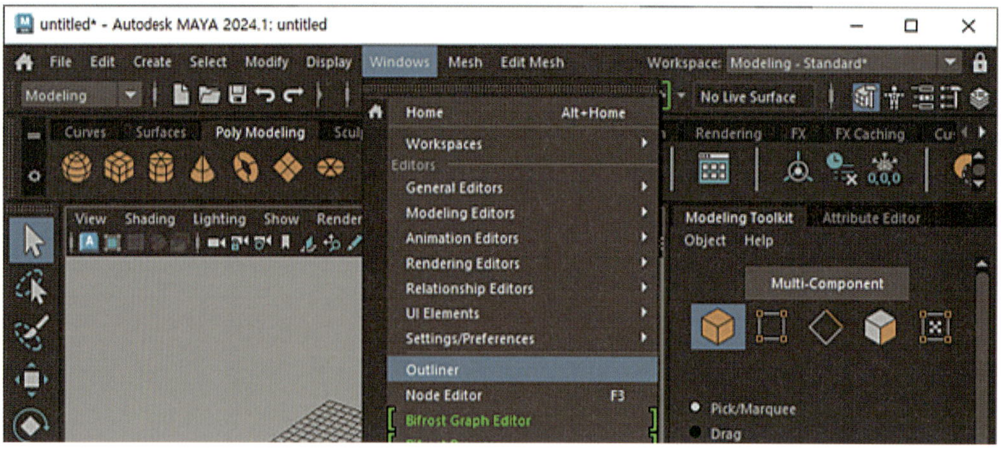

이 환경에서 모델링을 할 것입니다! 자주 사용하는 기능, 취향에 따라 메뉴, 창을 배치할 수 있는데, 이게 제 취향이기 때문입니다.

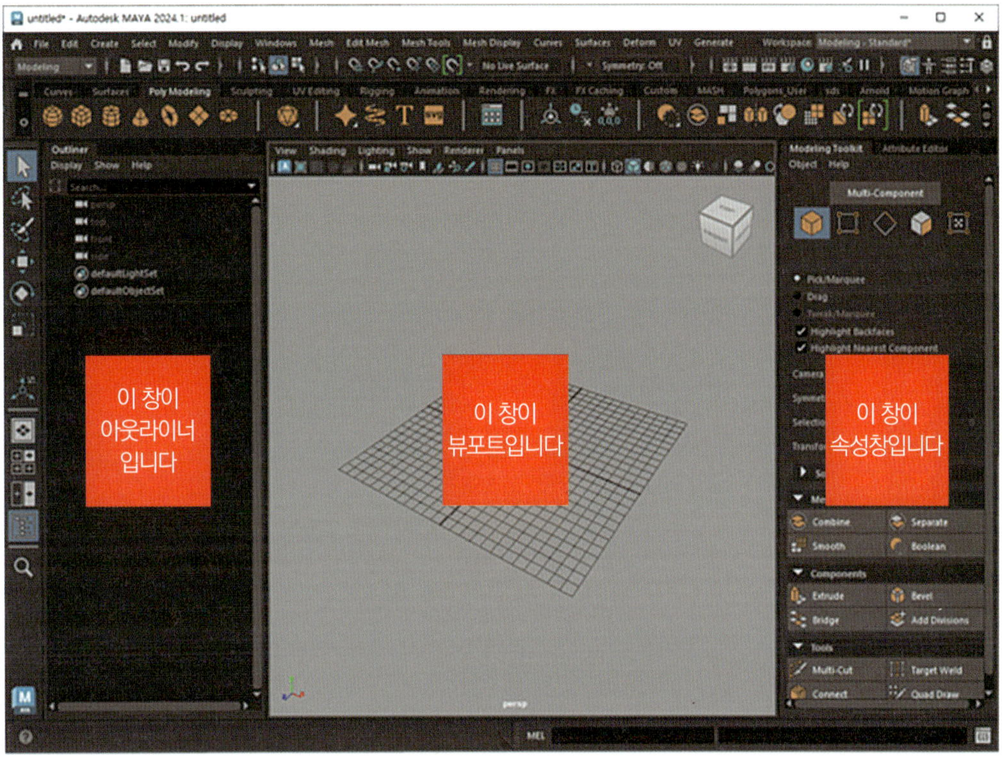

위쪽의 Poly Modeling 탭에서, Sphere 아이콘, 즉 원을 선택해서 원을 만듭니다.

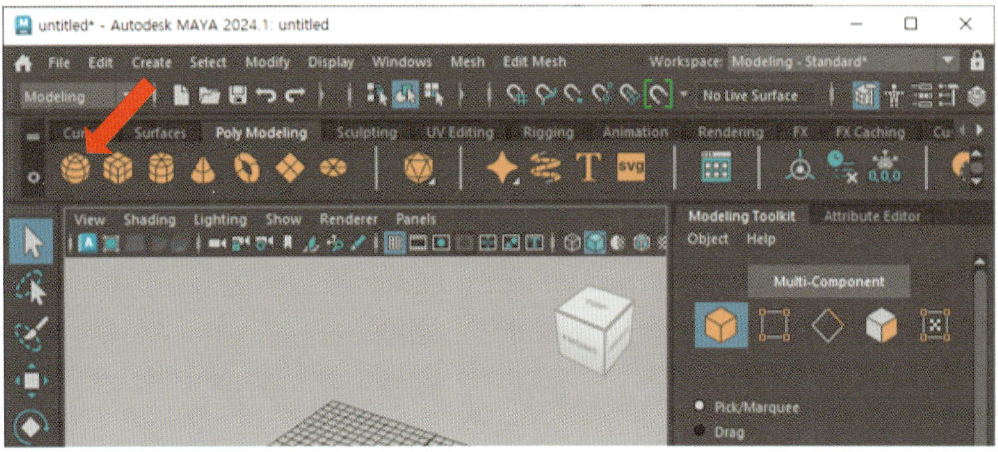

Create 〉 Polygon Primitives 〉 Sphere를 선택해서 원을 만들 수도 있습니다. 이렇게 메뉴에서 선택하는 것이 번거롭기 때문에 밖으로 꺼내서 아이콘으로 만든 것입니다.

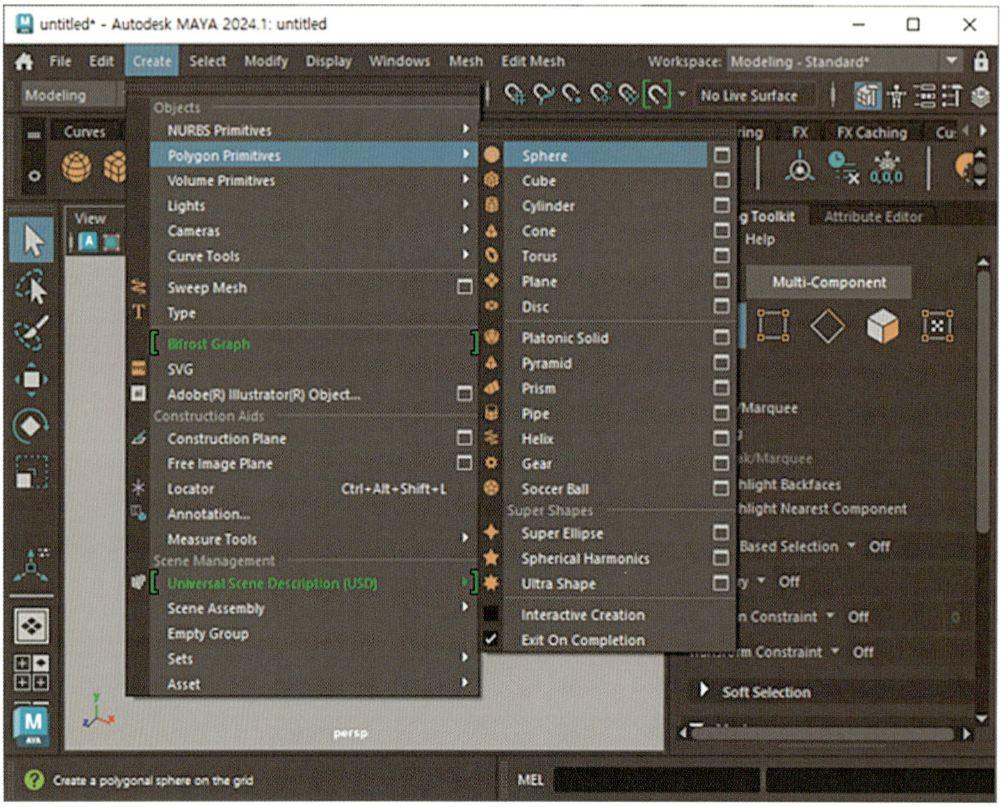

Maya에서는 오브젝트를 만들 때, Sphere같이 글씨가 있는 곳을 클릭하면 기본으로 설정된 옵션으로 오브젝트를 만들고, 옆의 네모를 클릭하면 먼저 설정을 하고, 그 설정에 따라서 오브젝트를 만들 수 있습니다. 그런데 글씨가 있는 곳을 클릭해서 오브젝트를 만든 다음에도 설정을 조절할 수 있기 때문에, 상황에 따라 적절하게 선택합니다.

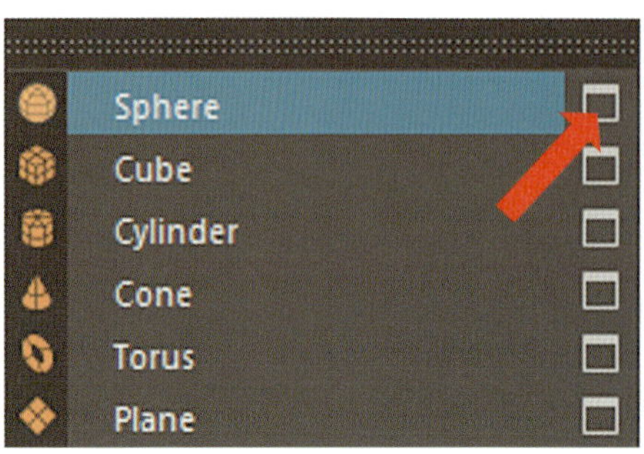

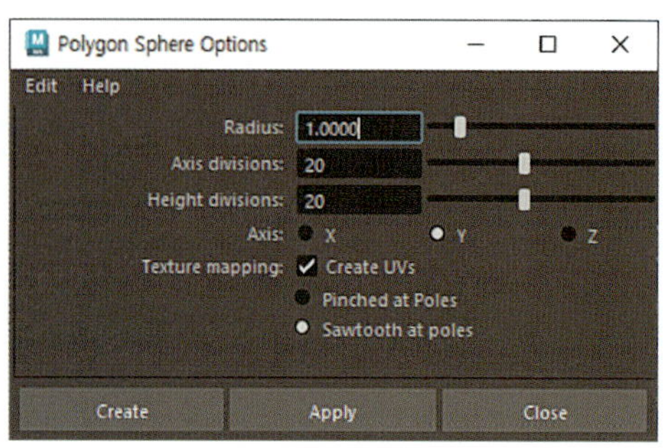

원을 만들었습니다. 아웃라이너에 만든 원이 pSphere1이라고 표시됩니다.

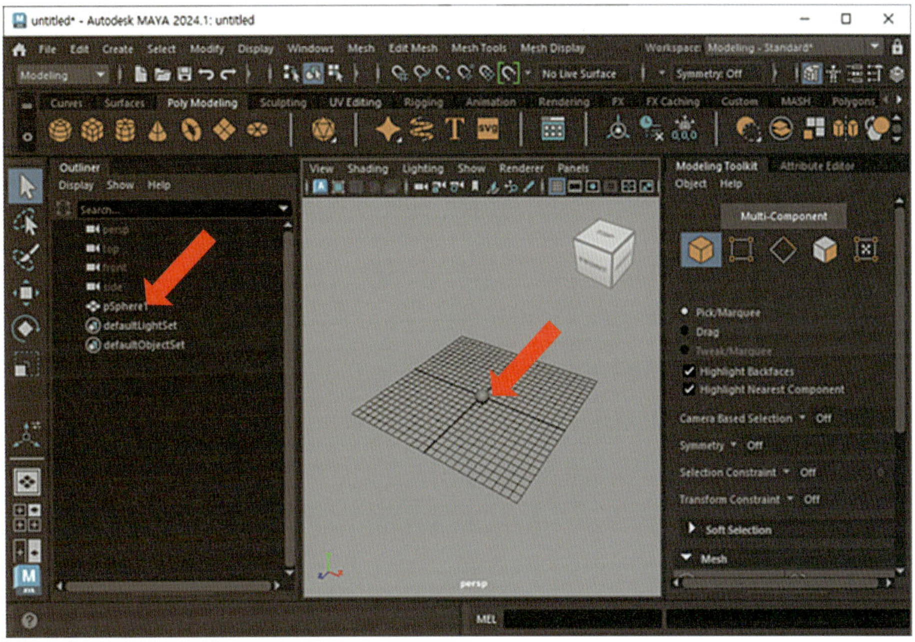

원이 저 멀리 있기 때문에 'F'를 누르면, 선택한 오브젝트가 화면에 가득 차도록 확대 또는 축소를 합니다.

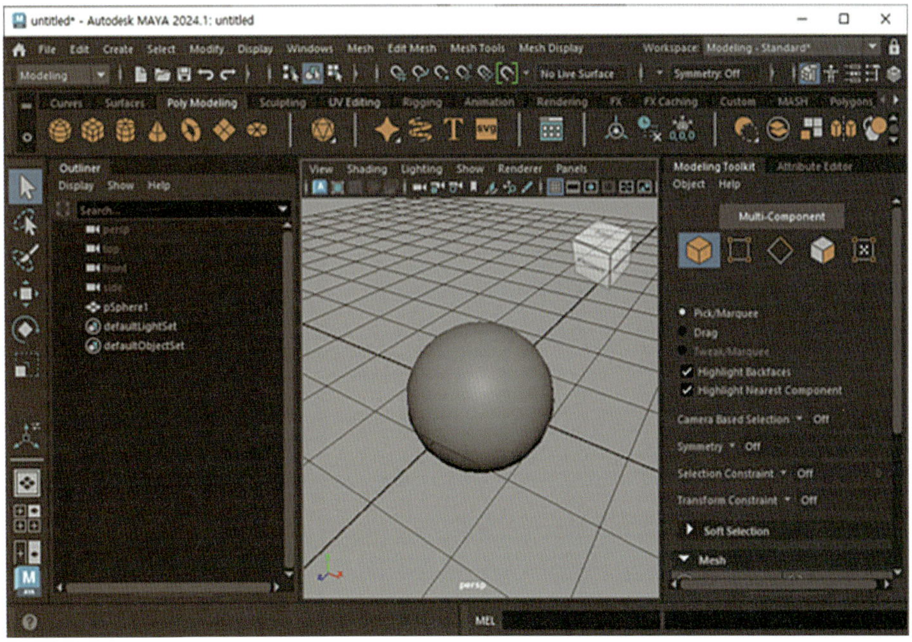

기본적인 조작법을 알아봅시다.

- ALT키를 누른 상태에서, 마우스 왼쪽 버튼을 눌러서 화면을 회전시킵니다.
- 오브젝트를 선택하고, 'W'를 누르면 화살표 방향으로 오브젝트를 이동시킵니다.
- 오브젝트를 선택하고, 'E'를 누르면 선을 따라 오브젝트를 회전시킵니다.
- 오브젝트를 선택하고, 'R'을 누르면 선을 당겨서 오브젝트를 확대, 축소시킵니다.

이 세 가지 명령을 많이 쓰기 때문에, 왼손의 넷째, 셋째, 둘째 손가락을 각각 W, E, R에 고정하고 모델링을 합니다.

이제부터 원에서 ¼을 잘라낼 것입니다. 오브젝트 위에서 마우스 왼쪽 버튼을 클릭해서 오브젝트를 선택한 상태에서, 마우스 오른쪽 버튼을 길게 누르면 오브젝트의 구성요소를 선택하는 메뉴가 나타납니다. Edge는 오브젝트를 이루고 있는 선을, Vertex는 점을, Face는 면을 선택한다는 것입니다. 여기서는 면을 잘라낼 것이기 때문에 Face를 선택합니다.

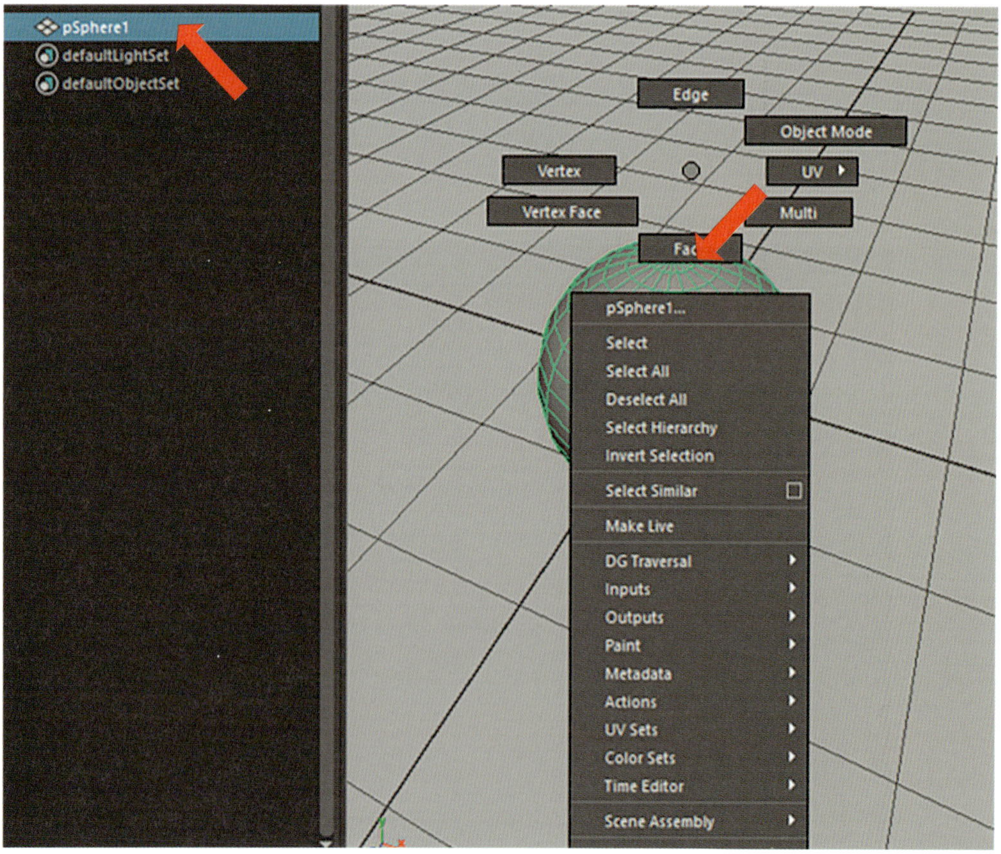

면을 선택하는 모드에서, 일정 구역을 마우스로 드래그하면 그 구역에 포함된 면을 모두 선택할 수 있습니다.

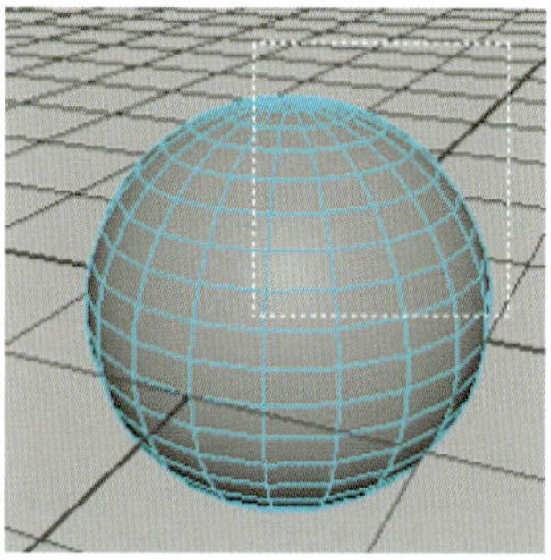
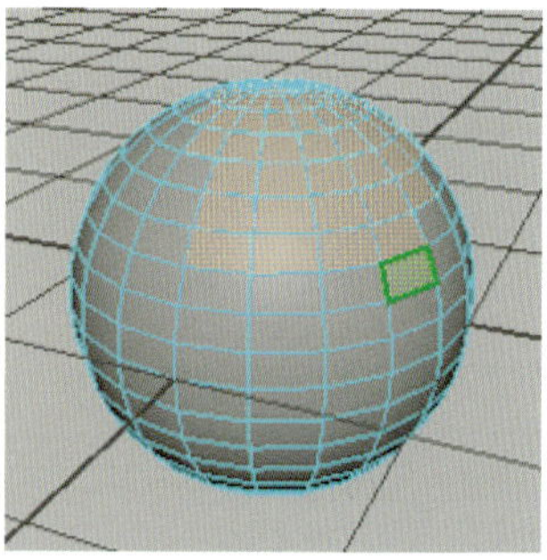

면 하나를 클릭해서 선택할 수도 있고, 면 하나를 선택한 상태에서, shift키를 누르고 다른 면을 선택하면 복수의 면을 선택할 수 있습니다.

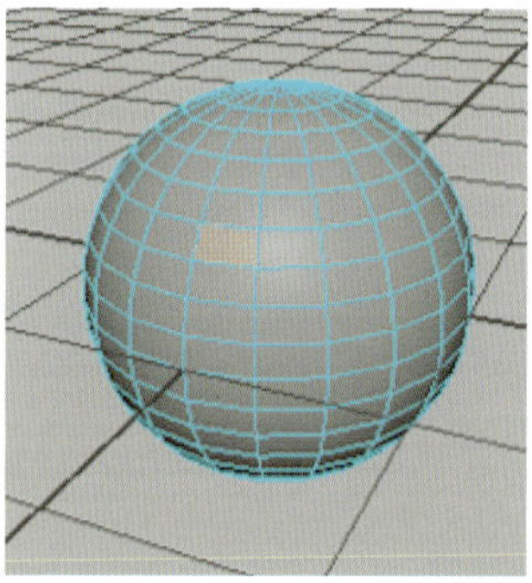
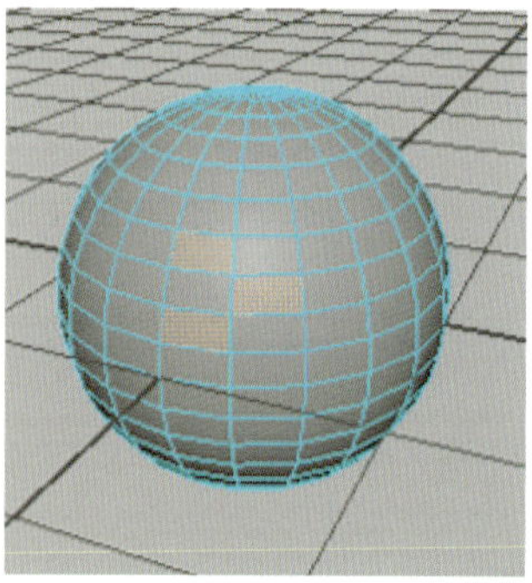

하나의 면을 선택하고, Shift키를 누른 상태에서, 마우스 왼쪽 버튼을 더블 클릭해서 인접한 면을 선택하면, 그 방향으로 연속된 면을 모두 자동으로 선택할 수 있습니다.
이 외에도 면을 건너뛰며 선택하기, 무작위로 선택하기 등의 다양한 기능이 있습니다.

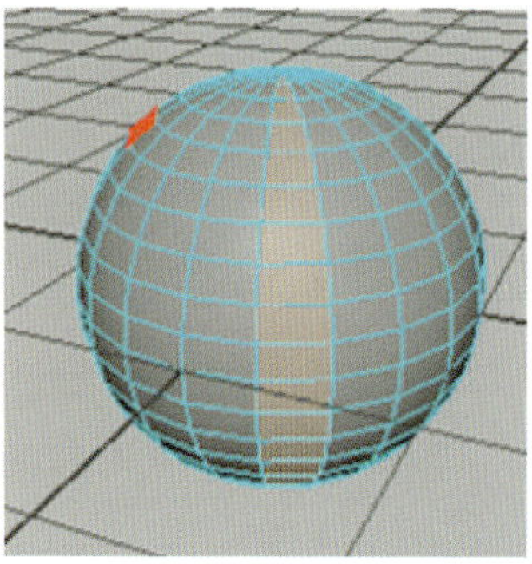
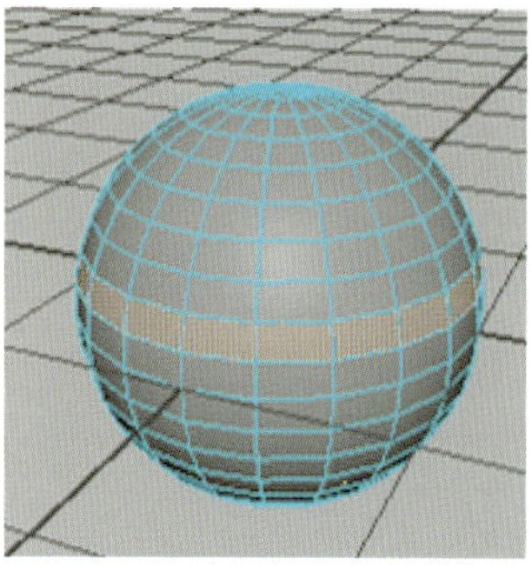

이것은 3D이기 때문에, 한쪽 면에서만 봤을 때는 반대쪽, 보이지 않는 쪽에 있는 면이 선택되었는지를 알 수가 없습니다. 보이지 않는 쪽에서도 면이 선택되었는지를 확인하기 위해서는, 화면을 회전시켜서 확인하거나, 숫자키 '4'를 눌러서 와이어 모드로 전환해서 확인할 수 있습니다. 다시 쉐이드 모드로 돌아오기 위해서는 숫자키 '5'를 누릅니다.

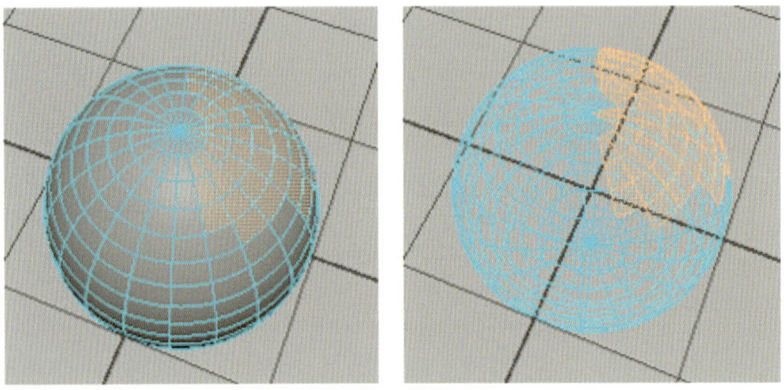

기본적으로는 드래그 했을 때, 반대쪽의 보이지 않는 면도 모두 선택이 되지만, 화면에서 보이는 부분만 선택하고자 하는 경우 '선택' 아이콘을 더블클릭 하면 Tool Settings 창이 열리고, 여기에서 'Marquee'의 'Camera-based selection'에 체크하면 됩니다.

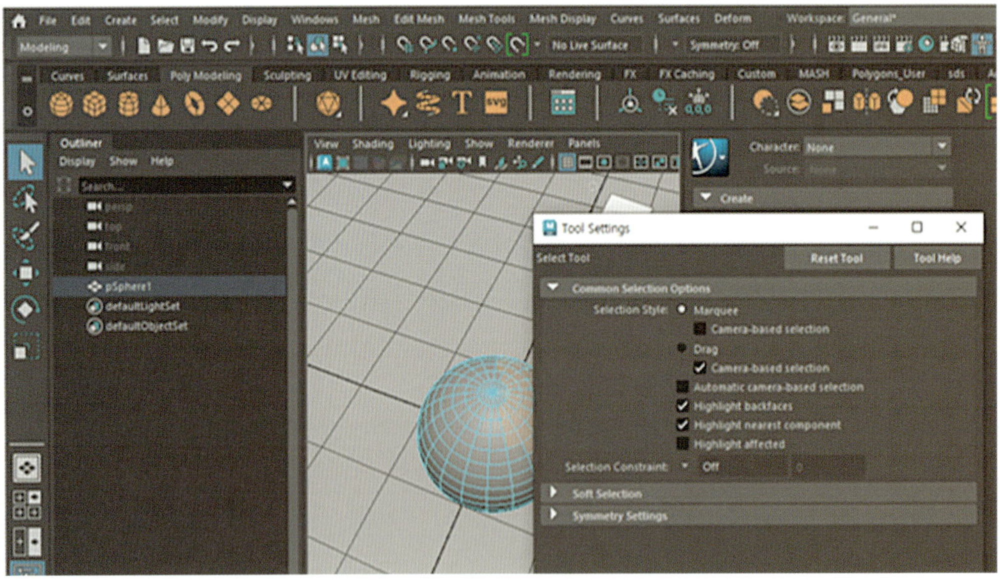

스페이스바를 누르면, 화면을 4분할해서 각각 위, 입체, 앞, 옆에서 본 뷰가 나옵니다. Front -Z, 즉 정면에서 드래그해서 위, 오른쪽 1/4을 선택합니다.

Camera-based selection이 체크된 상태에서는 앞에서 선택된 변만 선택된 것을 볼 수 있습니다.

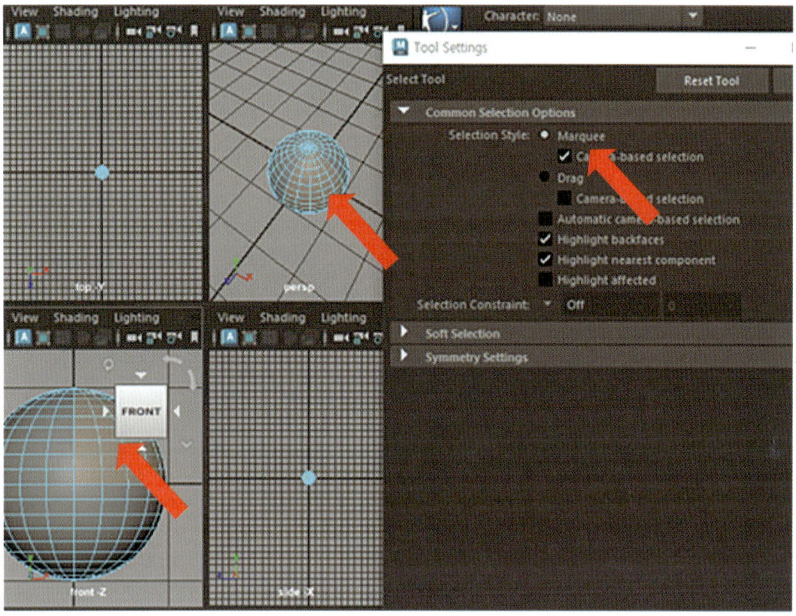

Camera-based selection을 체크 해제한 상태에서는 뒤쪽의 면도 선택된 것을 볼 수 있습니다.

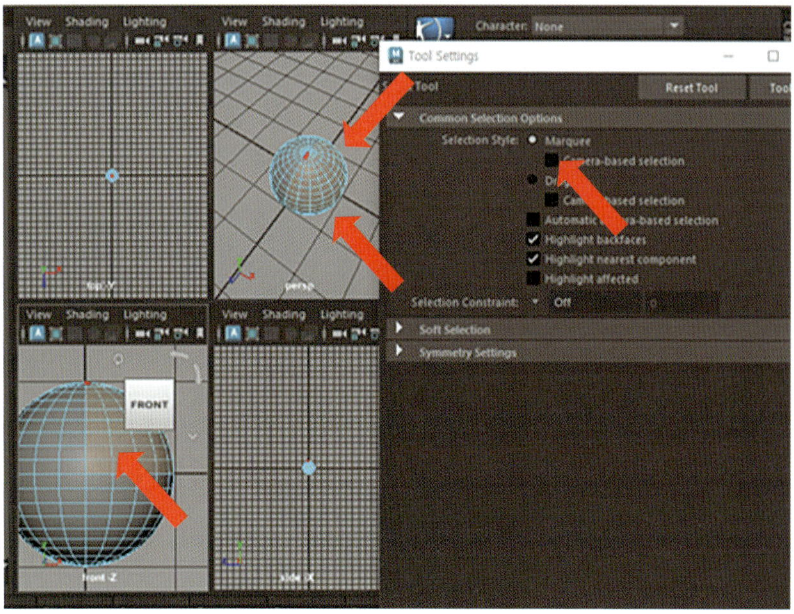

오른쪽 위의 ¼을 선택한 후, Delete키를 누르면 선택한 면이 삭제됩니다.

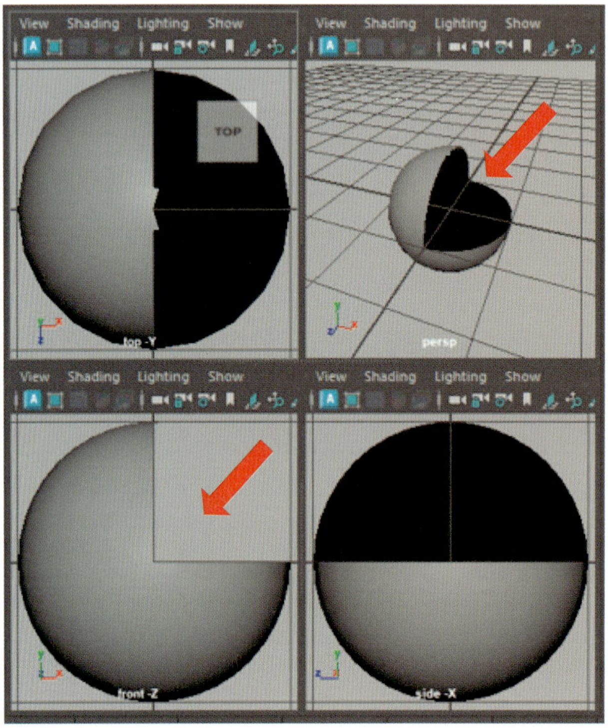

이런 모양을 만들어야 하니, 이제부터 할 일은 1. Nucleoplasm을 만들기 위해 잘려진 부분의 뚫린 공간을 채우고, 2. Nuclear Envelope을 만들기 위해 두께를 만들고, 3. Nucleolus을 만들기 위해 작은 원을 만들고, 4. Chromatin을 위해 선들을 그리고, 5. Nuclear pore을 위해 표면에 구멍을 뚫는 것입니다.

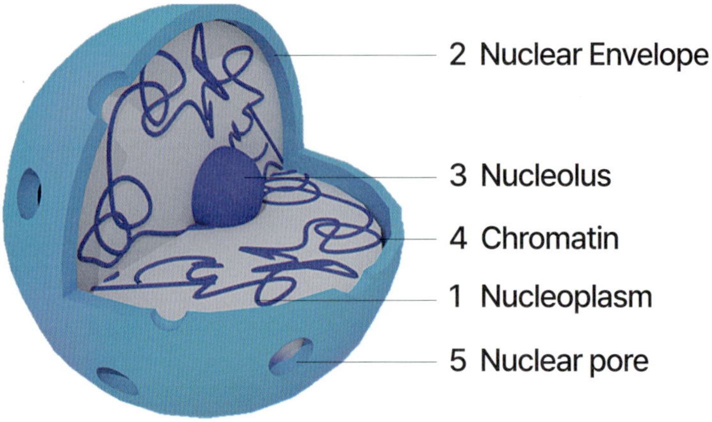

01 Nucleoplasm을 만들기 위해 잘려진 부분의 뚫린 공간을 채웁니다.

뚫린 공간에 면을 채우는 방법은 Mesh > Fill Hole 입니다. Object 모드에서 실행해야 하며, 실행하면 다음처럼 됩니다. 우리가 원한 모습이 아닙니다.

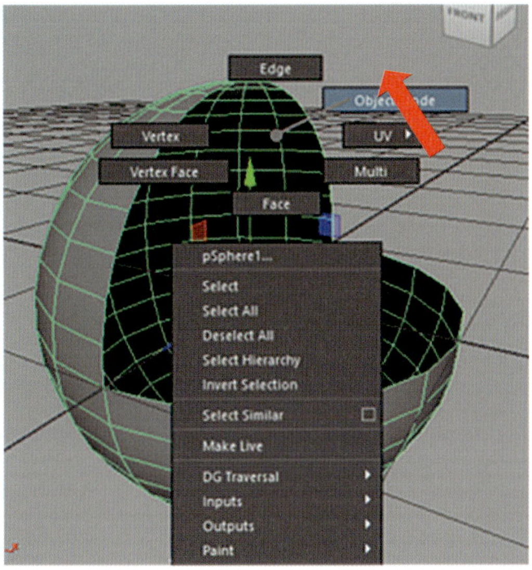

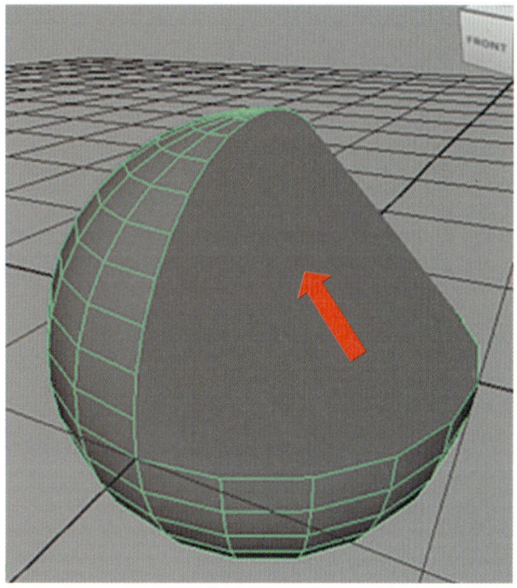

따라서 Z 키를 눌러서 원상태로 되돌리거나, 생성된 면을 선택해서 지웁니다.

이 상태에서 Edge를 선택해서, 중심의 마주 보는 선 2개를 선택합니다.

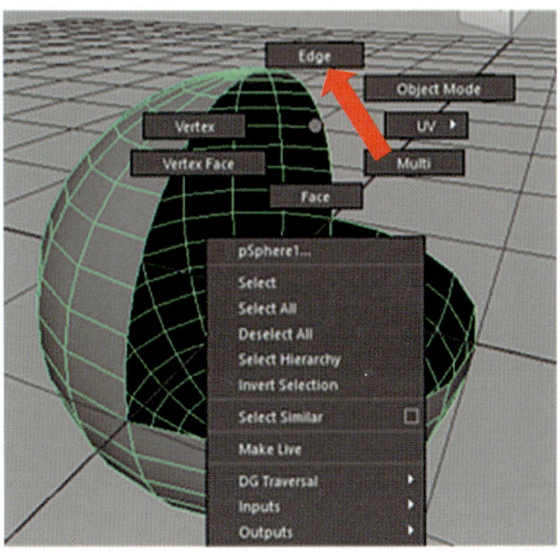

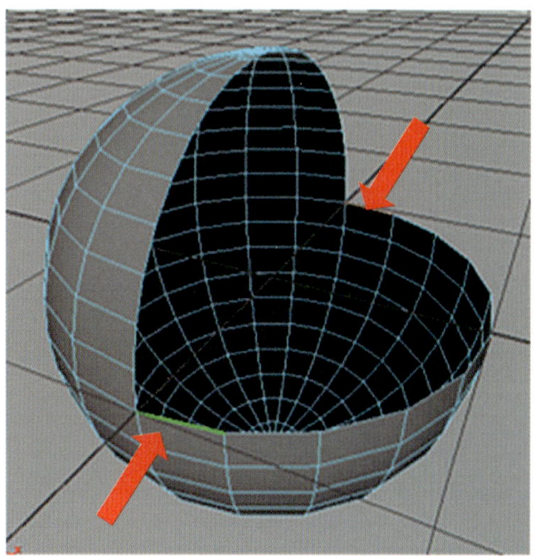

Edit Mesh 〉 Bridge를 선택하면…

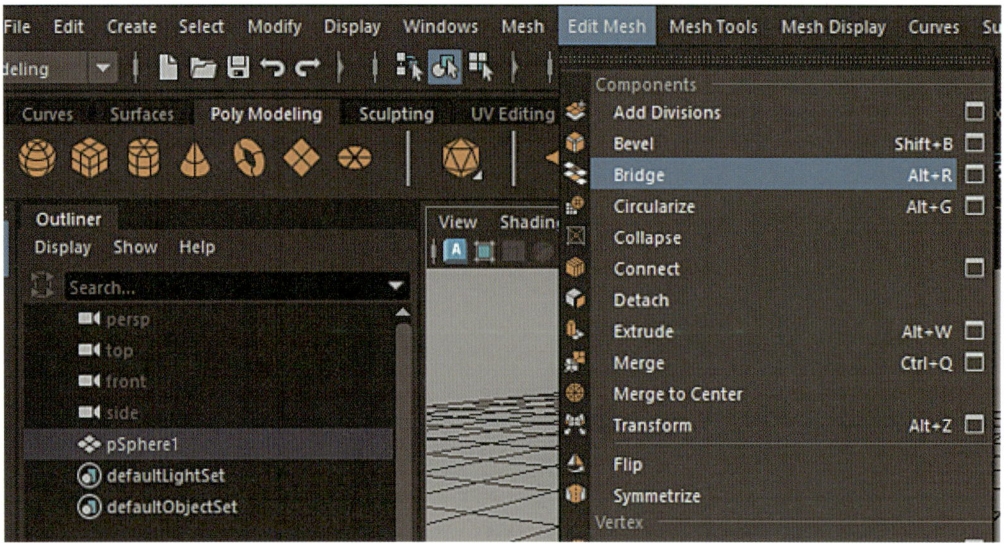

이렇게 선 사이에 면이 생겼습니다. 다리가 놓인 듯한 모양이기 때문의 기능의 이름이 Bridge입니다. Bridge 기능이 실행됨과 동시에 메뉴가 나타났는데, 여기에서 생성된 면의 옵션을 설정할 수 있습니다. 보기를 들어서 Divisions에 3을 입력하면 3개의 선이 들어가서 4개의 면으로 분할합니다. 하지만 지금은 면의 분할이 불필요하니 사용하지 않습니다.

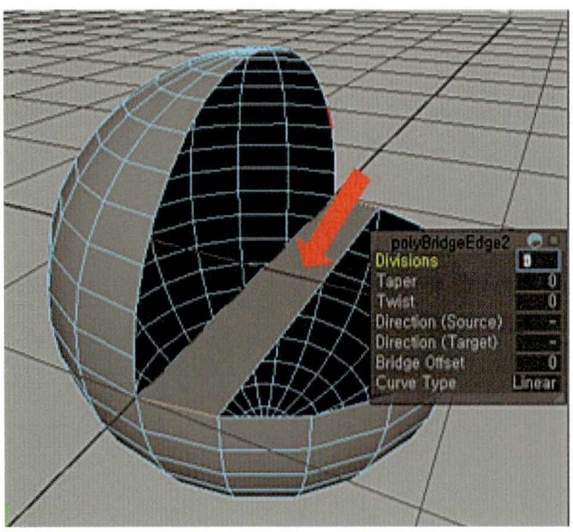

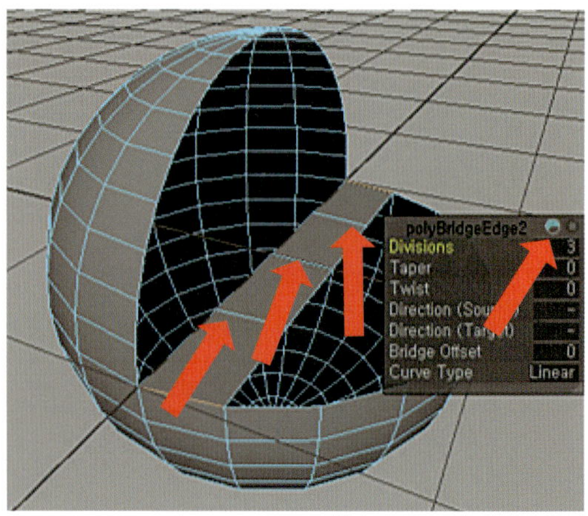

구멍을 면으로 채울 때는 오브젝트 모드에서 해야 합니다. 따라서 원을 오브젝트 모드로 변경합니다. 다시 Mesh 〉 Fill Hole을 실행하면…

짠! 하고 뚫린 공간에 면이 생깁니다.

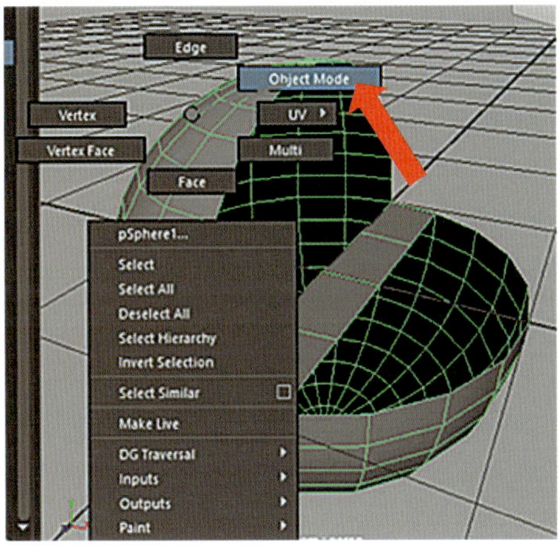

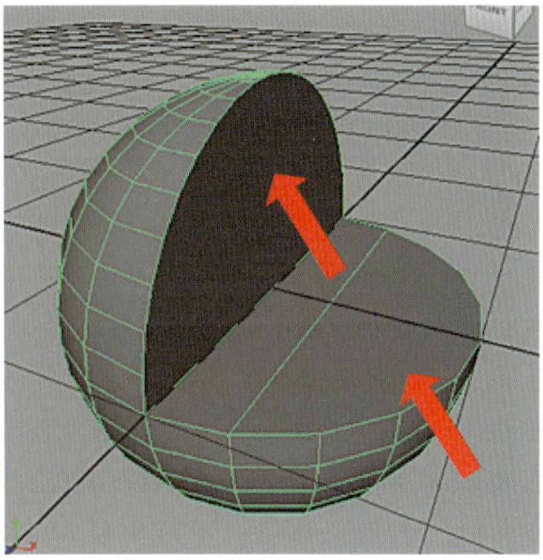

다음 작업을 위해, Bridge로 인해 생겼던 선 하나를 Edge 모드를 선택해서 지웁니다.

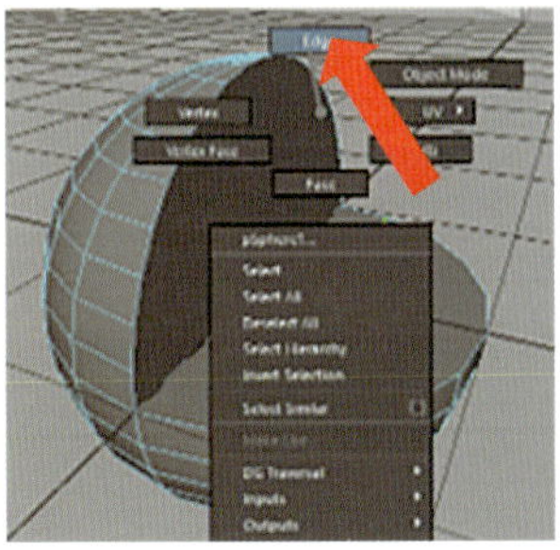

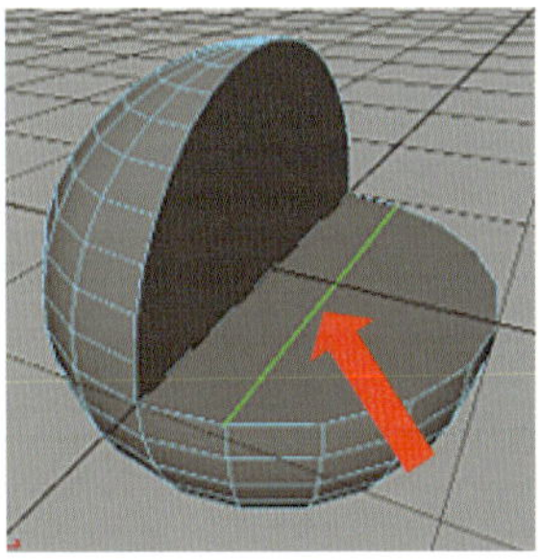

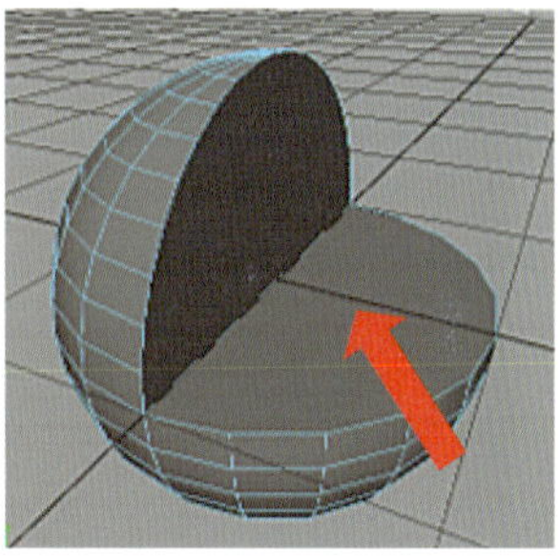

이 결과로 Nucleoplasm에 해당하는 부분이 완성되었습니다!

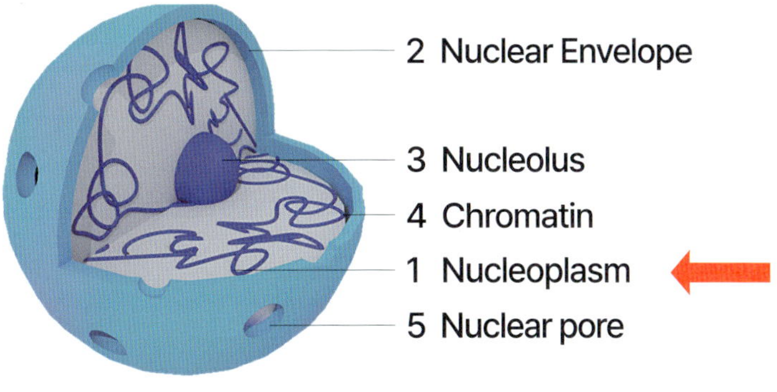

02 Nuclear Envelope을 만들기 위해 두께를 만듭니다.

Extrude 기능을 사용합니다. 이것은 면을 복사해서 끌어내거나 밀어넣는 기능입니다. 면을 선택하고, 앞으로 당기면 면이 밀려나옵니다.

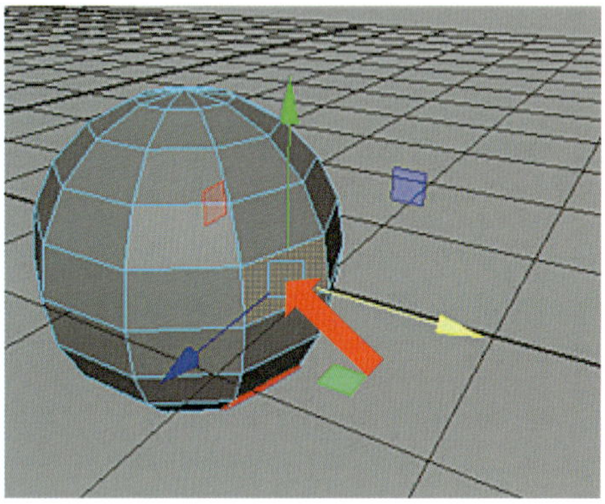

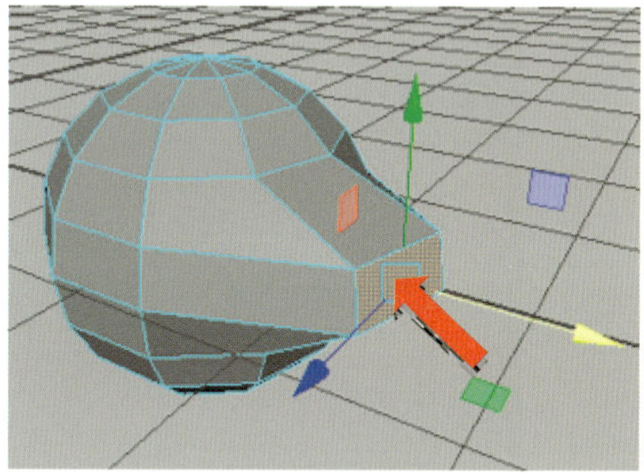

면을 선택하고, Edit Mesh 〉 Extrude를 실행하고 면을 당기면 면이 돌출됩니다. 즉, 면 주위의 선과 점이 복사가 된 것입니다. Extrude가 실행됨과 동시에 옵션창이 열려서, 수치를 입력해서 얼마나 돌출시킬 것인지 등을 정할 수 있습니다.

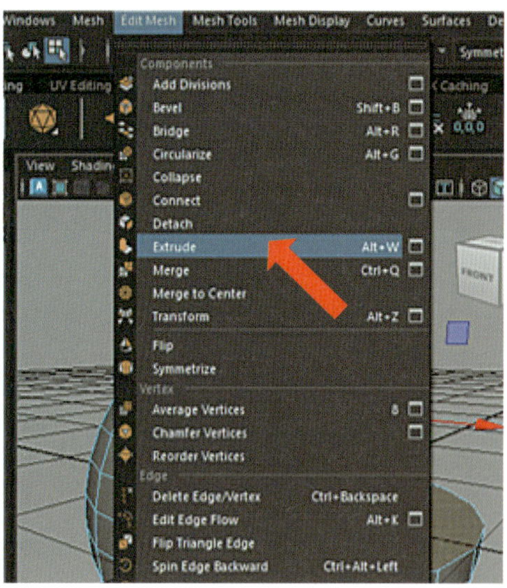

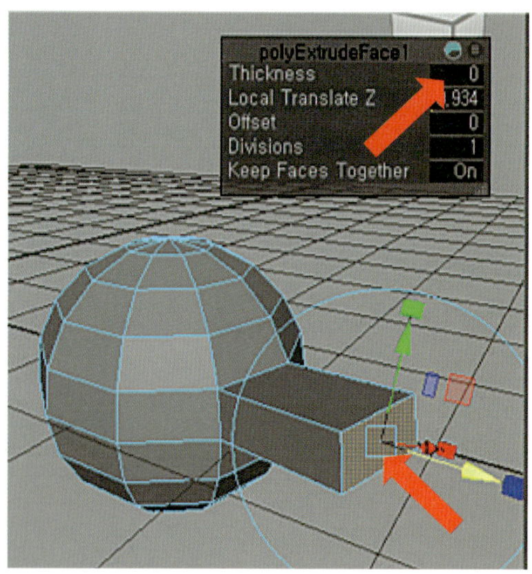

안쪽의 면 2개를 선택하고, Edit Mesh 〉 Extrude를 실행합니다. 이때 나오는 옵션창은 사용하지 않을 것이기 때문에 무시합니다.

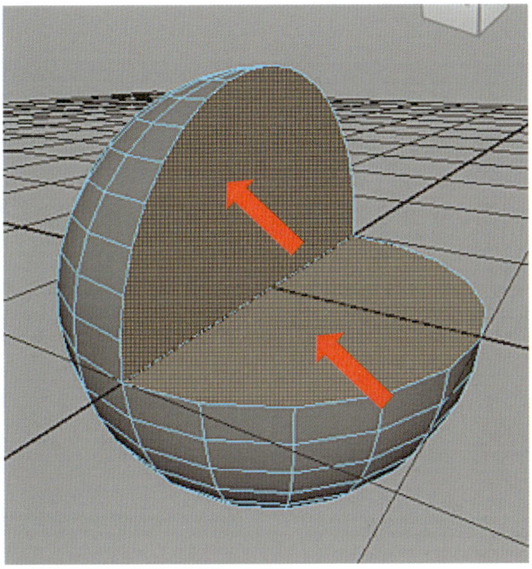

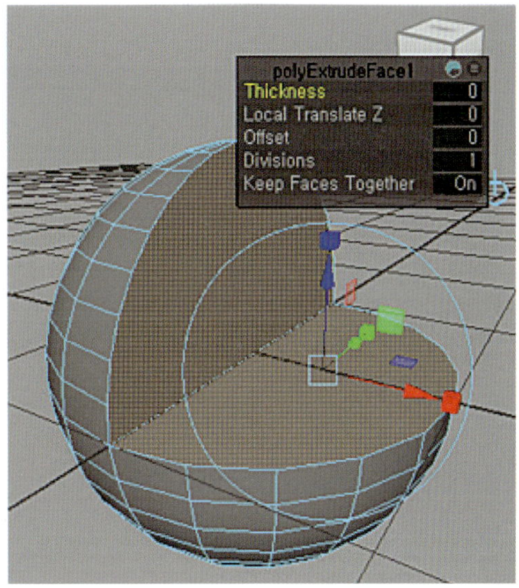

'R'을 누르면, 조절자가 나옵니다. 조절자에서 노란색 상자를 마우스 오른쪽 버튼으로 드래그해서 면의 크기를 줄입니다.

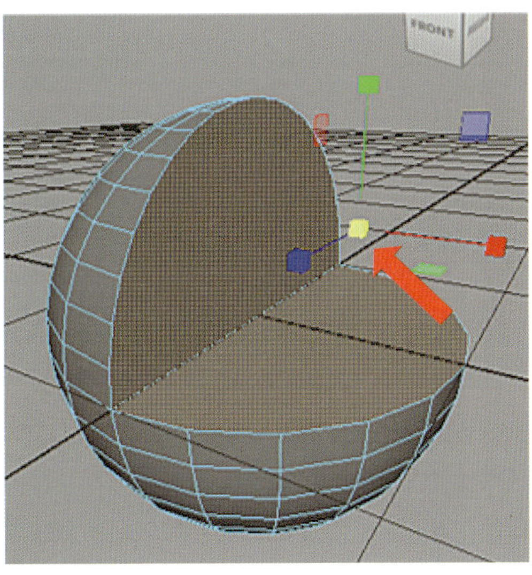

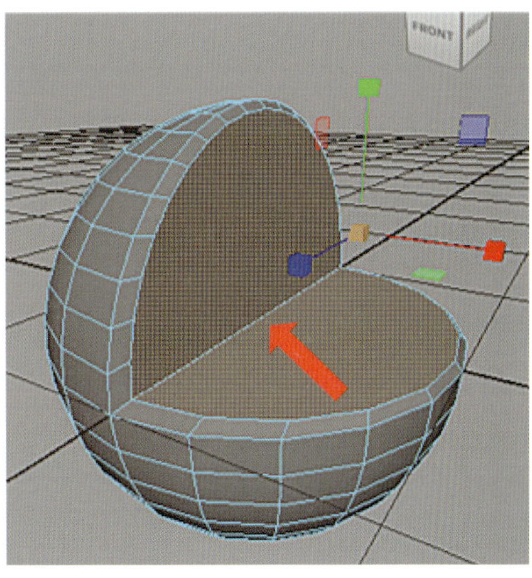

Extrude가 끝났을 때, 안쪽의 면의 크기가 줄어듦과 동시에 앞쪽으로 밀려나왔습니다. ¼의 면적을 칼로 자른 듯이 표현하고 싶기 때문에 'W' 키를 눌러서 이동도구를 선택한 후, 조절자의 빨간 화살표와 노란 화살표를 번갈아 중심으로 밀어서 자른 듯이 만듭니다.

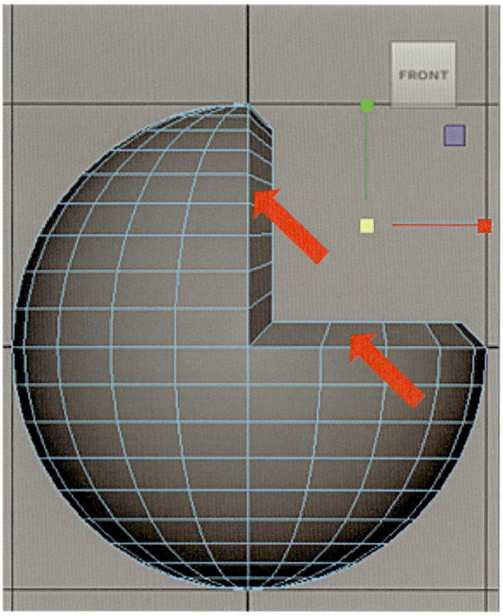

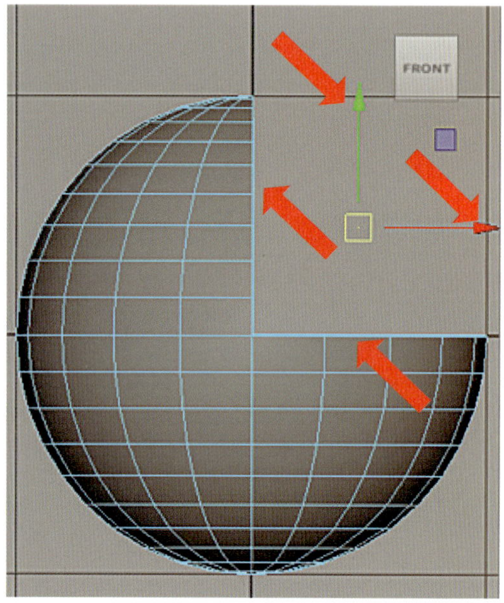

다음으로, 바닥쪽의 면을 선택하고, Edit Mesh 〉 Extrude를 실행해서, 아래로 내려서 두께를 표현합니다. 같은 방법으로, 옆쪽의 면을 선택하고 밀어서 두께를 표현합니다.

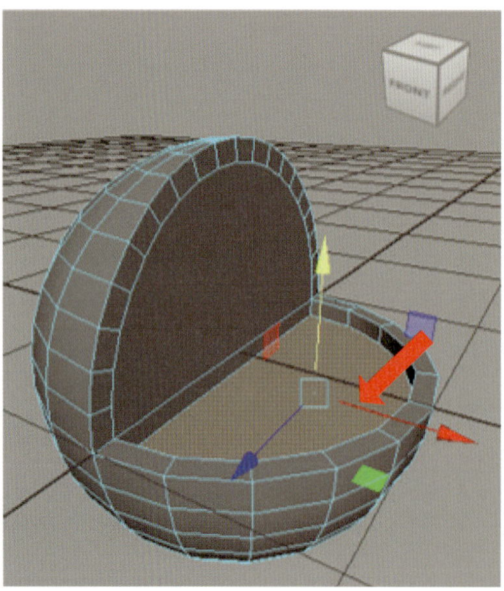
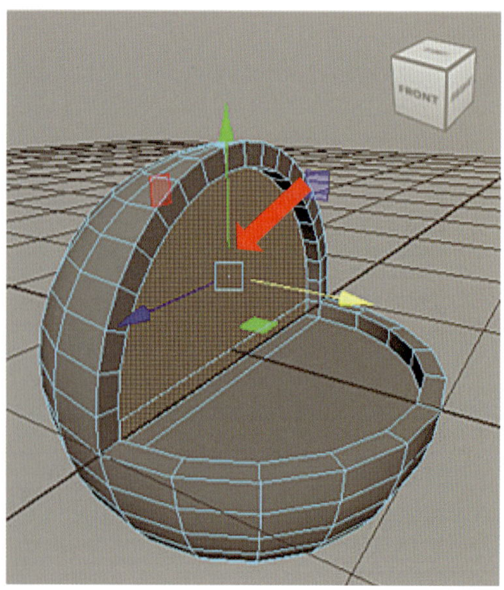

가운데에 남은 선은 남겨도 되지만, Edge 모드에서 지웁니다. 3D 모델은 많은 수의 다각형으로 구성되며, 이는 모델의 복잡성과 파일 크기를 증가시킵니다. 따라서 불필요한 요소를 제거하거나 최적화된 구조로 변경함으로써 모델의 다각형 수를 줄이고 메모리 사용량을 최적화할 수 있기 때문입니다.

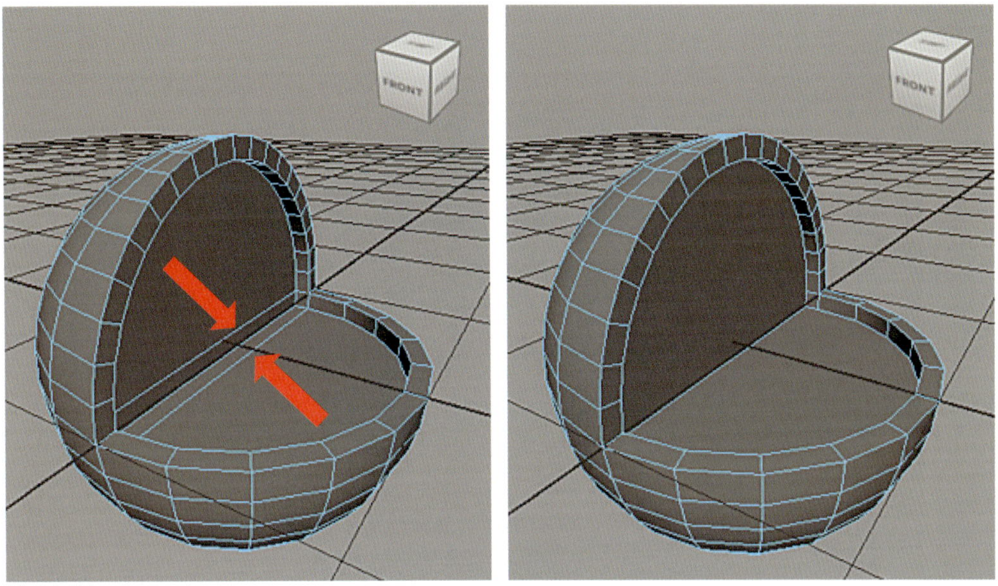

이제 2. Nuclear Envelope까지 만들었습니다.

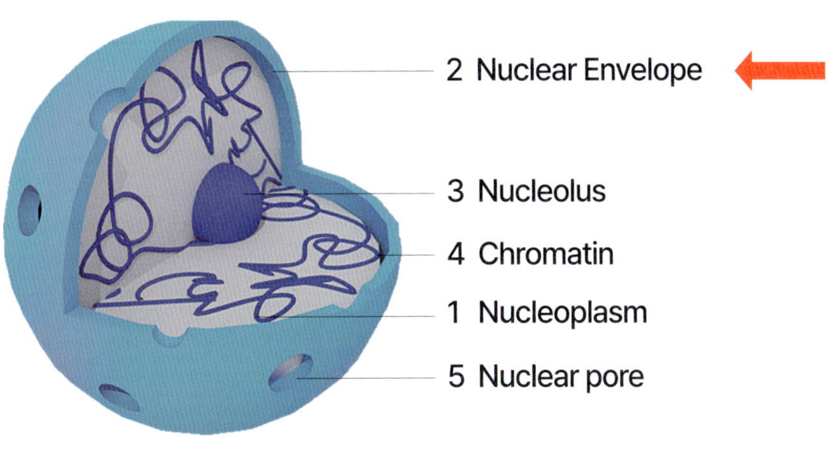

03 Nucleolus을 만들기 위해 작은 원을 만듭니다.

Poly Modeling 탭에 있는 Polygon Sphere 아이콘을 클릭해서 원을 만들면, 아웃라이너에서 pSphere2가 만들어진 것을 볼 수 있습니다. 그리고 만들어진 원은 이전에 만든 원과 같은 크기이기 때문에 겹쳐서 보입니다. 이렇게 겹쳐 있으면, 겹친 오브젝트에서 하나만 선택하는 것이 어렵기 때문에 아웃라이너에서 클릭해서 선택합니다.

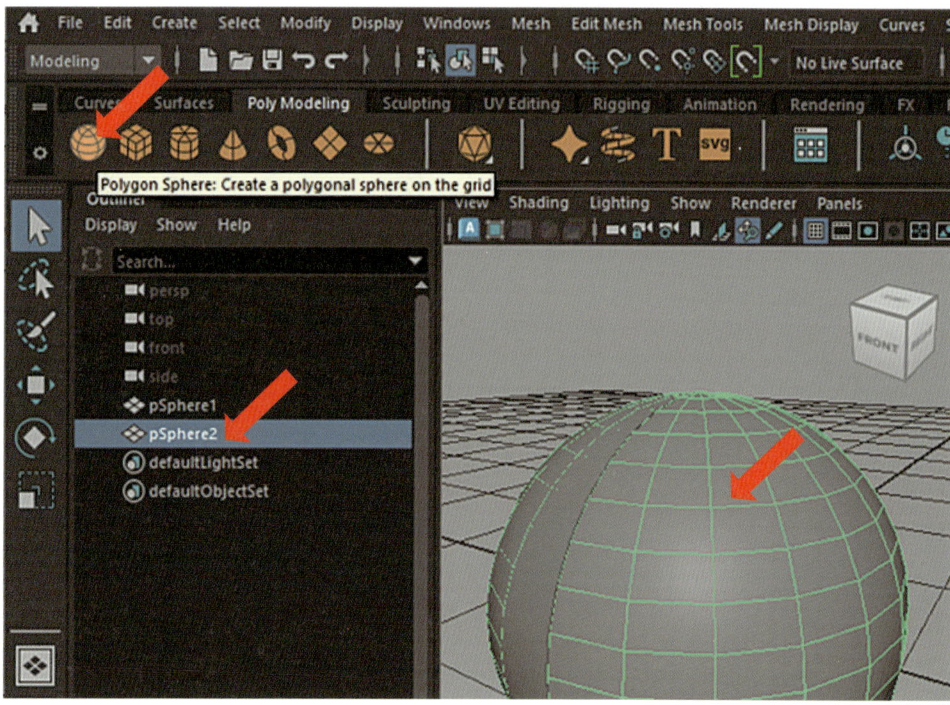

다음으로, 바닥쪽의 면을 선택하고, Edit Mesh 〉 Extrude를 실행해서, 아래로 내려서 두께를 표현합니다. 같은 방법으로, 옆쪽의 면을 선택하고 밀어서 두께를 표현합니다.

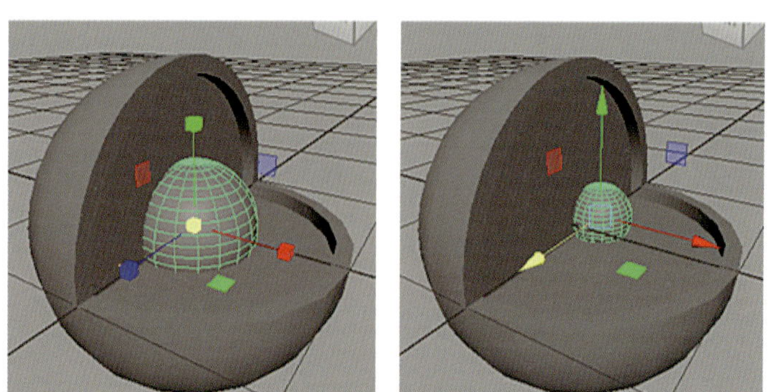

04 Chromatin을 위해 선들을 그립니다.

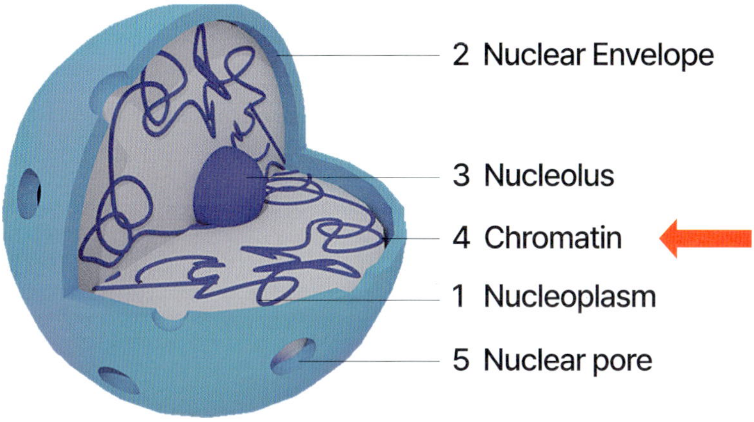

Nucleoplasm의 표면에 Chromatin을 그릴 것이기 때문에, 스페이스바를 눌러서 여러 각도에서 본 뷰가 나오게 한 후, 위에서 본 TOP 뷰를 클릭하고 스페이스바를 누르면 TOP 뷰가 전체화면이 됩니다.

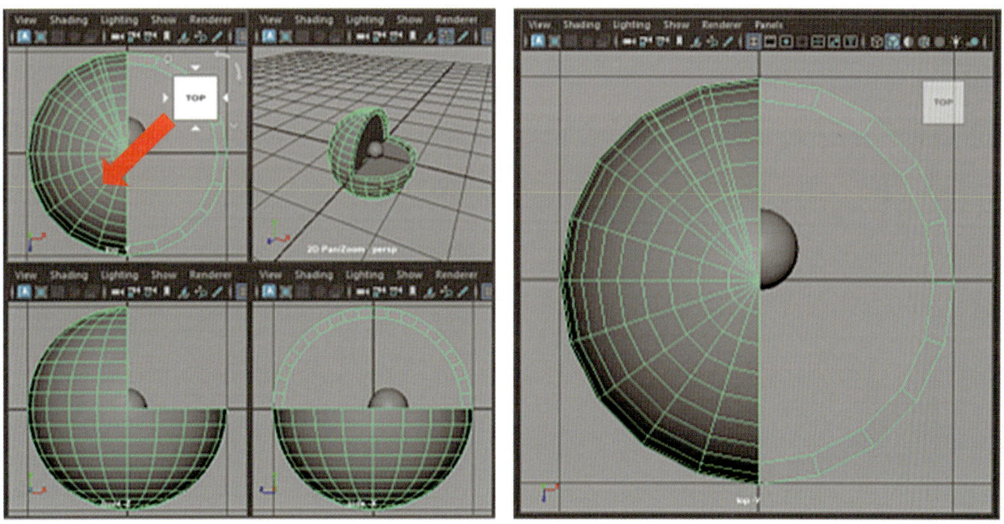

Curves 탭에서 Pencil Curve Tool을 선택합니다. 자유롭게 선을 그리는 기능입니다.

메뉴에서는, Create 〉 Curve Tools 〉 Pencil Curve Tool을 선택해서 실행할 수 있습니다.

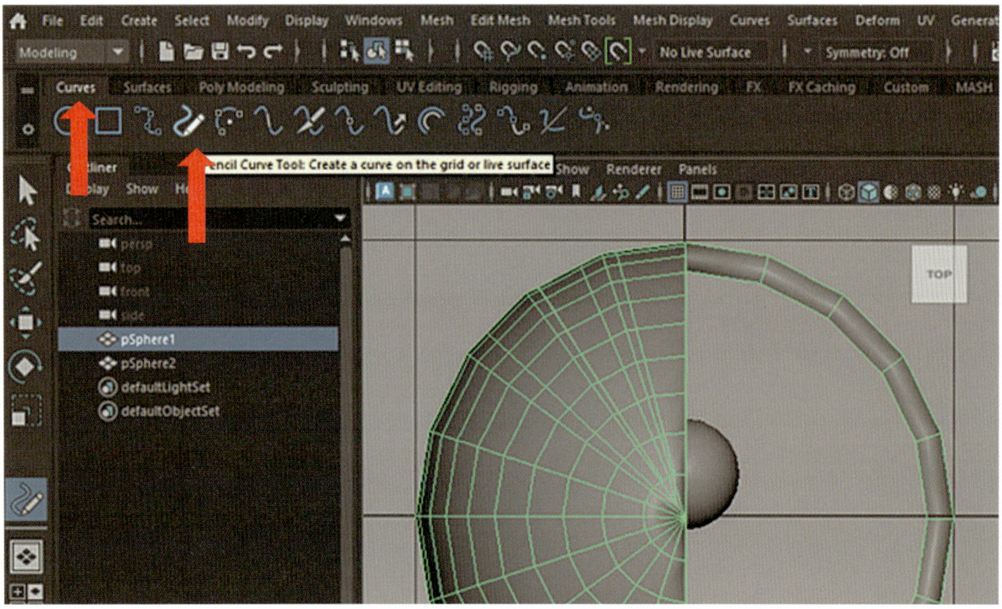

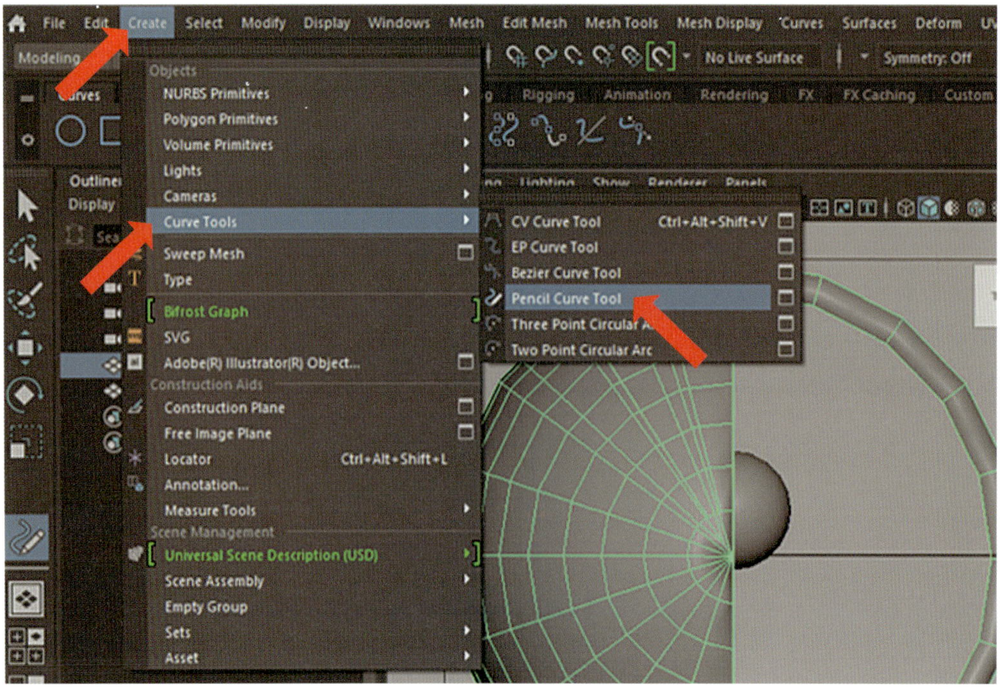

그럴듯하게 선을 그립니다. 아웃라이너에서 curve1이라는 이름으로 커브가 생성된 것을 볼 수 있습니다.

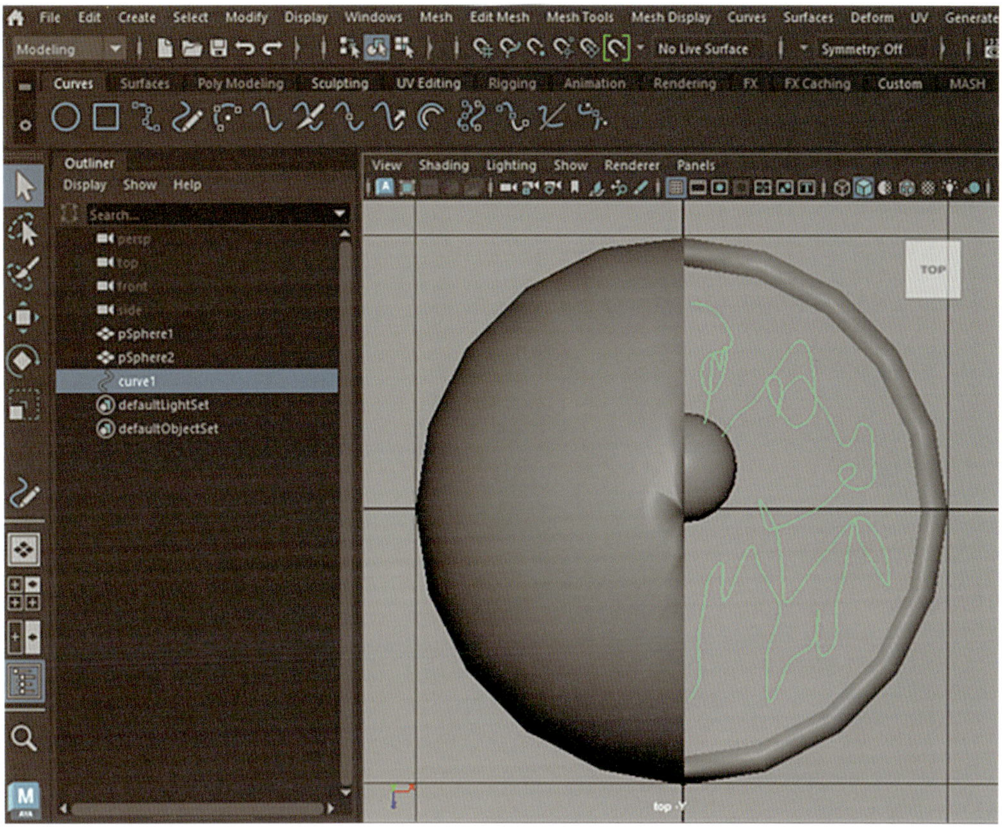

이렇게 만든 선은 렌더링을 했을 때 잘 안 보이기 때문에 부피를 만들어줍니다.

Curve1을 선택한 상태에서, Generate > Curve Utilities > Attach Brush to Curve를 실행하면, 선을 따라 면이 생기고, 면의 속성을 조절할 수 있는 창이 열립니다.

선을 따라서 생긴 면의 속성은 stroke1이라는 것을 아웃라이너에서 볼 수 있습니다.

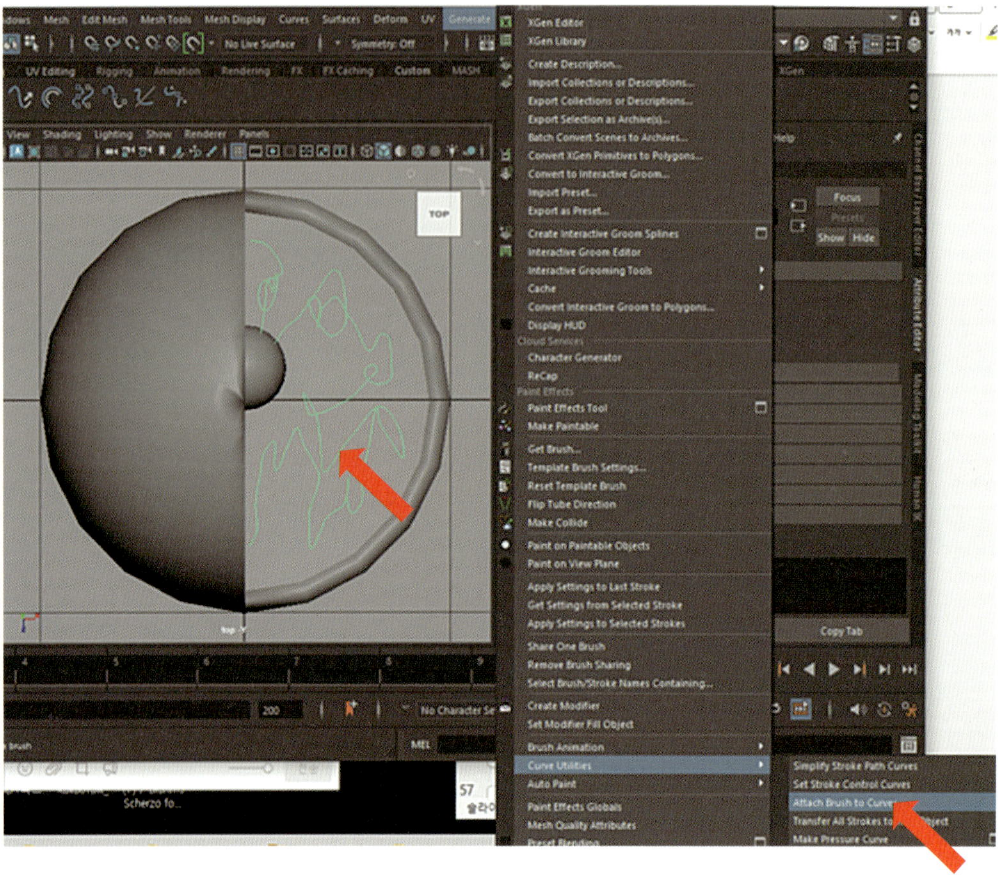

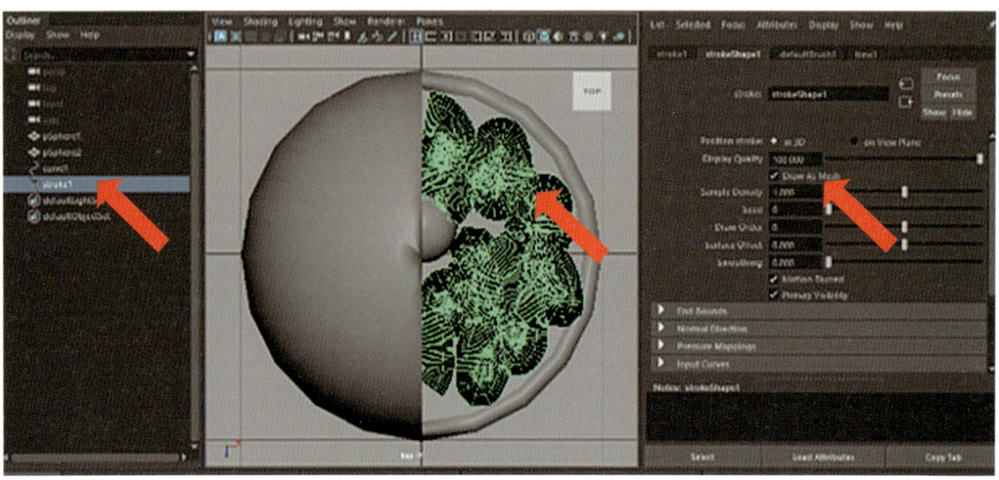

defalutBrush1 탭의 Global Scale 값을 조절해서 두께를 조절합니다.

가늘게 조절한 경우

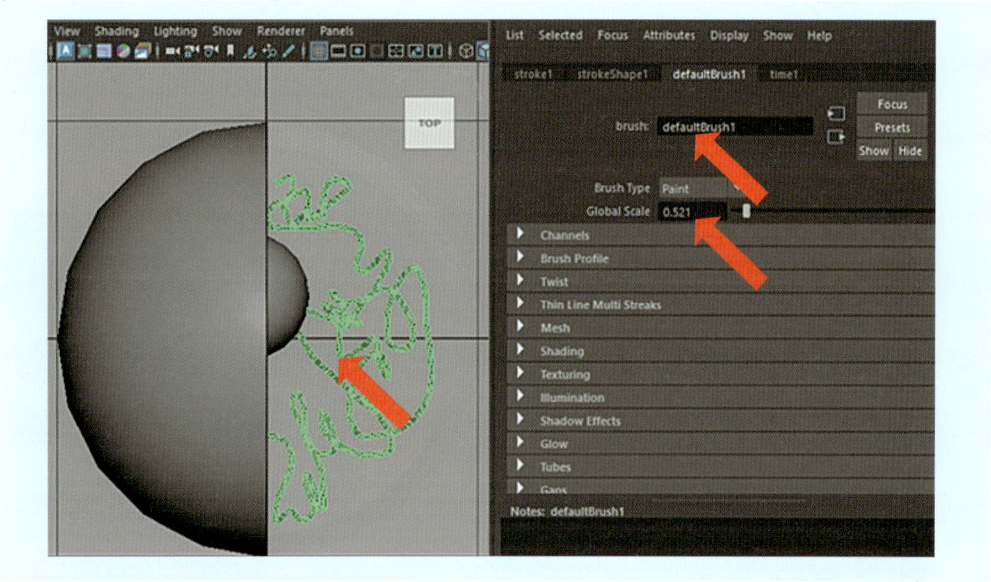

두껍게 조절한 경우

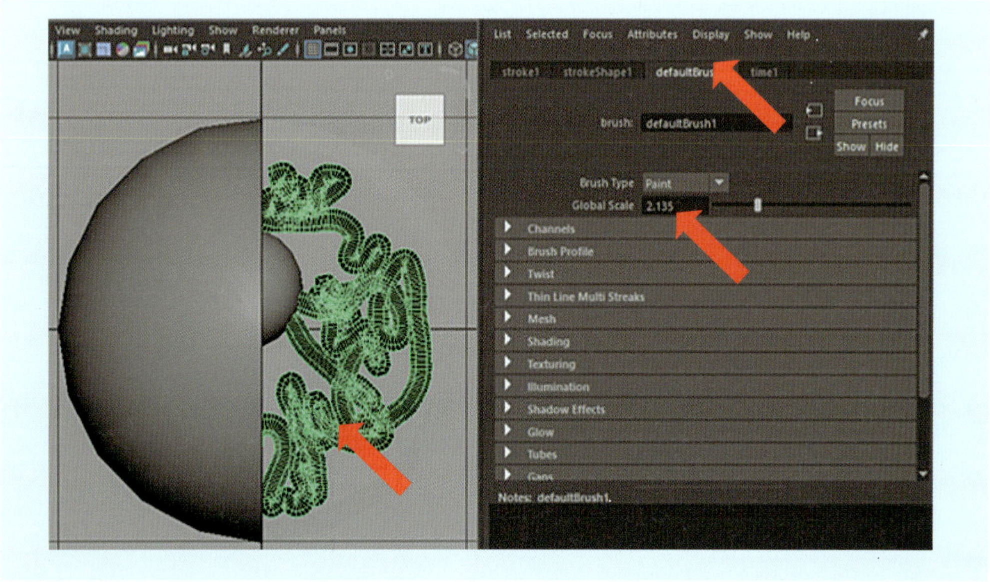

혹시 stroke1에 대한 속성창이 안 열리는 경우, stroke1을 선택한 후, CTRL+A를 누르면 속성창이 열립니다.

- 아래쪽 면의 Chromatin을 그렸습니다. 옆면의 Chromatin도 그려야 합니다. 새로 그릴 수도 있지만, 이미 그린 것을 카피해서 사용하도록 하겠습니다.
- stroke1을 선택하고, CTRL+D를 누르면 stroke2라는 이름으로 복제된 오브젝트가 생깁니다.
- stroke2를 선택한 후, 'E'를 눌러서 회전하는 모드로 바꾼 후, 드래그해서 각도를 변경합니다.
- 정확하게 90도로 세우기 위해서는 stroke2를 선택한 상태에서, CTRL+A로 속성창이 열리게 한 후, Rotate의 Z값에 90을 직접 입력합니다.

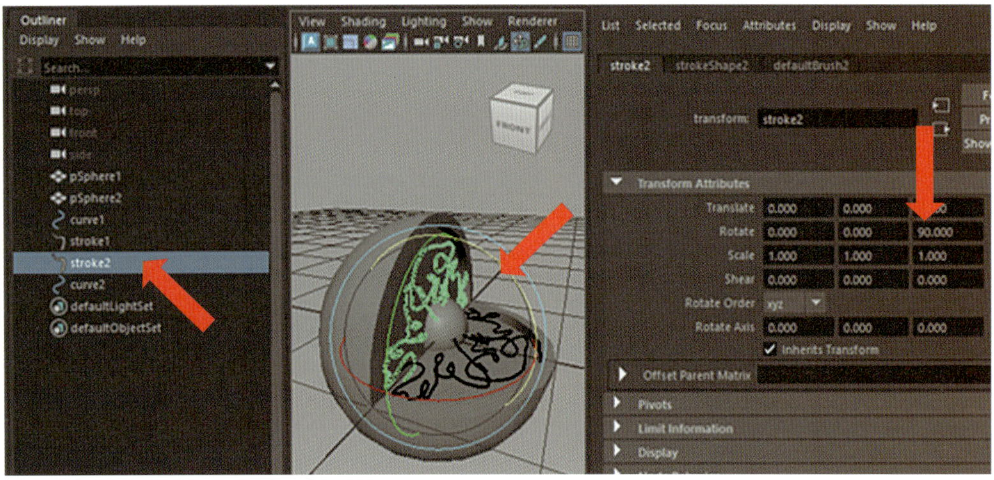

대칭이 되면 자연스럽지 않기 때문에 회전을 시켜서 반대로 돌립니다.

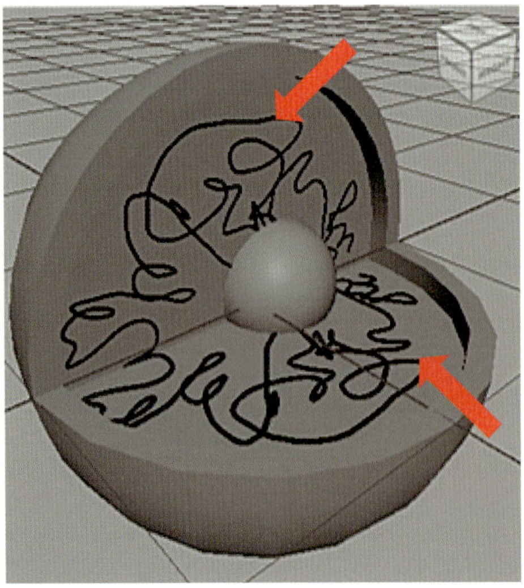
대칭

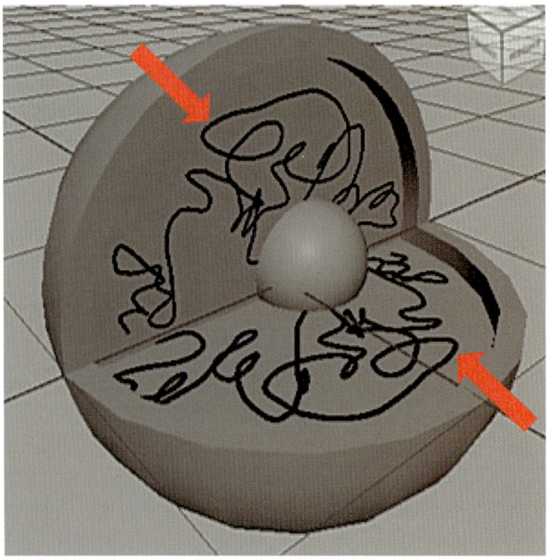
회전

05 Nuclear pore을 위해 표면에 구멍을 뚫습니다

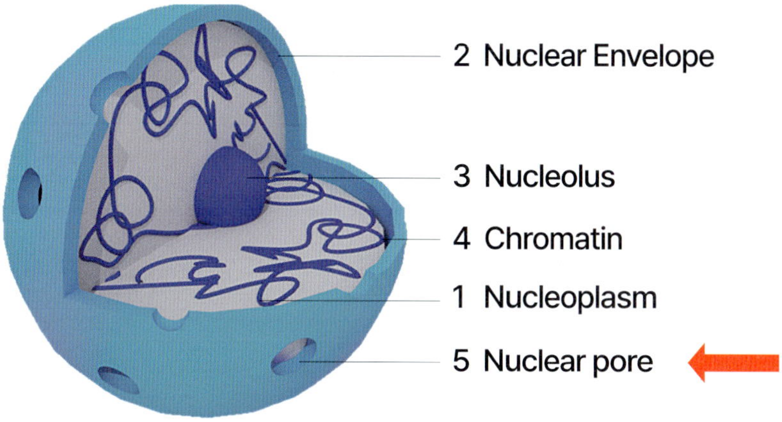

구멍을 뚫기 위해, Boolean 연산 기능을 쓸 것입니다.

불리언(Boolean) 연산은 두 개 이상의 3D 객체를 사용하여 새로운 형태를 생성하는 방법입니다. 이 기능은 주로 객체들을 결합하거나, 하나의 객체에서 다른 객체를 빼거나, 두 객체의 교집합 부분만을 생성하는 데 사용됩니다. 마야에서는 주로 세 가지 주요 불리언 연산을 사용합니다.

합집합(Union): 두 객체를 하나로 결합합니다. 이 연산은 두 객체의 모든 공간을 포함하는 단일 객체를 생성합니다.

차집합(Difference): 한 객체에서 다른 객체를 뺍니다. 예를 들어, 첫 번째 객체에서 두 번째 객체가 차지하는 부분을 제거합니다.

교집합(Intersection): 두 객체가 겹치는 부분만을 유지합니다. 이 연산은 두 객체가 서로 교차하는 부분만을 포함하는 새로운 객체를 생성합니다.

불리언 연산을 사용할 때는 객체의 복잡성과 토폴로지가 결과에 영향을 미칠 수 있으므로 주의해야 합니다. 때로는 예상치 못한 결과나 메시 오류가 발생할 수 있으며, 이러한 문제를 해결하기 위해 메시를 정리하거나 다시 작업해야 할 수도 있습니다.

불리언 연산은 Nuclear Envelope에 해당하는 pSphere1 오브젝트에 할 것이기 때문에, 이 이외의 오브젝트는 작업에 방해가 됩니다. 따라서 pSphere1를 제외한 나머지 오브젝트들을 한꺼번에 선택한 후, Display 〉 Hide 〉 Hide Selection을 실행해서 안 보이게 합니다.

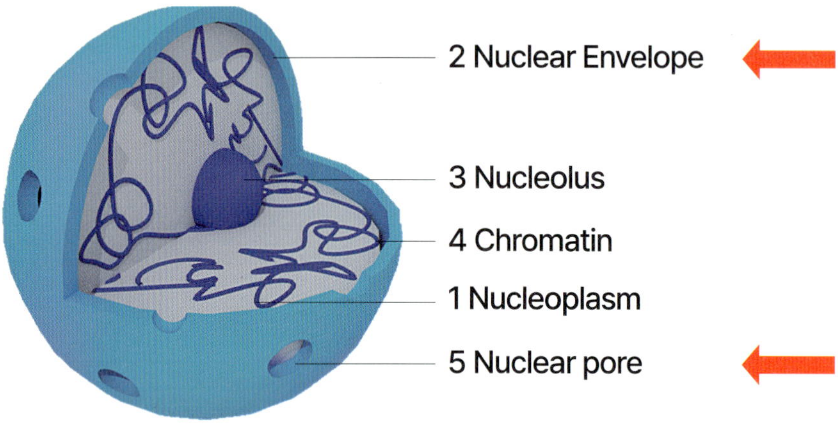

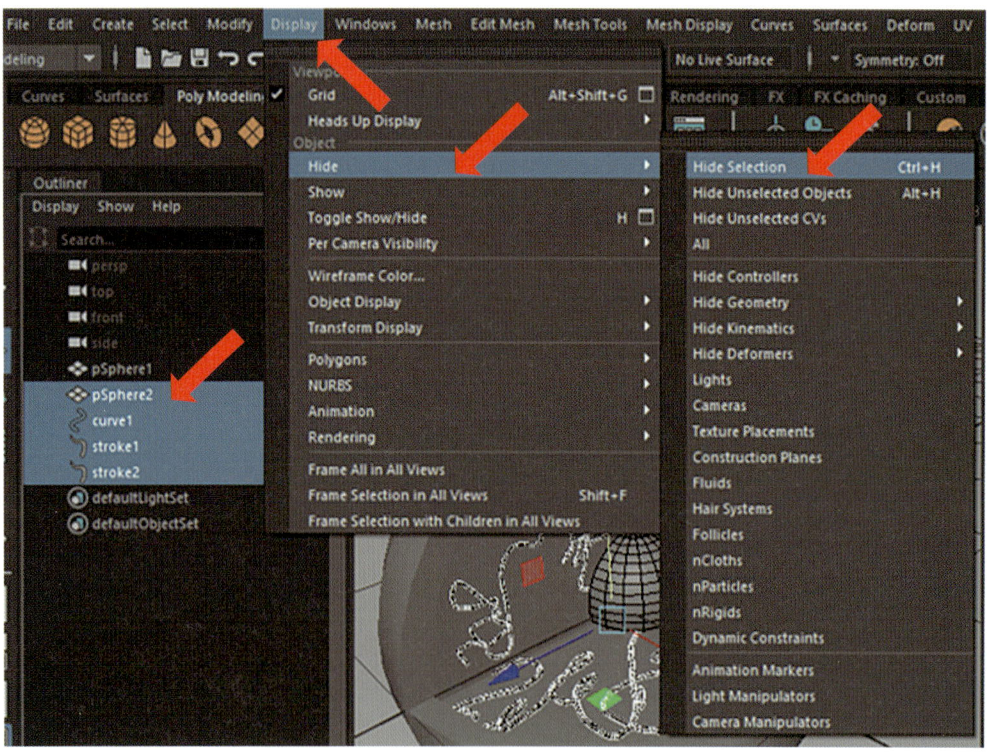

다시 보이게 할 때는, 아웃라이너에서 안 보이는 오브젝트들을 선택한 후, Display 〉 Show 〉 Show Selection을 실행해서 보이게 합니다.

- Poly Modeling 탭에서 Polygon Cylinder를 선택해서, 실린더를 만듭니다.

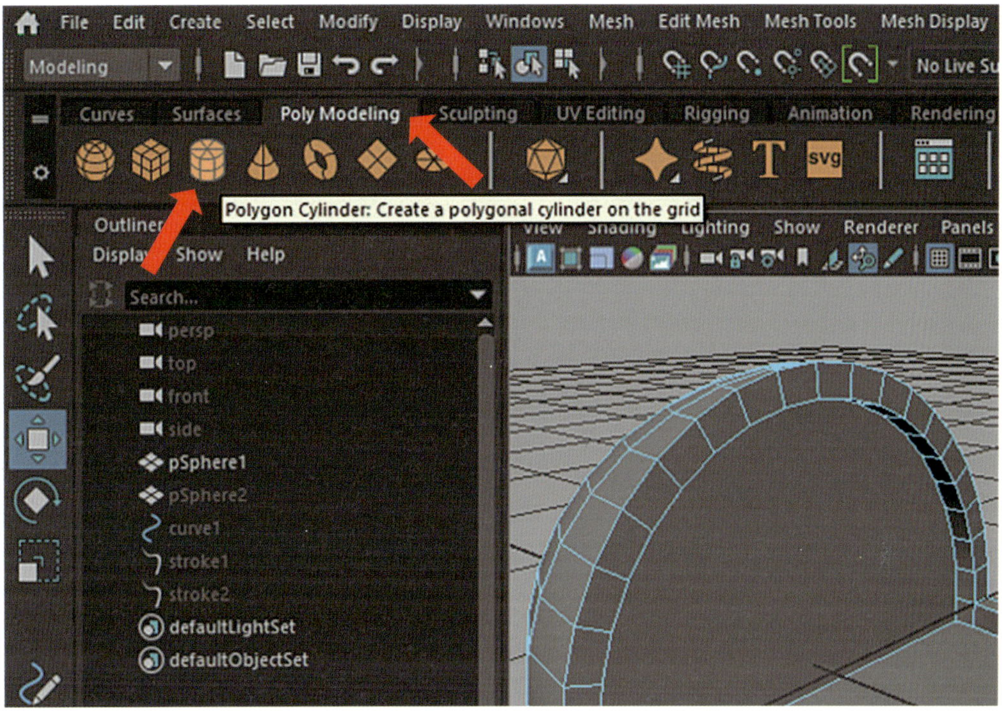

구멍이 될 정도로 크기를 조절합니다.

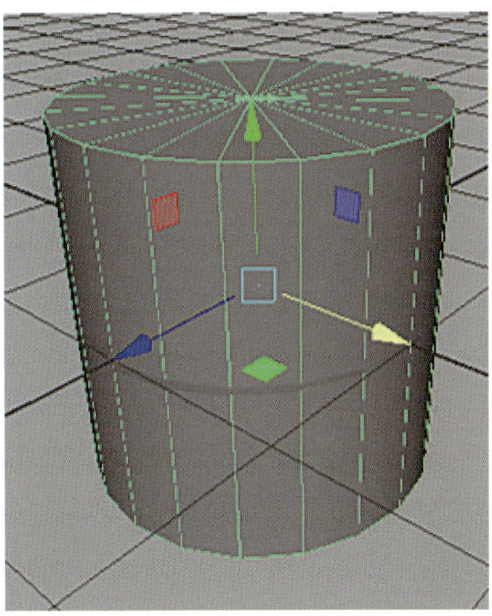

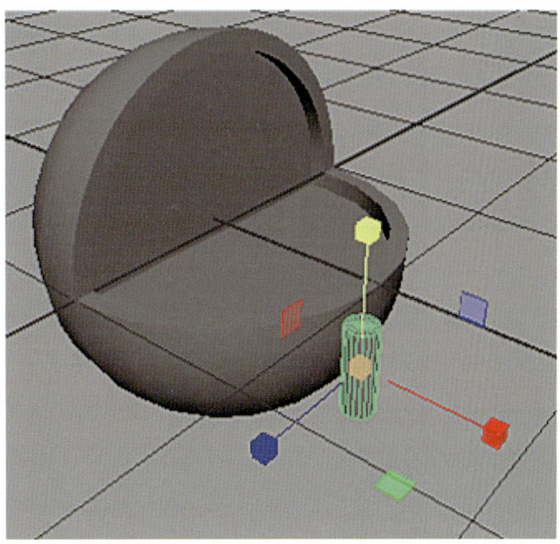

실린더를 구멍이 될 위치로 옮기고, 4번 키를 눌러서 와이어 모드에서 실린더가 잘 관통하고 있는지를 확인합니다.

다시 쉐이드 모드로 보는 것은 5번 키입니다.

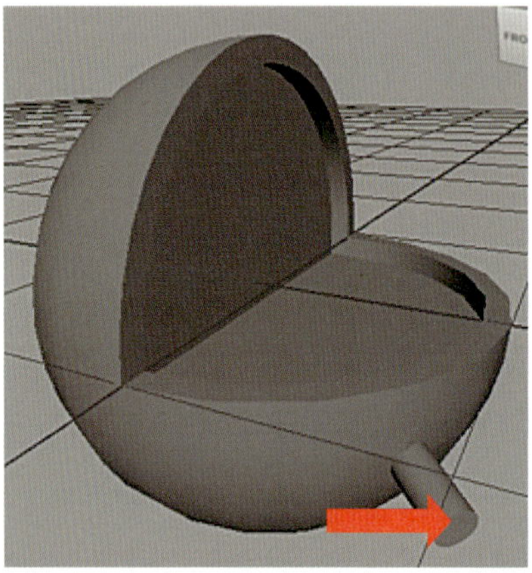

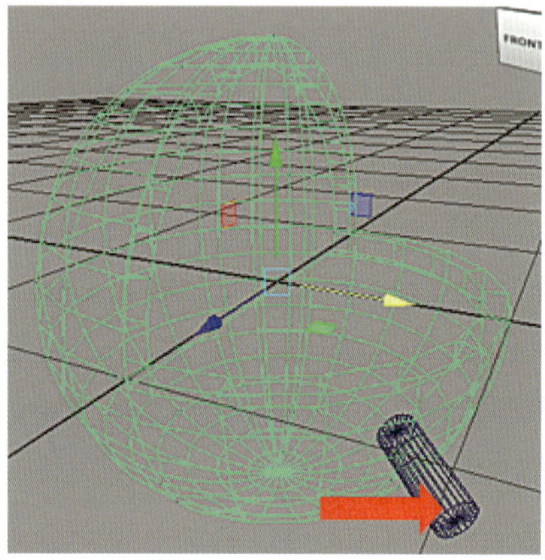

바탕이 되는 오브젝트인 pSphere1을 먼저 선택하고, CTRL키를 누른 상태로 실린더 오브젝트인 pCylinder1를 선택합니다. 이렇게 오브젝트 2개를 선택한 상태에서 Mesh 〉 Booleans 〉 Difference (A-B)를 실행합니다.

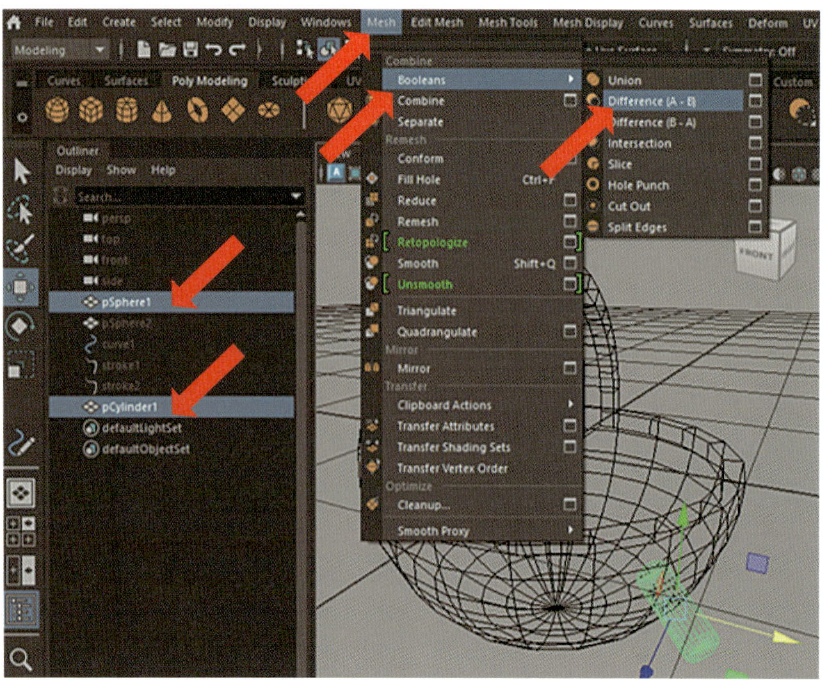

실린더의 위치에 구멍이 뚫린 새로운 오브젝트인 polySurface1이 만들어졌고, 동시에 오른쪽 속성창에서 polyBoolean1창이 생깁니다. 여기에서 다른 종류의 불리언 연산을 할 수도 있습니다.

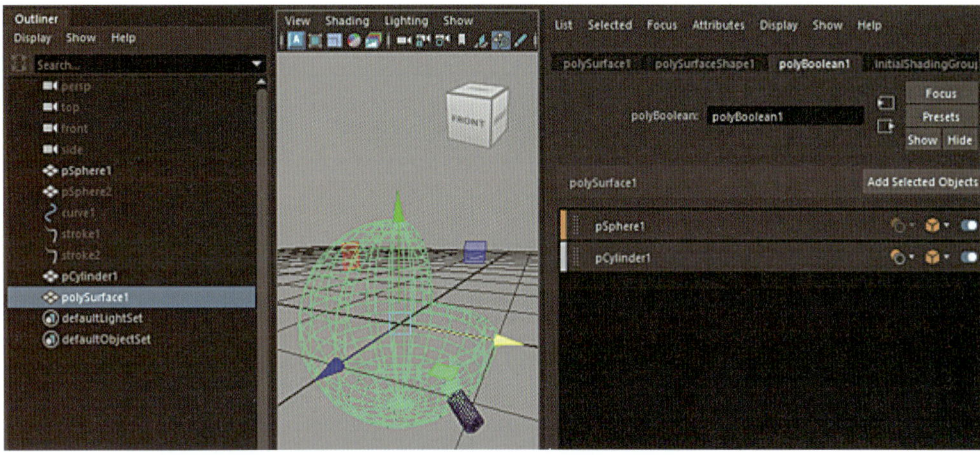

here1과 pCylinder1을 안 보이게 하면, 새로 생긴 polySurface1 오브젝트에 구멍이 뚫려있는 것을 볼 수 있습니다. 와이어 모드로 속까지 잘 뚫렸는지를 확인합니다.

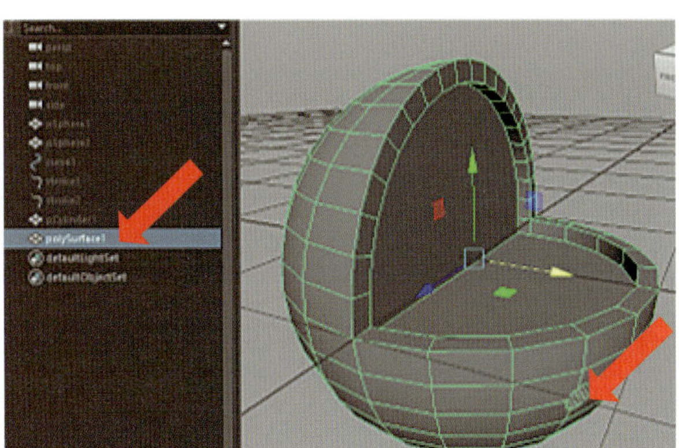

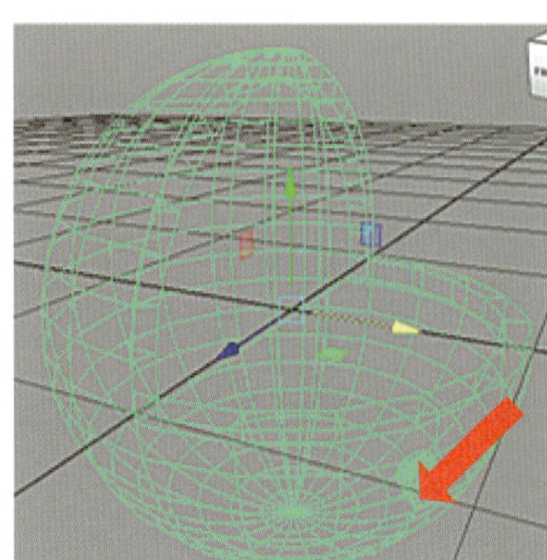

pCylinder1을 선택한 후, CTRL+D로 연속으로 4번 복제하면 pCylinder2, pCylinder3, pCylinder4, pCylinder5가 생성됩니다.

새로 만든 4개의 실린더를 구멍을 만들 위치에 배치합니다.

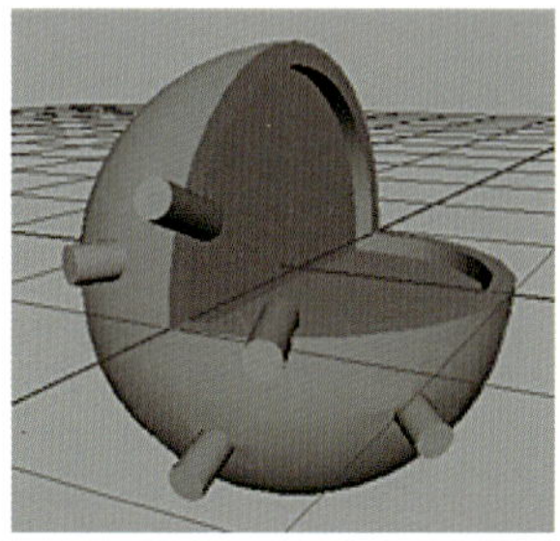

아웃라이너에서 polySurface1을 선택하면 나오는 오른쪽 속성창에서 polyBoolean1 탭을 선택합니다. 새로 만든 실린더들을 여기에 넣습니다. 넣는 방법은, 아웃라이너에서 마우스 가운데 버튼을 선택한 상태로 드래그해서 polySurface1탭에 넣습니다.

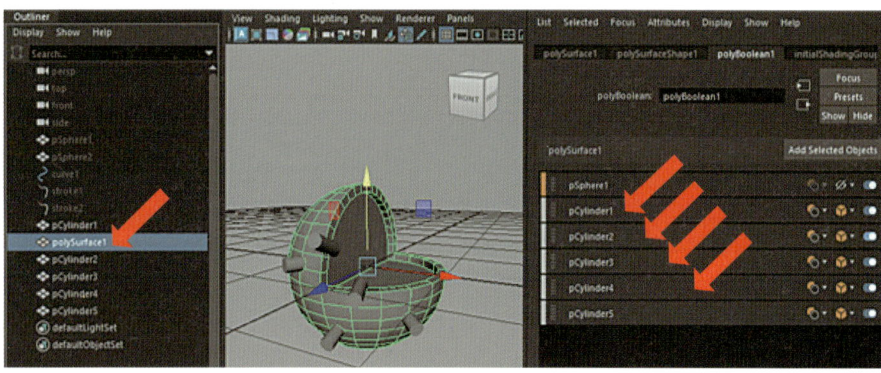

실린더들을 안 보이게 하면 실린더가 있던 자리에 구멍이 뚫린 것을 볼 수 있습니다.

polyBoolean1탭에서 실린더를 안 보이게 하거나 다양하게 볼 수도 있습니다.

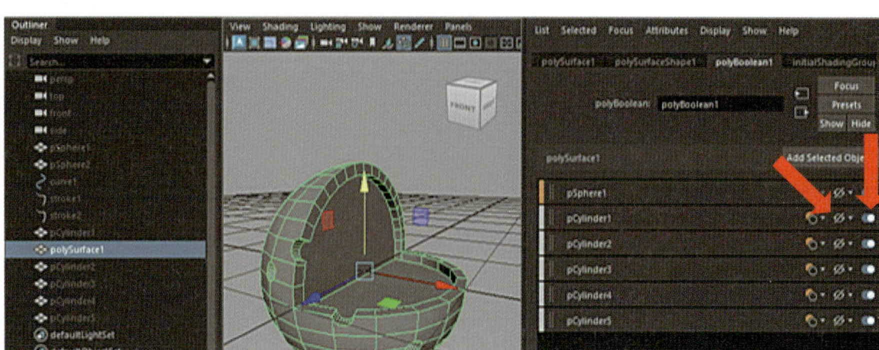

모델링이 끝났습니다! 이제부터는 색을 설정하고, 조명을 설치해서 그림으로 만들 것입니다. Windows 〉 Rendering Editors 〉 Hypershade를 실행하면, Hypershade창이 열립니다.

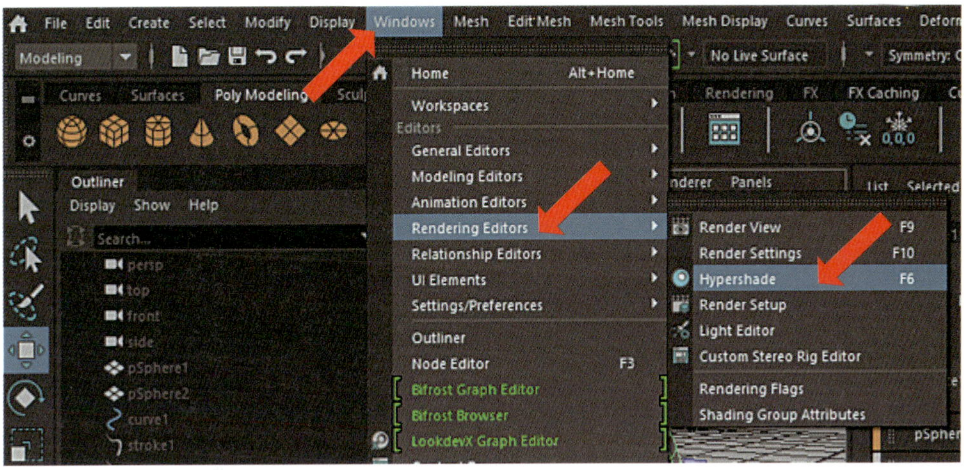

현재 상태는 모든 오브젝트가 하나의 쉐이더, 즉 같은 색과 재질을 가진 상태입니다. 따라서 여러 개의 쉐이더를 만들고, 각각 다른 색을 지정한 후, 쉐이더를 오브젝트에 연결할 것입니다. Arnold 밑의 Shader 카테고리의 aiStandardSurface를 클릭해서 aiStandardSurface 쉐이더를 만듭니다. Color를 더블클릭 해서 색을 지정합니다.

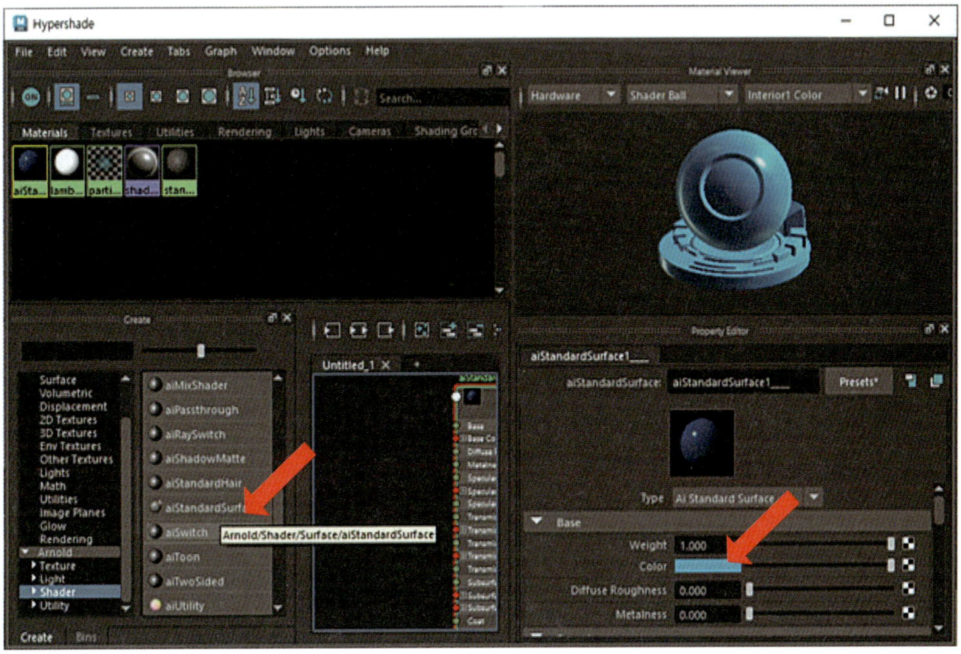

잠깐 쉐이더에 대해 알아봅시다.

쉐이더는 3D 모델이나 환경에 적용되어 시각적인 속성을 결정하는 데 사용되는 도구입니다. 쉐이더는 모델의 재질, 색상, 질감, 광택, 반사율, 투명도 등과 같은 시각적 특성을 정의합니다.

마야에서 쉐이더는 크게 두 가지 주요 기능을 수행합니다.

- 하나는 재질의 시각적 속성 정의: 쉐이더를 사용하여 3D 모델에 색상, 질감, 광택 등의 다양한 시각적 속성을 부여합니다. 이를 통해 사용자는 재질이 실제 세계에서 어떻게 보일지를 시뮬레이션할 수 있습니다.
- 둘은 렌더링 과정에서의 빛과의 상호작용: 쉐이더는 빛과 재질이 상호작용하는 방식을 결정합니다. 이는 광원에서 오는 빛이 재질에 어떻게 반사되고 흡수되는지, 그림자는 어떻게 생성되는지 등을 포함합니다.

마야에서는 여러 유형의 쉐이더가 사용됩니다. 예를 들어, 블린(Blinn), 퐁(Phong), 램버트(Lambert)와 같은 기본 제공 쉐이더는 다양한 유형의 재질을 빠르고 효율적으로 시뮬레이션하는 데 사용됩니다. 또한, 마야는 Arnold, V-Ray, Redshift와 같은 고급 렌더링 엔진과 함께 사용되기도 하는데, 이러한 엔진들은 자체적인 쉐이더 시스템을 제공하여 보다 사실적이고 정교한 재질과 조명 효과를 생성할 수 있습니다.

• 색을 지정할 때에는 슬라이드바를 움직여서 할 수 있고, 직접 수치를 입력해서 정확한 색을 지정할 수도 있습니다. 또한 RGB, HSV로 색공간을 선택할 수도 있습니다.

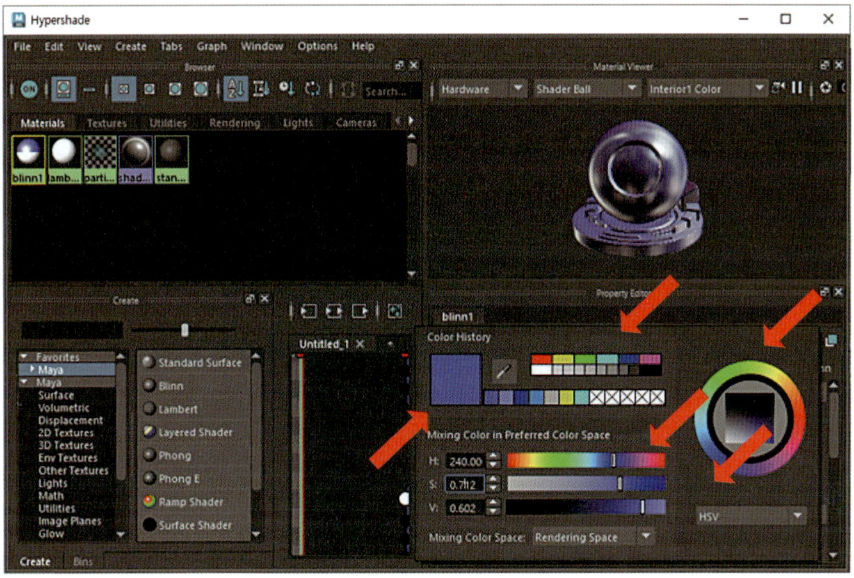

아웃라이너, 또는 뷰포트에서 polySurface1을 선택한 후, Hypershade 창에서 적용하고자 하는 쉐이더 위에서 마우스 오른쪽 버튼을 길게 누르면 여러 메뉴가 나오는데, Assign Material To Selection을 선택하면 선택한 오브젝트에 쉐이더가 적용됩니다.

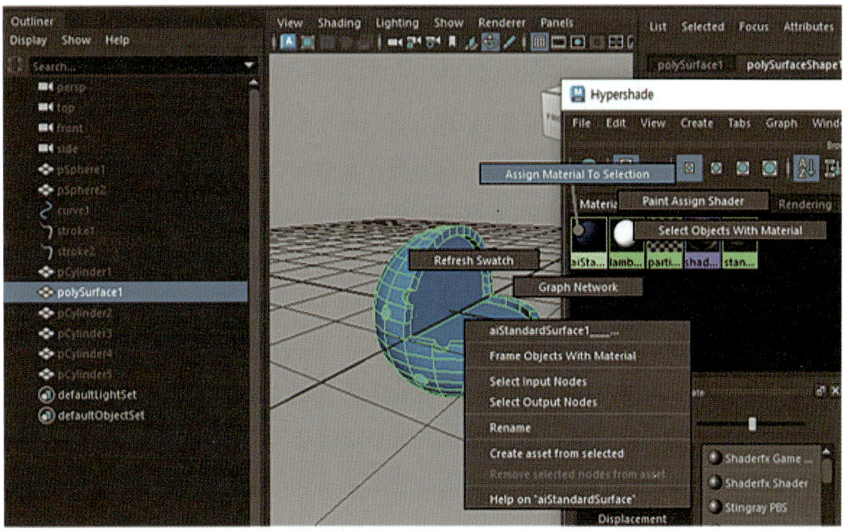

aiStandardSurface를 하나 더 만들고 색을 지정합니다. 이 쉐이더를 polySurface1에 적용하면 전체가 바뀝니다. 원의 안쪽, Nucleoplasm에 해당되는 부분만 이 쉐이더를 적용하기 위해서는, Face 모드에서 안쪽의 면을 선택한 후, 쉐이더를 적용합니다.

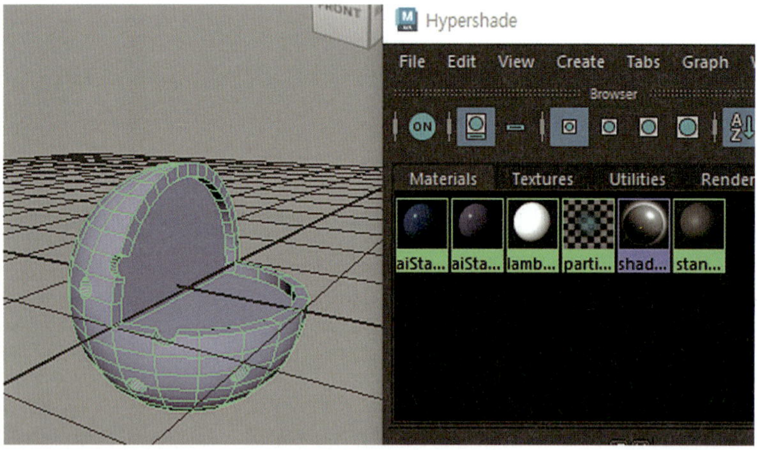

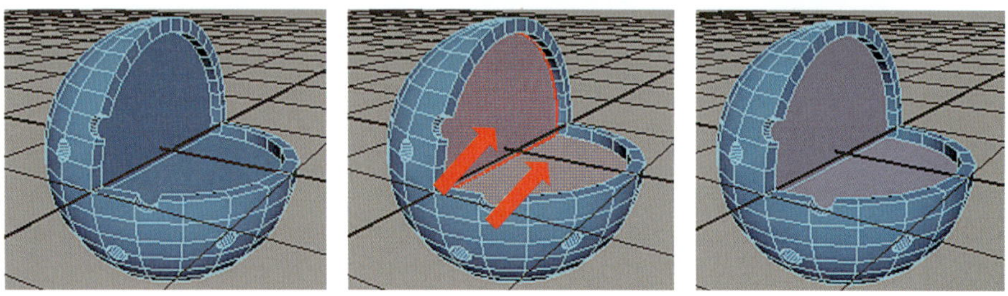

같은 방법으로, 쉐이더를 하나 더 만들고, 색을 지정해서, Nucleolus인 pShpere2에 적용합니다.

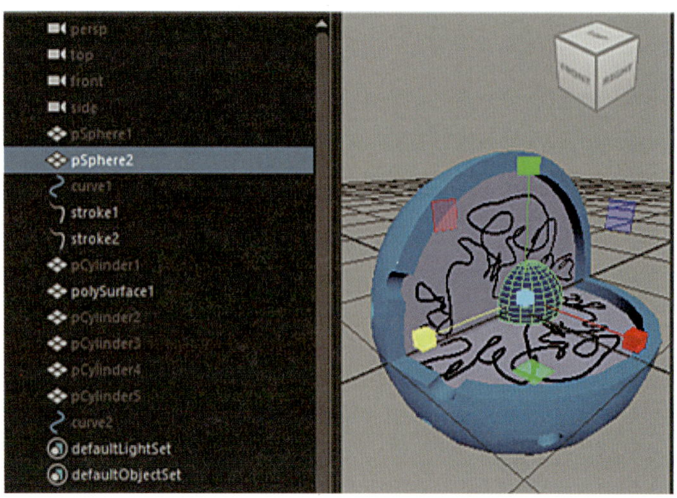

같은 쉐이더를 Chromatin에 해당하는 stroke1, stroke2에 적용하면, 렌더링이 불가능한 오브젝터라는 에러가 발생합니다. 마야에서 stroke 오브젝트는 렌더링이 불가능하기 때문에 폴리곤으로 변경한 후 쉐이더를 적용해야 합니다.

따라서 stroke1, stroke2을 선택하고, Modify 〉 Convert 〉 Paint Effects to Polygons를 선택하면 폴리곤으로 된 오브젝트가 생성됩니다.

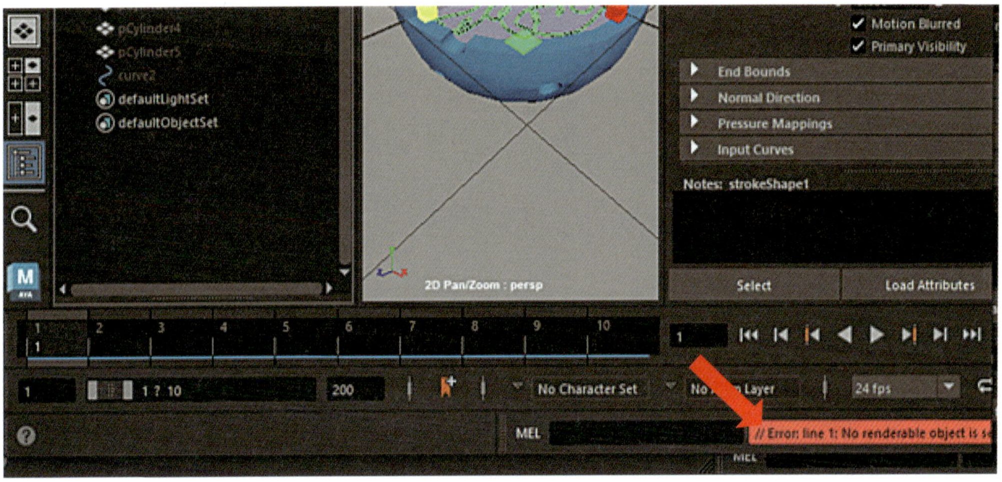

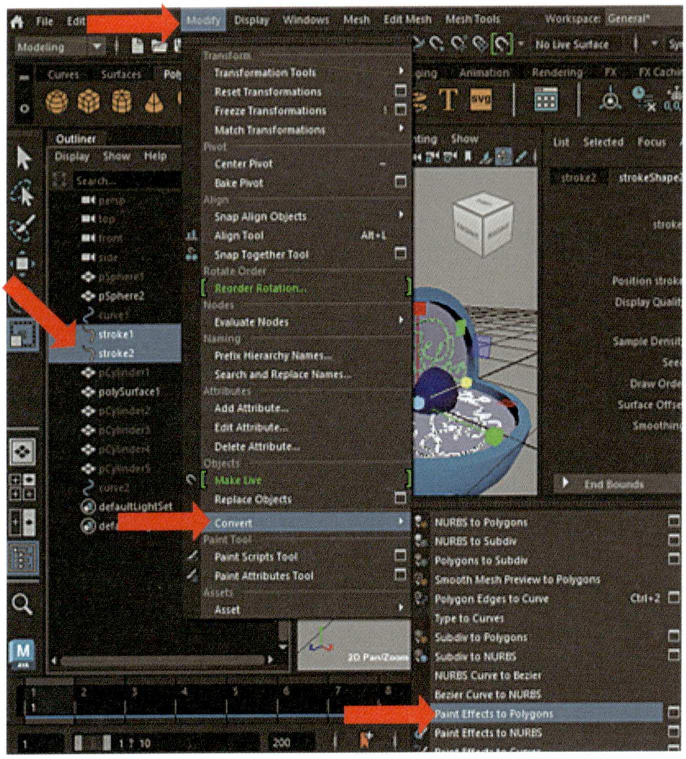

stroke1, stroke2을 안 보이게 한 후, 아웃라이너 또는 뷰포트에서 새로 생성한 defaultBrush1MeshGroup, defaultBrush2MeshGroup을 선택한 상태에서, 쉐이더를 적용하면 쉐이더가 적용됩니다.

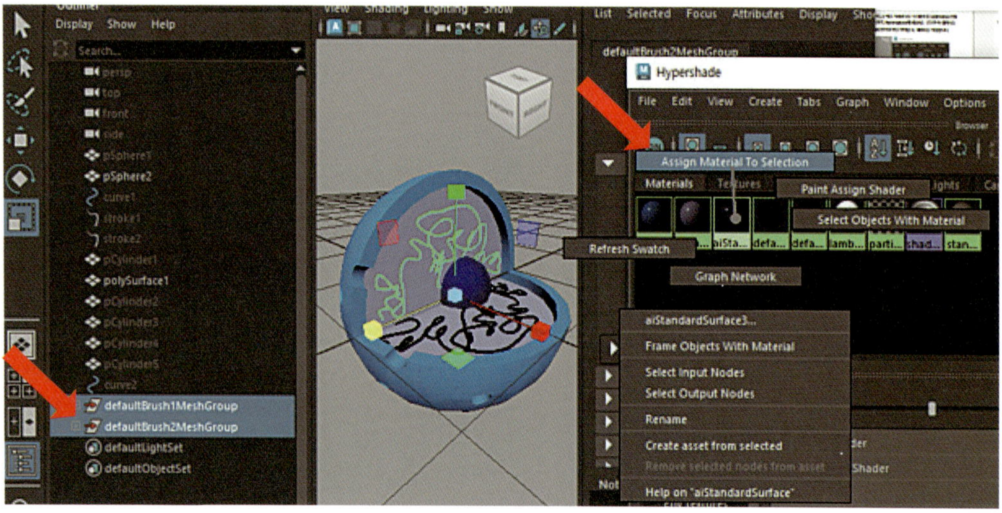

색칠이 끝났기 때문에, 정교한 그림이 필요 없으면 이 상태에서 그냥 캡처를 해서 사용해도 됩니다. 캡처를 하기 위해서는 배경을 흰색 또는 검은색으로 만들어야 합니다.

Windows 〉 Setting/Preferences 〉 Color Setting을 선택해서 배경색을 지정할 수 있습니다.

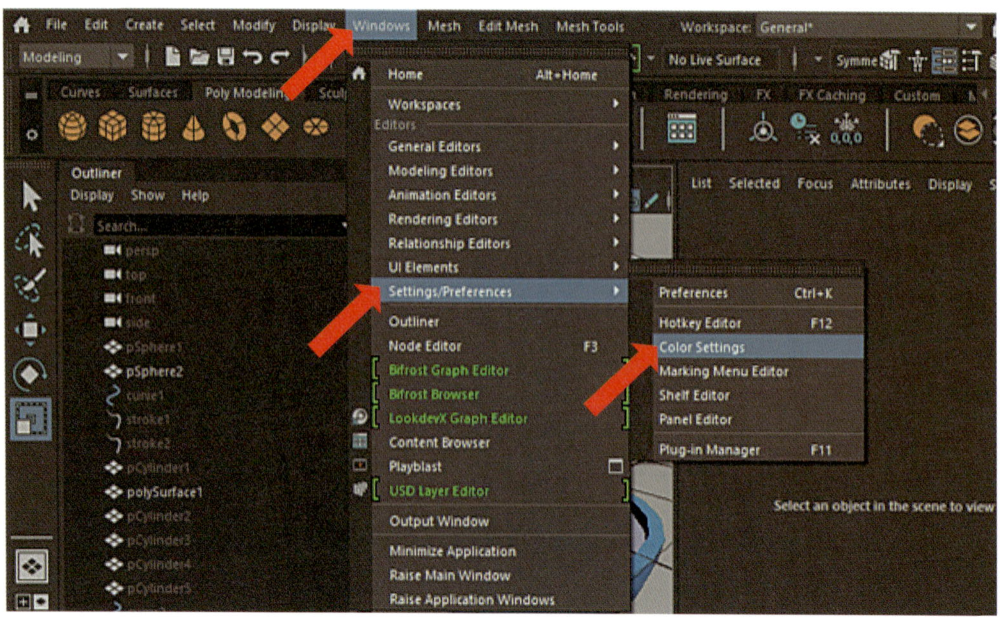

General 탭의 3D Views 안의 Background 항목이 배경색을 지정하는 곳입니다. 배경색을 흰색으로 바꿉니다.

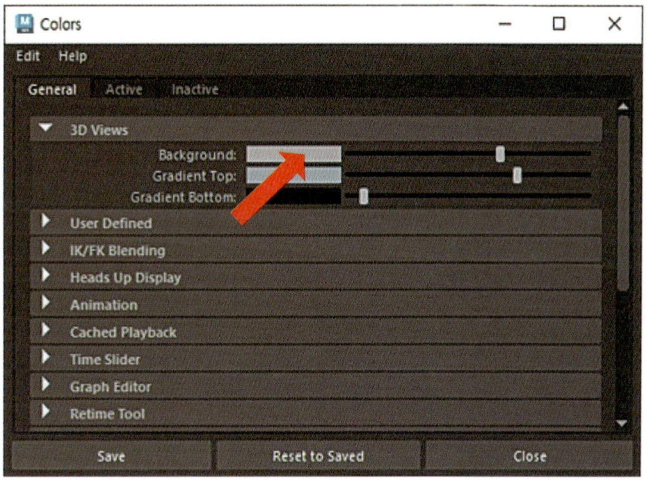

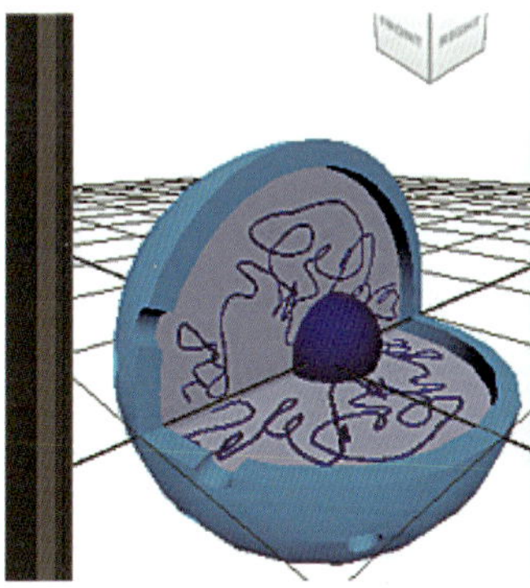

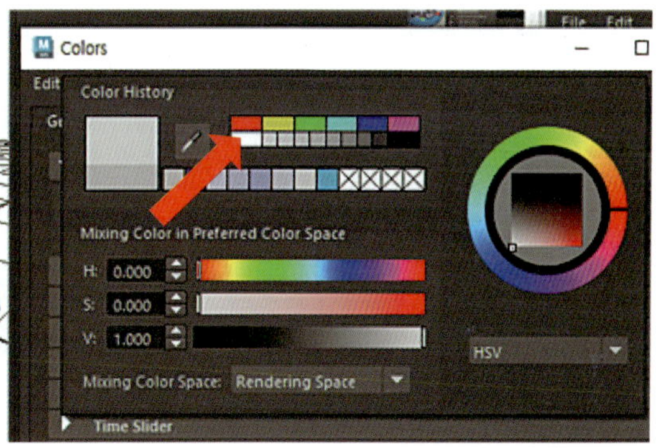

배경은 흰색이 됐는데 배경에 그리드가 있습니다. Display > Grid를 선택해서 그리드가 안 보이게 합니다.

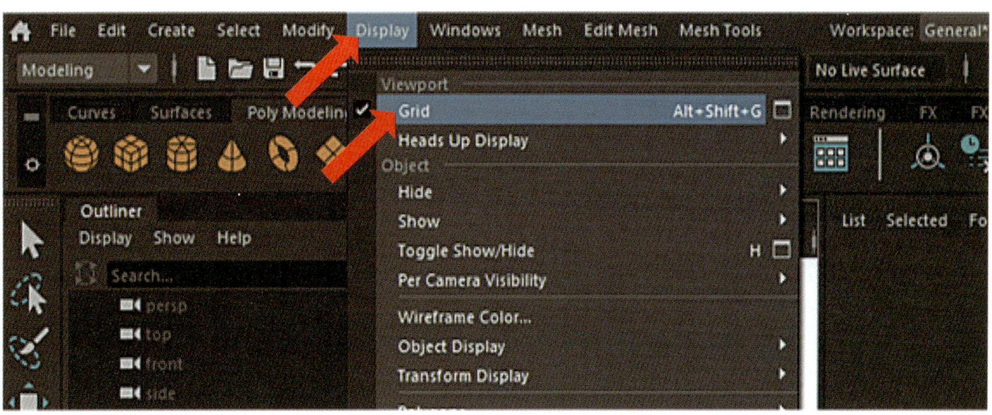

색칠까지 끝났습니다. 발표자료, 보고서를 빨리 만들어야 할 때, 교수님이 그림을 빨리 가져오라고 닦달할 때, 렌더링까지 공부하기 싫을 때, 혹은 3D로 만든 형태만 필요한 경우, 여기서 끝내고, 이 상태에서 화면 캡처를 해서 사용할 수 있습니다. 윈도우 자체에서 화면 캡처를 하는 단축키는 '윈도우 키 + SHIFT + S' 입니다.

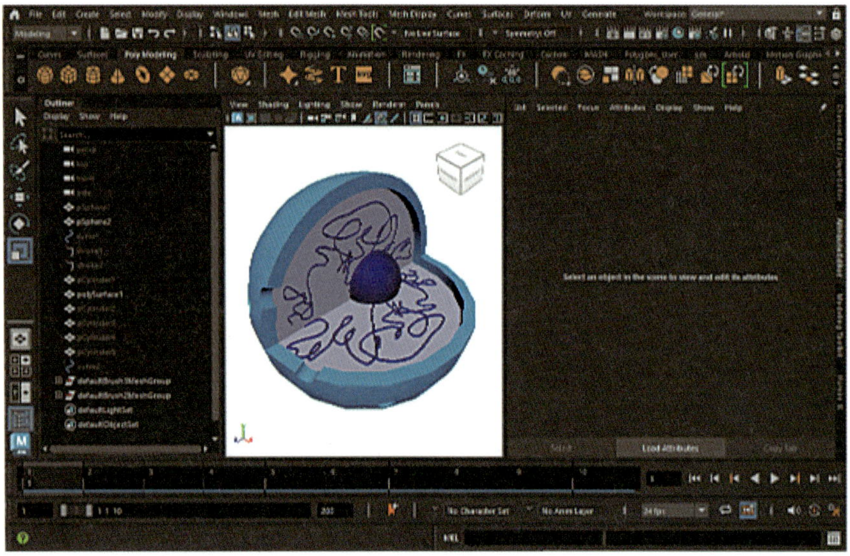

캡처를 한 이미지기 때문에 배경은 불투명한 하얀색으로 존재하고 있습니다. 배경을 투명하게 하기 위해서는 파워포인트의 '그림 서식 〉 배경 제거'로 간단하게 할 수 있습니다.

배경을 정밀하게 제거하기 위해서는 포토샵에서 '자동 선택 도구'를 사용합니다.

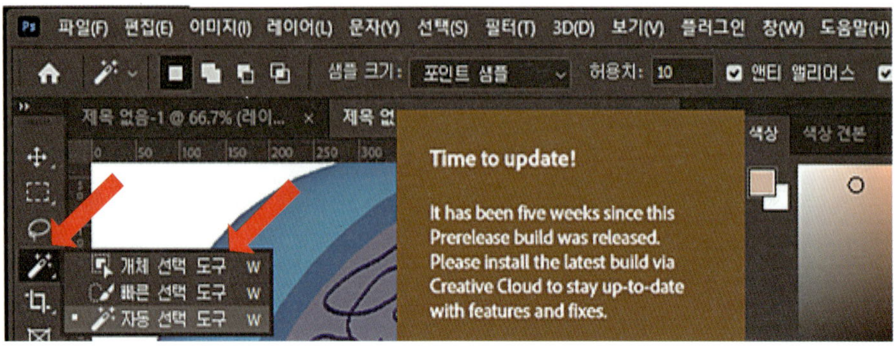

배경을 제거한 상태와 제거하지 않은 상태입니다. 그림 하나만 있으면 배경을 제거하지 않아도 되지만, 순서도를 그릴 때 등 다른 그림과 함께 사용하는 경우에는 배경을 제거해야 하는 경우가 있습니다.

배경을 제거하고 크기를 조절하면, 3D로 만들지 않아도 어느 정도의 공간감을 표현할 수 있습니다.

오브젝트 사이의 각도, 거리까지 고려해서 배치하면, 더욱 공간감을 표현할 수 있습니다.

3D로 만들었으니 3D의 꽃, 렌더링도 해 봅시다.

렌더링(Rendering)은 3D 모델과 장면을 2D 이미지나 애니메이션으로 변환하는 과정을 말합니다. 이 과정은 3D 컴퓨터 그래픽 제작의 마지막 단계 중 하나로, 실제 카메라가 사진을 찍는 것과 유사한 방식으로 작동합니다. 렌더링을 통해 3D 모델과 환경이 최종적으로 시각적으로 표현됩니다.

렌더링 과정에는 다음과 같은 요소들이 포함됩니다.

- 조명(Lighting): 장면에 광원을 추가하고, 이 광원이 장면의 객체들에 어떻게 영향을 미치는지를 계산합니다.
- 재질 및 텍스처(Materials and Textures): 객체의 표면 속성을 정의합니다. 이는 색상, 반사율, 투명도 등을 포함합니다.
- 카메라 설정(Camera Settings): 카메라의 위치, 방향, 초점 거리 등을 설정하여 장면을 어떤 시점에서 보여줄지를 결정합니다.
- 렌더링 알고리즘(Rendering Algorithms): 레이 트레이싱(Ray Tracing), 레이더스티(Radiosity) 등 다양한 계산 방법을 사용하여 광원, 그림자, 반사 등을 정확하게 계산합니다.
- 포스트 프로세싱(Post-Processing): 렌더링된 이미지에 추가적인 시각적 효과를 적용합니다. 예를 들어, 색 보정, 블러 효과 등이 있습니다.

마야는 기본적으로 Arnold와 같은 고급 렌더링 엔진을 내장하고 있어, 사용자가 고품질의 이미지와 애니메이션을 생성할 수 있도록 지원합니다.

렌더링을 하기 위해서는 먼저 라이트, 즉 조명이 필요합니다.

Hypershade에서, Arnold 〉 Light 의 aiskyDomeLight를 클릭해서 라이트를 만듭니다.

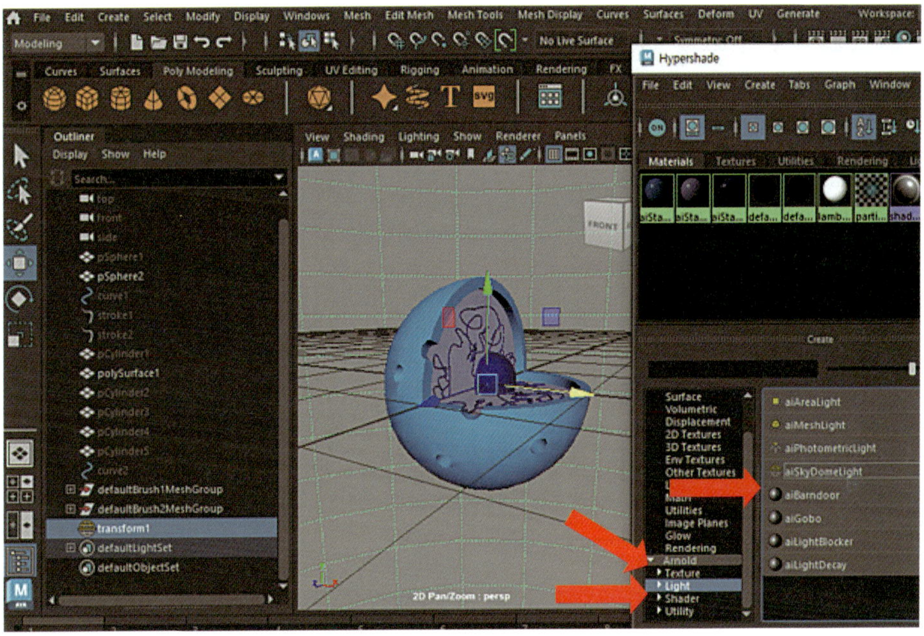

렌더링 할 구도를 정합니다. Resolution gate 아이콘을 클릭하면, 해상도와 렌더링 될 범위가 나타납니다.

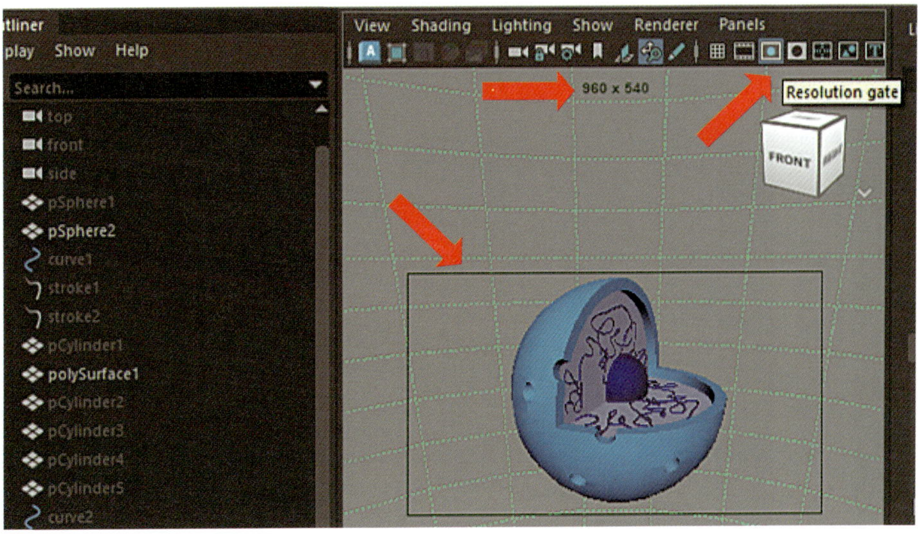

사용할 렌더러, 렌더링 할 카메라, 화면 크기, 해상도는 Windows 〉 Rendering Editors 〉 Render Setting를 실행해서 나오는 Render Settings 창에서 설정합니다.

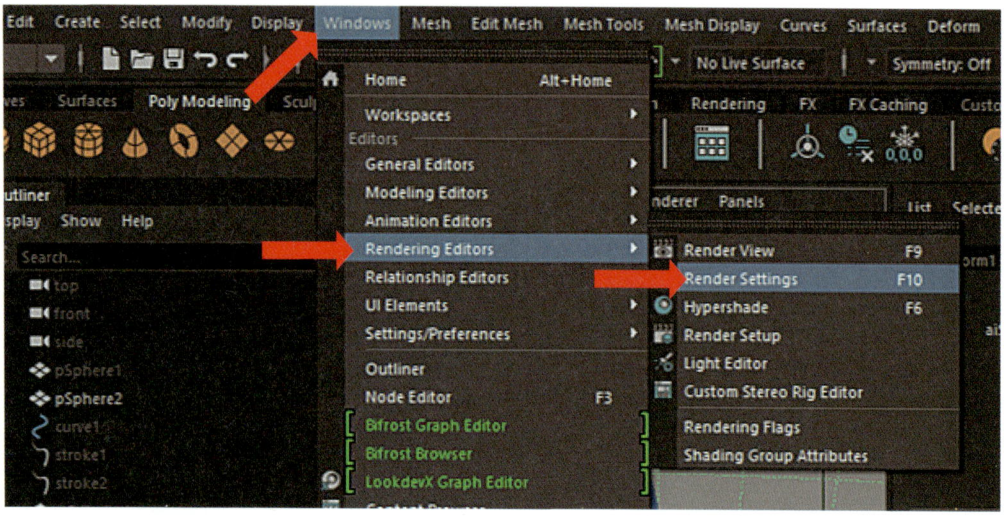

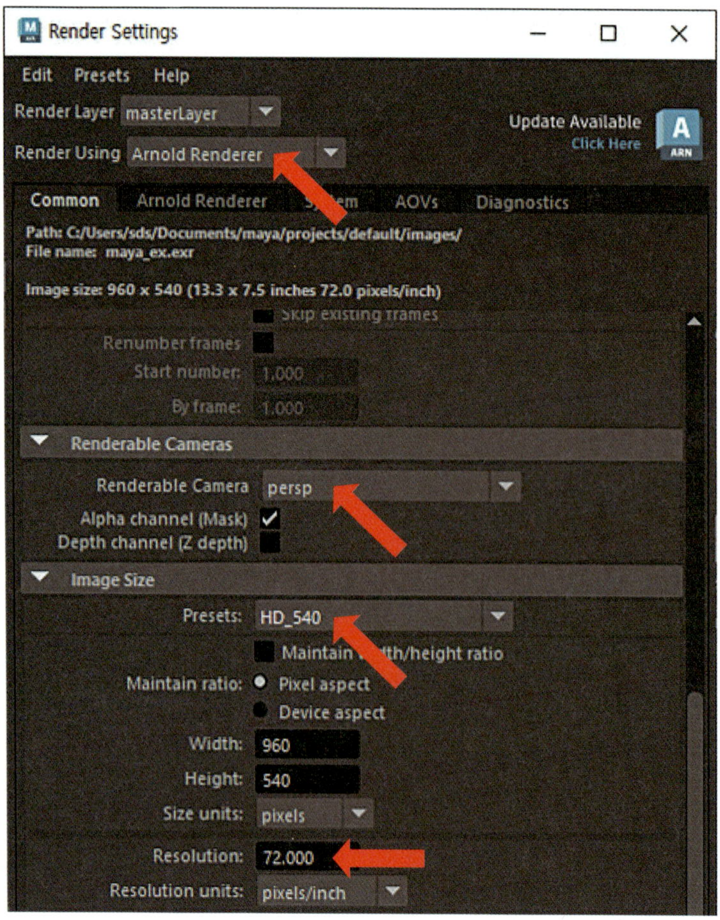

Render the current frame을 클릭하면 Arnold RenderView 창이 열리면서 렌더링이 시작됩니다. Render Settings 창에서 Arnold 렌더러로 설정했기 때문입니다. 다른 렌더러를 설정하면 다른 렌더러 창이 열리게 됩니다.

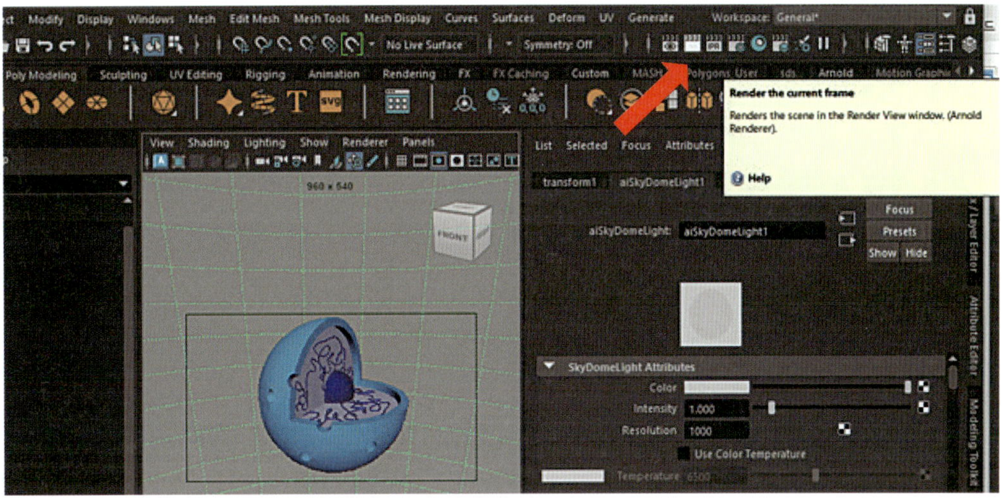

렌더링이 끝나면, File > Save Image에서 저장합니다. 오른쪽은 저장된 최종 이미지입니다.

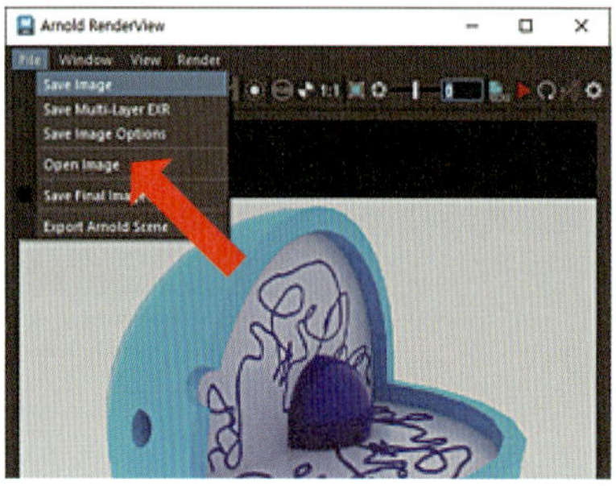

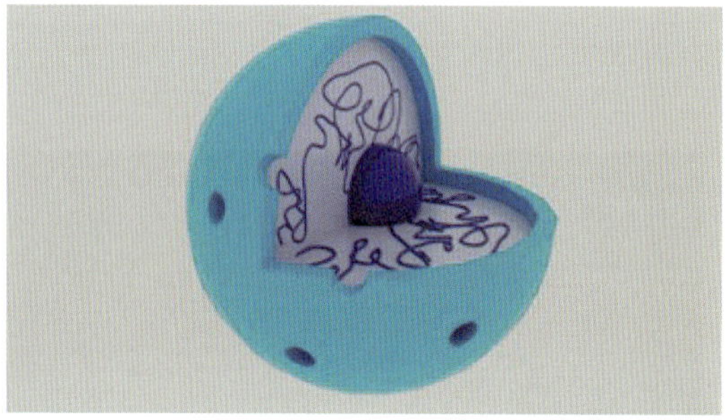

다른 렌더러를 써서 다른 표현도 할 수 있습니다. Maya Hardware 2.0 렌더러를 선택하고, Maya Hardware 2.0 탭의 Render Options의 Render Mode에서 Wire On Shaded를 선택하면 와이어를 함께 렌더링할 수 있습니다. X-Ray Mode에 체크를 하면 X-Ray를 본 것처럼 반투명하게 해서 뒤쪽도 보이게 할 수 있습니다.

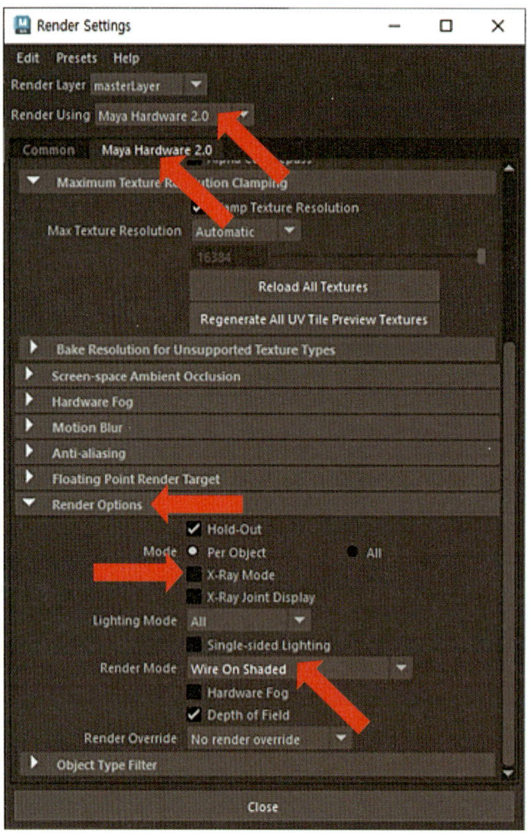

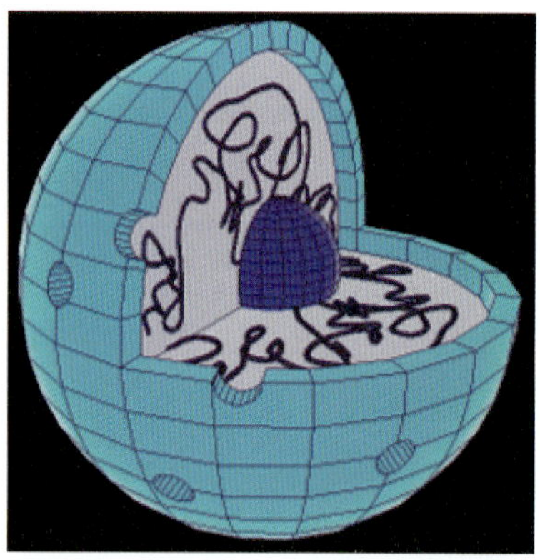

파워포인트에서 지시선을 그리고, 각 부분의 이름을 넣어서 완성합니다.

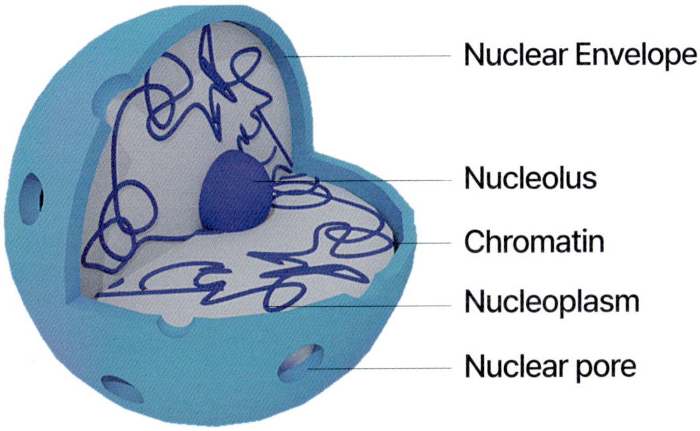

이 책에서는 3D로 그림을 그리는 데 마야(Maya)를 사용했습니다. 이렇게 3D로 그림을 그리는 소프트웨어는 마야 외에 다음과 같은 소프트웨어들이 있으며, 각각의 장단점이 있습니다.

Blender

|장점: 무료 오픈 소스 소프트웨어로, 강력한 기능을 제공하며 커뮤니티가 활발하여 많은 튜토리얼과 리소스를 사용할 수 있습니다. 모델링, 텍스처링, 리깅, 애니메이션 등 다양한 3D 기능을 갖추고 있습니다.

|단점: 초보자에게는 다소 복잡할 수 있으며, 인터페이스가 마야에 익숙한 사용자에게는 이질적으로 느껴질 수 있습니다.

3ds Max

|장점: 마야와 마찬가지로 Autodesk에서 제공하는 소프트웨어로, 게임, 영화, 건축 시각화에 자주 사용됩니다. 직관적인 모델링 도구와 강력한 애니메이션 기능을 제공합니다.

|단점: 마야에 비해 다소 무거운 소프트웨어로 느껴질 수 있으며, 상업용 라이선스가 비쌉니다.

ZBrush

|장점: 주로 디지털 조각에 특화된 소프트웨어로, 복잡한 캐릭터나 유기적인 형태를 빠르고 세밀하게 제작할 수 있습니다. 많은 아티스트들이 고해상도 디테일 작업에 ZBrush를 사용합니다.

|단점: ZBrush의 인터페이스는 다른 3D 소프트웨어와 달라 처음 사용하는 사용자에게는 학습 곡선이 있을 수 있습니다.

Cinema 4D

|장점: 특히 모션 그래픽과 시각적 효과에 강점이 있으며, 직관적인 인터페이스 덕분에 초보자도 쉽게 배울 수 있습니다. 안정성이 뛰어나고, 애니메이션 작업에 많이 사용됩니다.

|단점: 고급 기능이 부족할 수 있으며, Maya나 Blender만큼 복잡한 작업에는 한계가 있을 수 있습니다.

Houdini

|장점: 절차적 모델링 및 시뮬레이션에 특화되어 있으며, 영화나 게임 산업에서 자주 사용되는 강력한 도구입니다. 파티클, 유체, 연기 등의 시뮬레이션에 최적화되어 있습니다.

|단점: 학습 곡선이 매우 가파르며, 복잡한 작업을 설정하는 데 시간이 많이 소요될 수 있습니다.

SketchUp

|장점: 직관적이고 사용하기 쉬운 인터페이스 덕분에 빠른 모델링이 가능하며, 주로 건축, 인테리어, 조경 디자인에 많이 사용됩니다.

|단점: 고급 3D 모델링 기능이 부족하며 복잡한 캐릭터 애니메이션이나 특수 효과 작업에는 적합하지 않습니다.

Tinkercad

|장점: 완전 무료로 사용할 수 있으며 초보자에게 매우 적합한 3D 모델링 툴입니다. 주로 3D 프린팅을 위한 간단한 모델링에 사용됩니다.

|단점: 기능이 제한적이며, 고급 모델링 작업에는 적합하지 않습니다.

Fusion 360

|장점: CAD 기반의 3D 모델링 소프트웨어로, 제품 디자인 및 기계 공학에서 널리 사용됩니다. 클라우드 기반으로 여러 사용자와의 협업이 쉽습니다.

|단점: 대형 어셈블리나 고해상도 모델을 처리하는 데 성능 제한이 있을 수 있습니다.

Modo

|장점: 모델링, 텍스처링, 렌더링 기능이 강력하여 특히 게임 및 영화 산업에서 많이 사용됩니다. 비교적 직관적인 인터페이스와 고급 모델링 도구를 제공합니다.

|단점: 다른 소프트웨어에 비해 애니메이션 기능이 다소 제한적일 수 있습니다.

Daz 3D

|장점: 사람 캐릭터 모델링에 특화된 소프트웨어로, 쉽게 3D 캐릭터와 장면을 만들 수 있습니다. 애니메이션 기능도 제공되어 영화나 게임 제작에 적합합니다.

|단점: 고도로 복잡한 모델링 작업보다는 캐릭터와 관련된 작업에 제한적으로 사용됩니다.

이처럼 다양한 3D 모델링 툴이 있으며, 각 툴은 목적에 따라 강점이 다릅니다. 선택 시 작업 목적과 필요 기능을 고려하여 결정하는 것이 중요합니다.

5

지시선

기존 그림을 참고하기

지시선에 대해

논문의 그림에서 사용되는 설명선(Annotation Lines)은 복잡한 그래픽이나 데이터를 명확하고 이해하기 쉽게 전달하는 데 핵심적인 역할을 합니다.

설명선은 특정 부분이나 요소에 대한 주의를 집중시킵니다. 이를 통해 독자(에디터)가 그림의 중요한 부분을 쉽게 식별하고 이해할 수 있습니다. 특히 복잡한 그림이나 그래프에서 설명선은 특정 구간을 강조하여 독자가 그림을 잘 이해하도록 도와줍니다.

따라서 잘 설계된 그림과 설명선은 논문의 전문성과 정확성을 강화합니다. 이는 연구의 신뢰성과 신중함을 반영할 수 있습니다. 논문에서 지시선을 사용할 때는 선이 명확하고, 직접적이며, 과도하게 사용되지 않도록 주의해야 합니다.

이게 기본 선입니다. 그런데 선의 색이 어두우면 그림의 어두운 곳에서 잘 안 보이고, 선의 색이 밝으면 그림의 밝은 곳에서 잘 안 보이는 문제가 있습니다. 따라서 겹선을 써서 잘 보이게 할 수 있습니다.

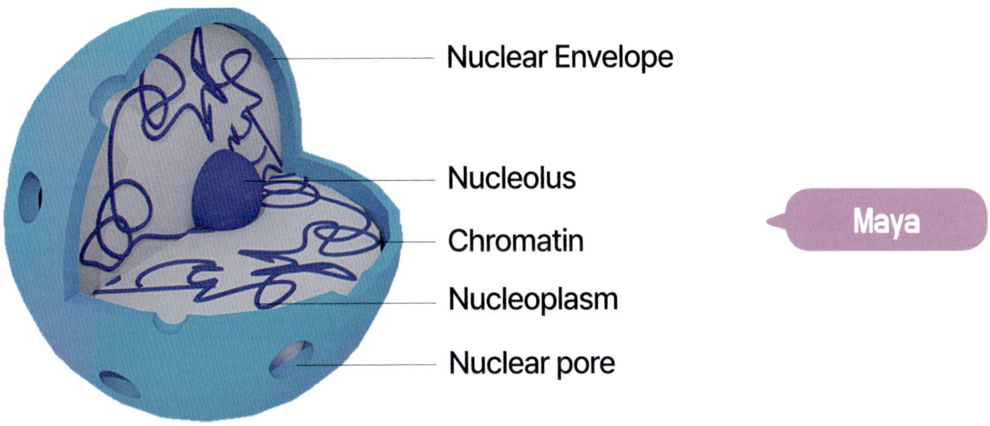

이렇게 두 줄로 된 것이 겹선입니다. 도형 서식에서 겹선을 선택할 수 있습니다.

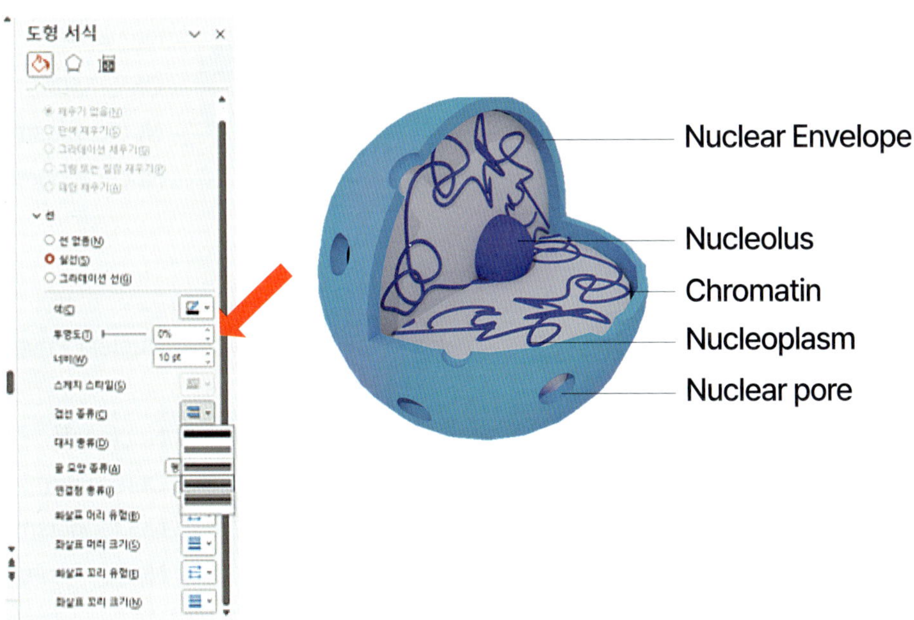

이런 것이 그림자 효과입니다. 도형효과에서 선택합니다.

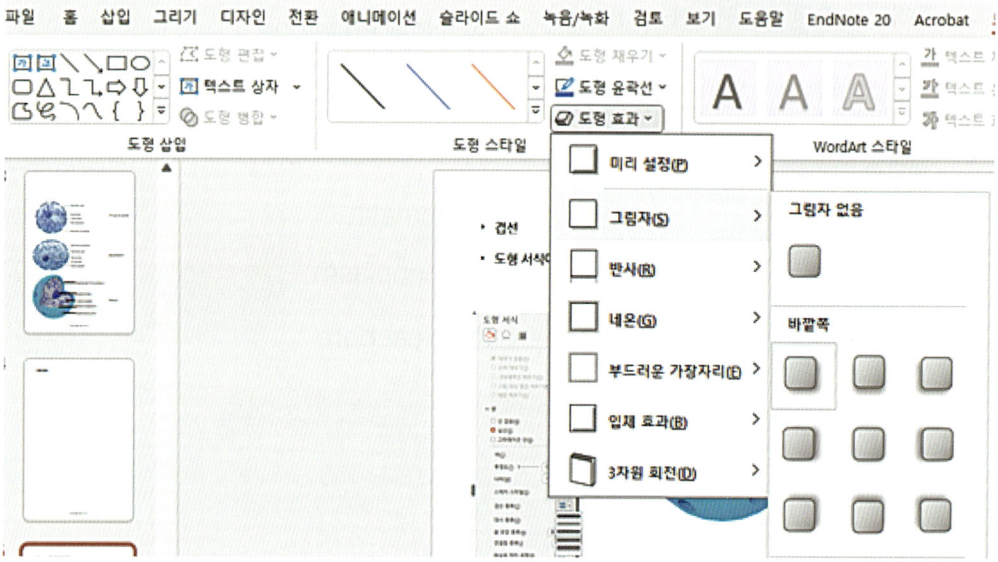

그냥 실선입니다

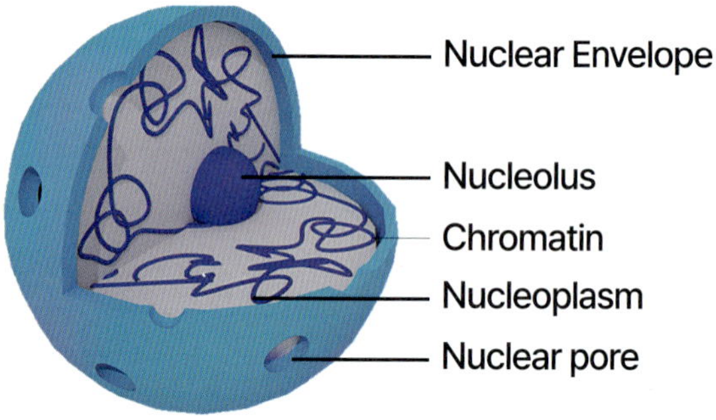

그림자효과를 써서

선을 부각시킬 수 있습니다.

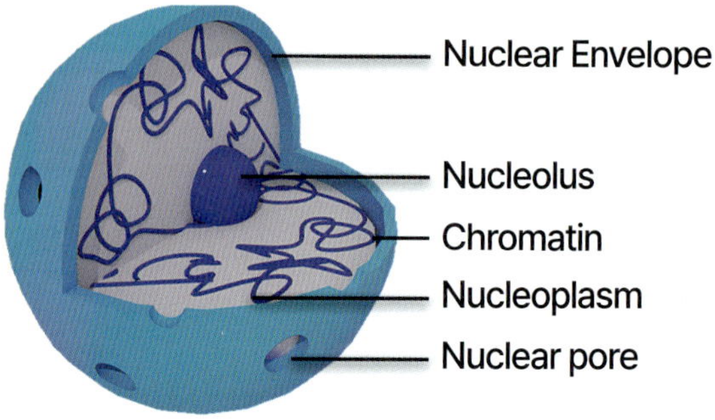

그림자는 어두운 배경이나, 그림에 어두운 요소가 있을 때 빛을 발합니다.

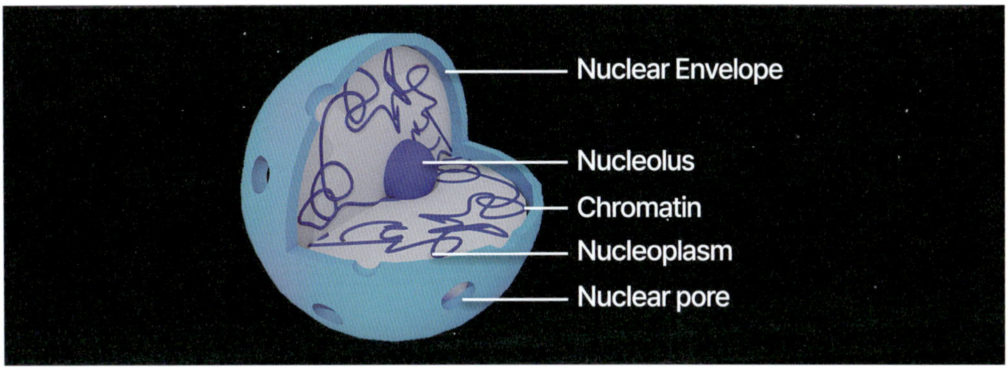

밝은곳과 어두운곳 양쪽에서 확실하게 선을 표현하기 위해서는, 이중선을 사용합니다. 파워포인트에는 이중선 기능이 없기 때문에, 그냥 선을 2개 그어서 표현합니다.

이중선은 밝기가 어중간한 곳에서 선을 더욱 부각시킬 수 있습니다.

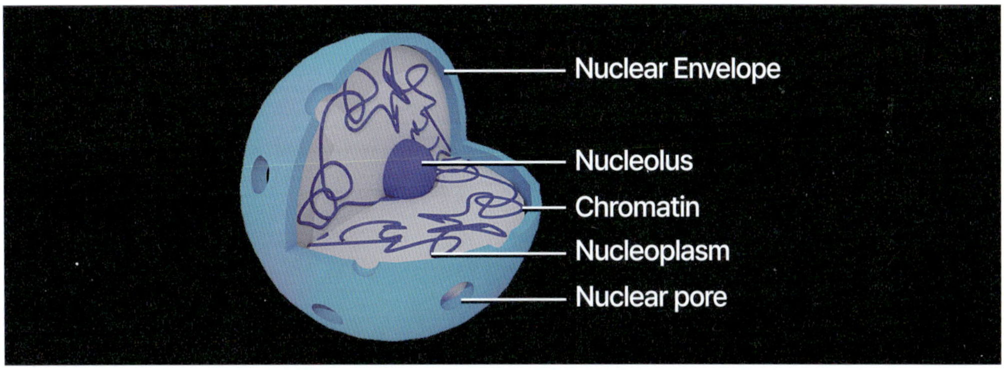

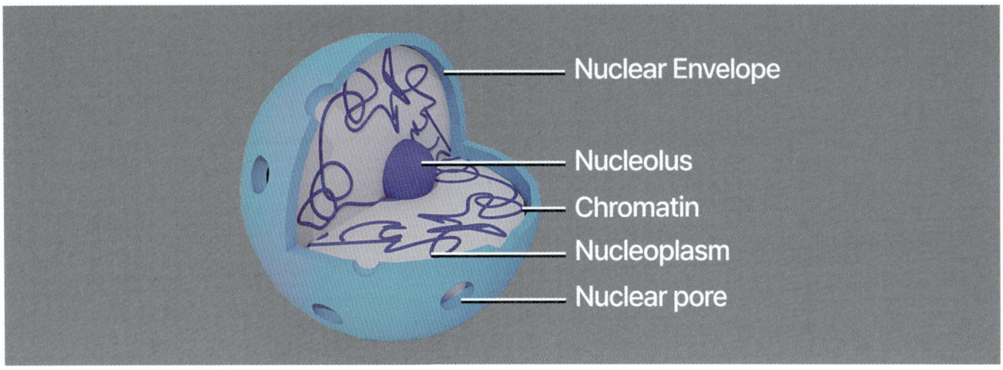

기존 그림을 벡터로 따라 그리기

기존 논문의 그림을 따라서 그려보겠습니다. 이 그림은 교미 중인 초파리 수컷과 암컷의 몸매의 특징을 간단하게 잘 표현했지만, 원본이 없기 때문에 논문에서 캡처한 걸 확대해서 사용하면 그림이 손상되기 때문입니다.

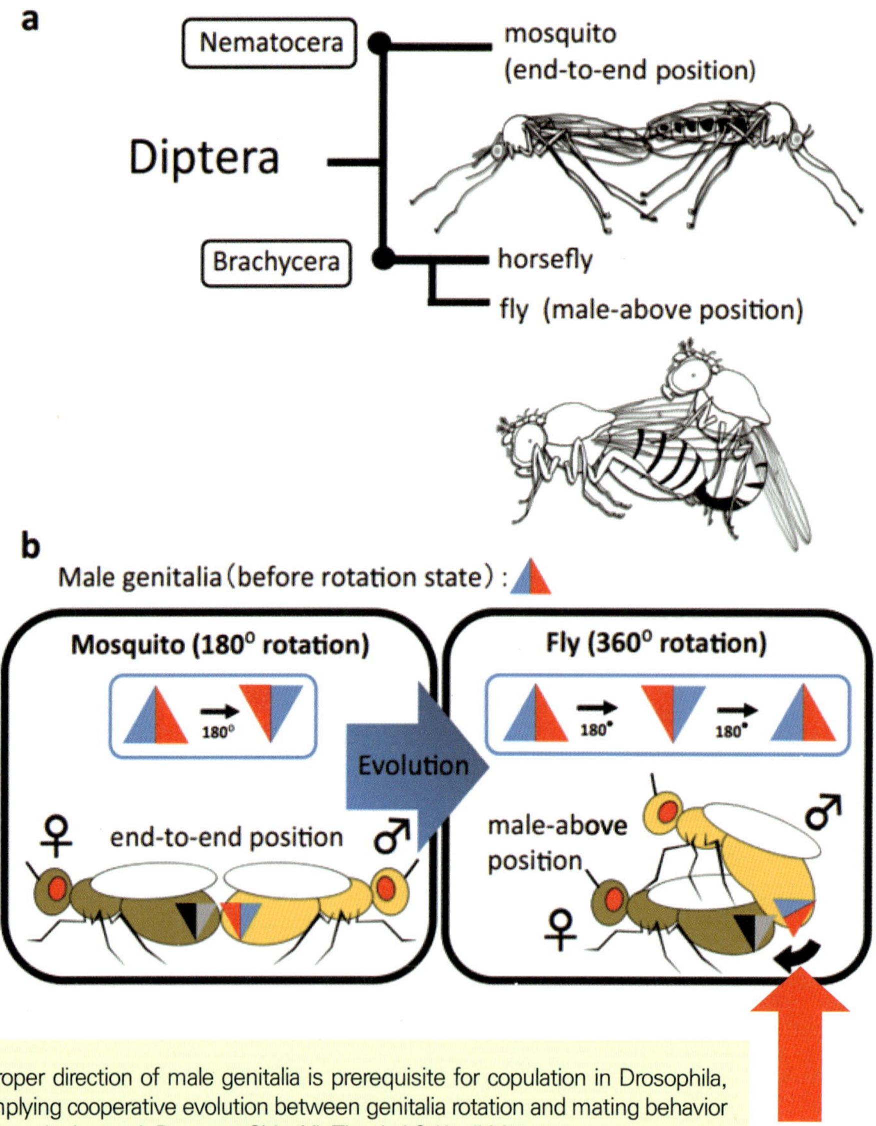

Proper direction of male genitalia is prerequisite for copulation in Drosophila, implying cooperative evolution between genitalia rotation and mating behavior
Momoko Inatomi, Dongsun Shin, Yi-Ting Lai & Kenji Matsuno
Scientific Reports volume 9, Article number: 210 (2019) Cite this article

그림을 일러스트레이터에서 열면 레이어 1에 들어 있습니다. 이걸 잠그고, 위에 레이어를 하나 더 만들어서 새로 만든 레이어에 그립니다.

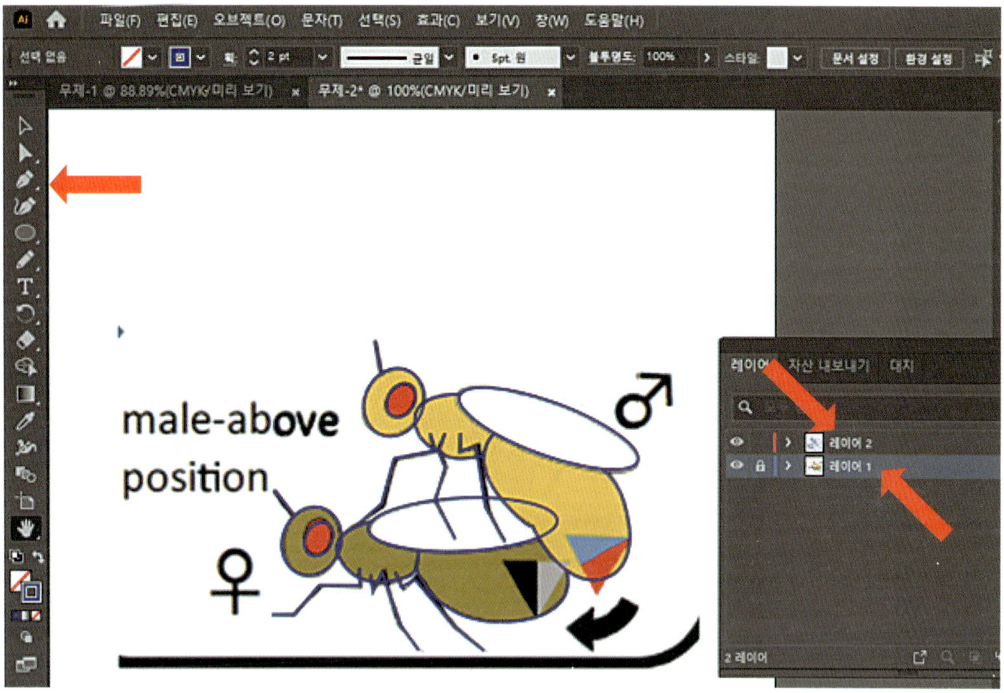

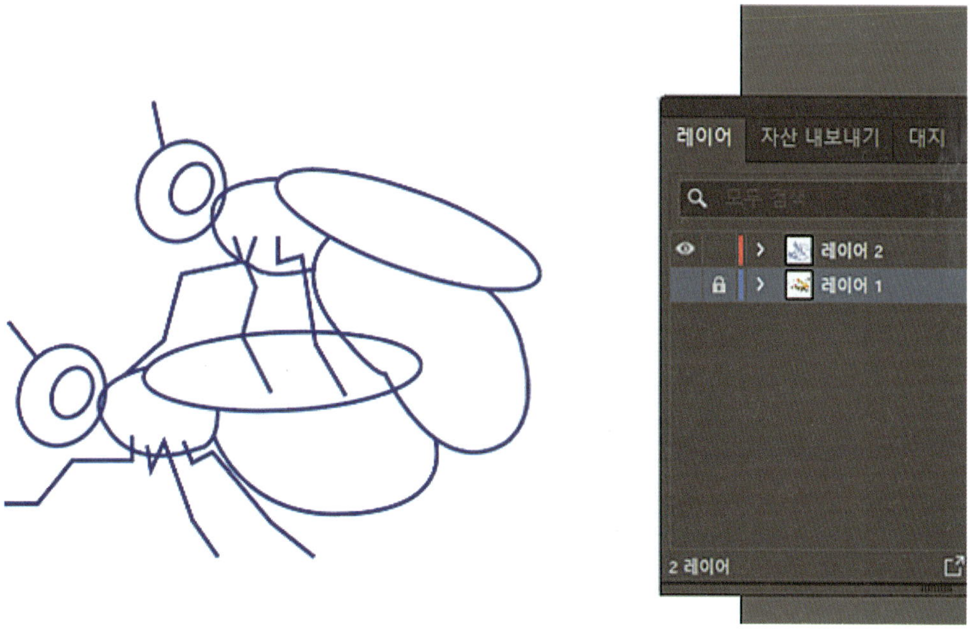

색을 설정하면, 앞뒤의 오브젝트가 뒤죽박죽이 될 수 있습니다. 이 경우에는, 앞에 있는 오브젝트인 날개를 선택하고, 마우스 오른쪽 버튼을 눌러서 나오는 메뉴 중 정돈 > 맨 앞으로 가져오기를 선택하면 날개 오브젝트를 맨 앞으로 가져올 수 있습니다.

그 다음에는 눈을 빨간색으로 설정합니다.

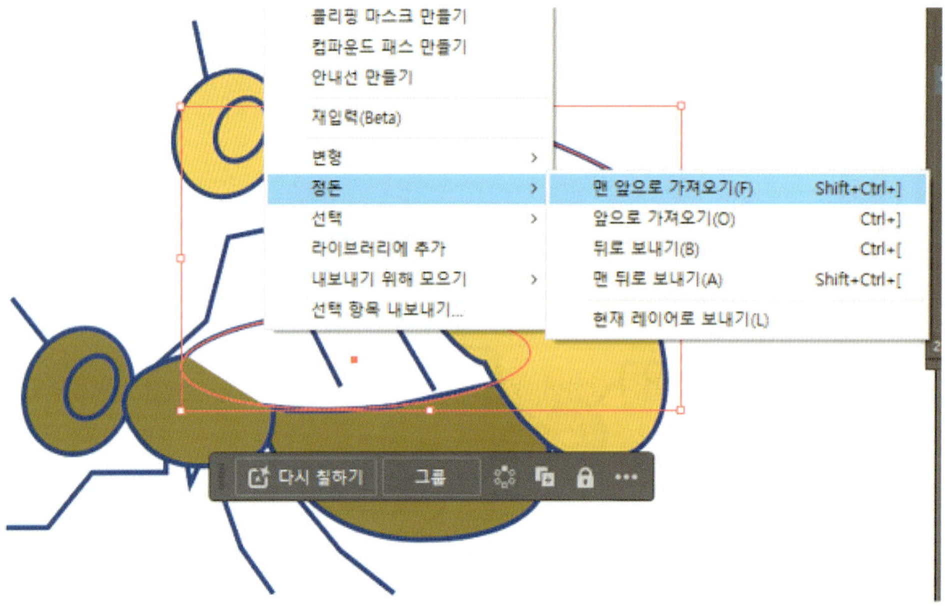

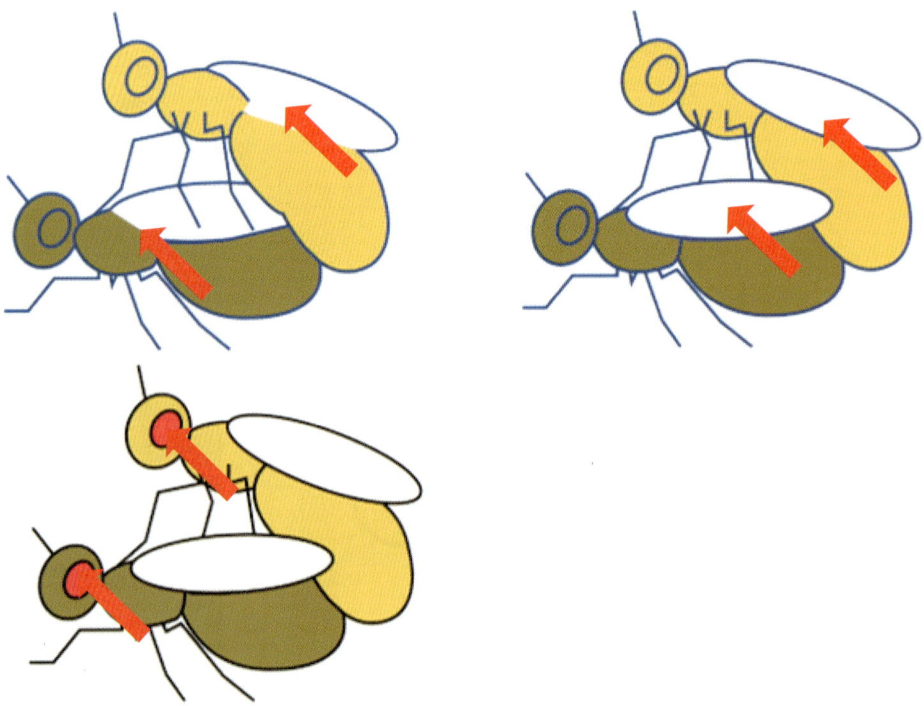

다리의 두께를 표현하기 위해, 획 속성에서 적당한 두께로 조절하고, 굵기에 변화가 있는 프로파일을 선택합니다.

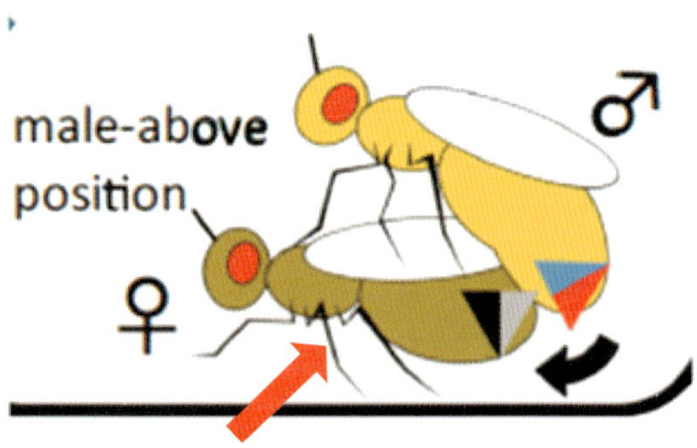

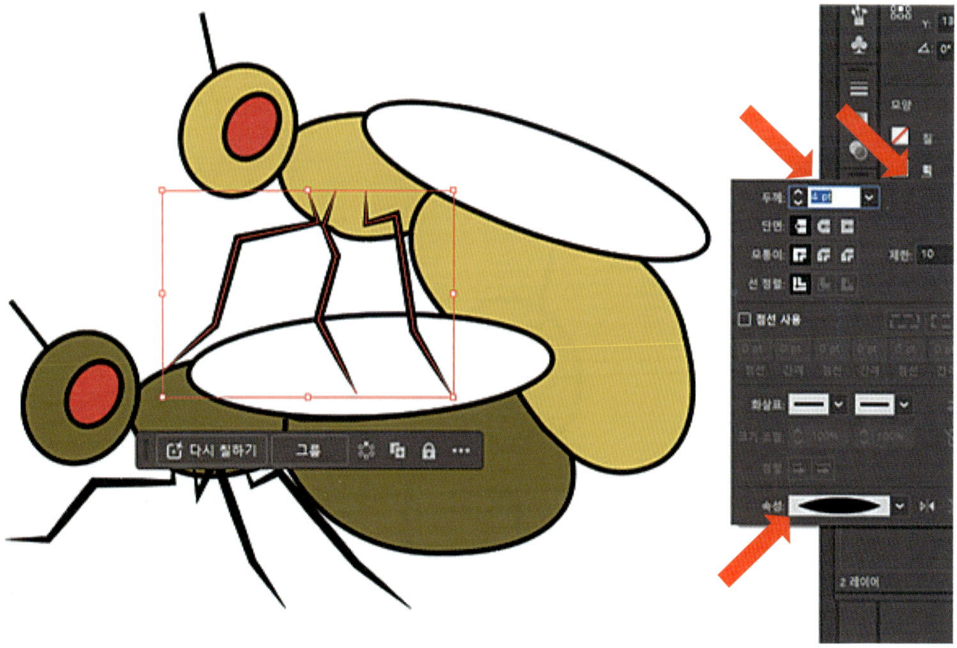

이 결과로, 해상도가 낮은 논문 그림을 따라서 고해상도의 그림을 만들었습니다!!

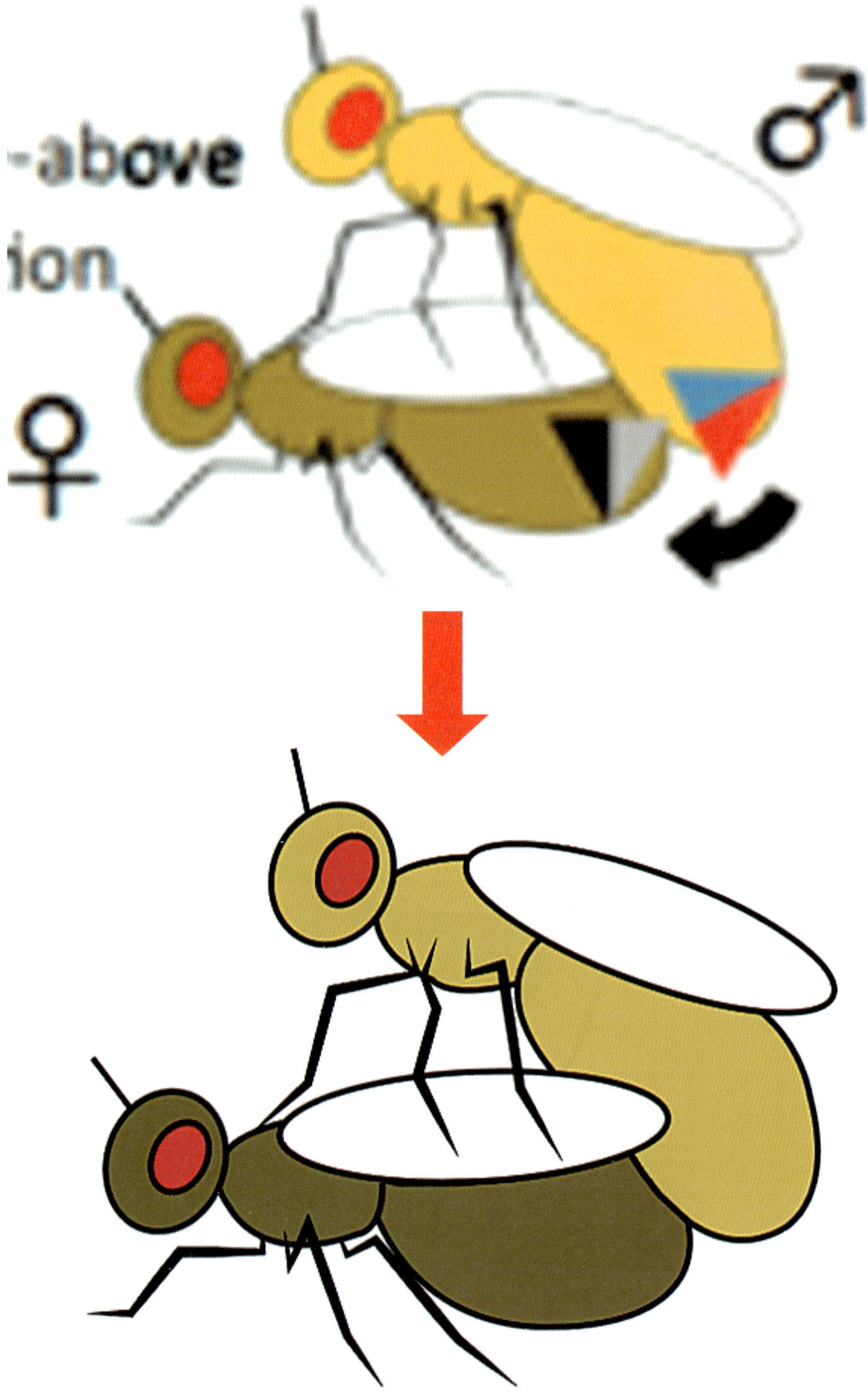

기존 그림을 비트맵으로 변경해서 쓰기

이번엔 이 그림을 변형해서 사용하고 싶습니다. 일러스트레이터에서 다시 그리기에는 너무 복잡하기 때문에 포토샵에서 비트맵으로 변형해서 사용합니다.

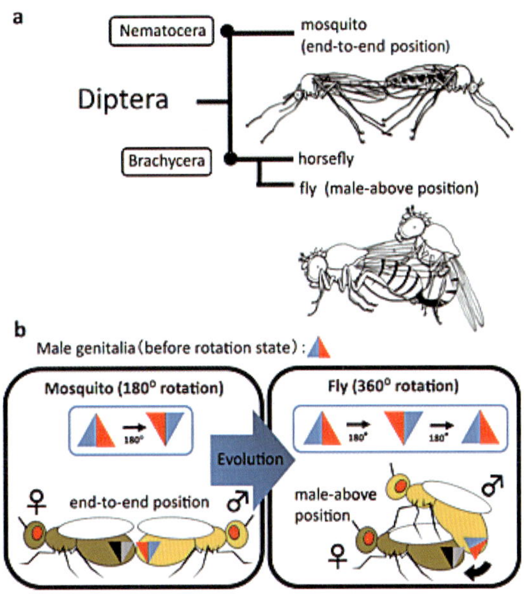

논문에서 캡처한 그림을 해상도가 낮기 때문에 확대하면 이렇게 깨집니다.

업스케일 사이트에서 업스케일을 해서 해상도를 올립니다. 이 경우 274 X 187 픽셀이었던 것을 548 x 374로 2배 업스케일을 했습니다.

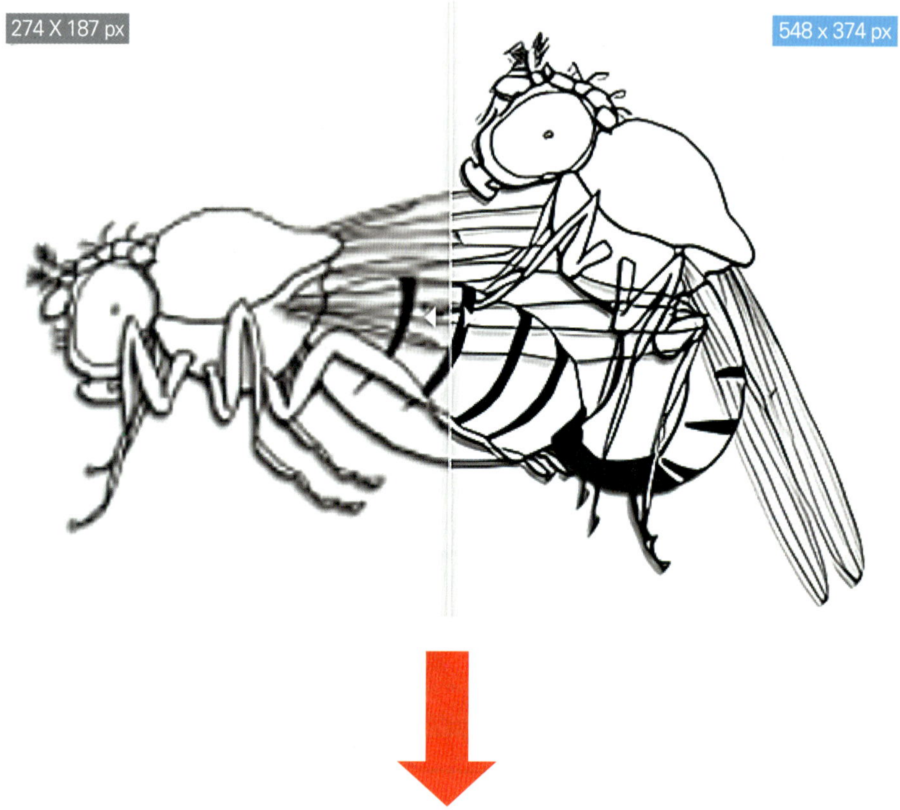

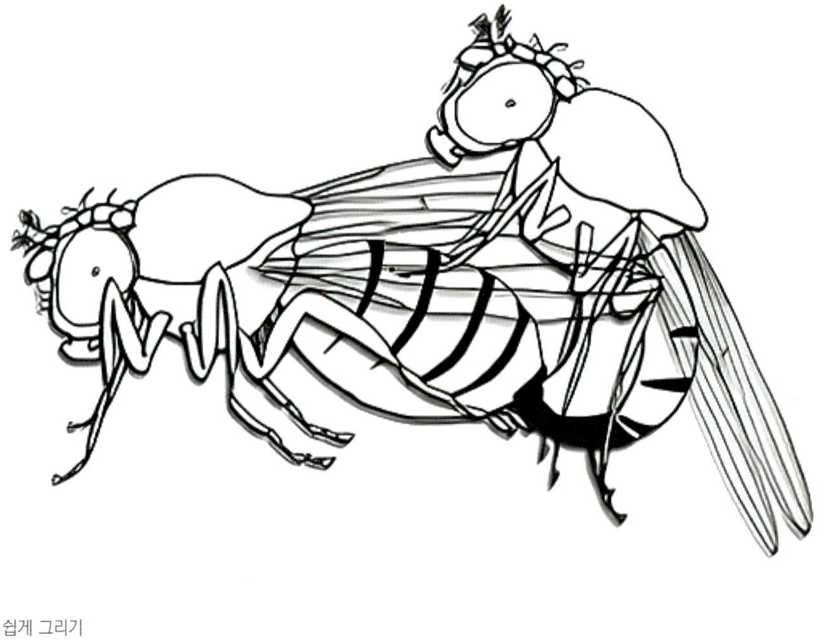

지우개 도구로 안 쓸 부분을 지웁니다. 아래에 있는 초파리의 이미지만 사용할 것이고, 위의 있는 초파리는 필요 없기 때문에 지웁니다.

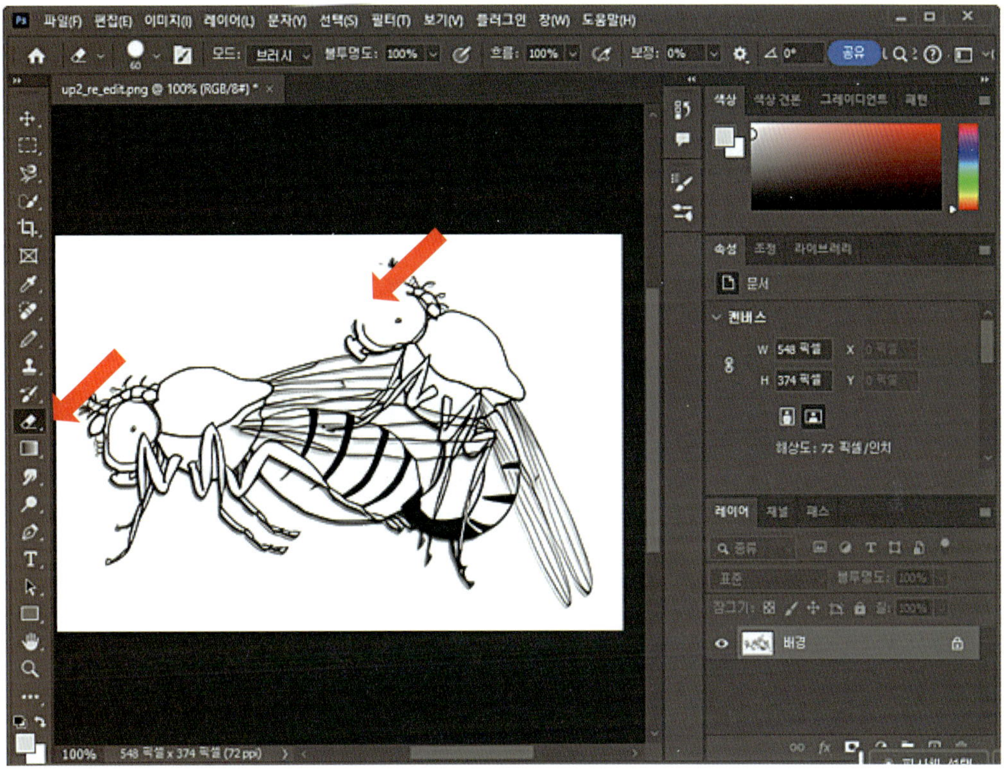

그런데 지우는 도중 아래에 있는 초파리의 일부분이 지워지고, 겹쳐서 없었던 부분도 있었는데, 이런 부분은 연필 도구, 브러시 도구로 새로 그려줍니다.

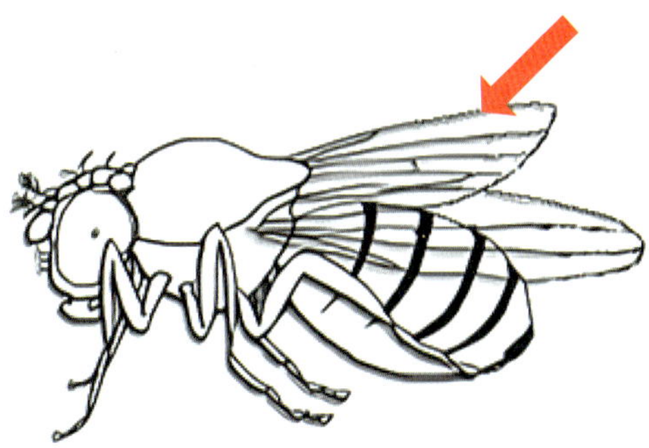

새로 그린 부분은 원래의 부분과 이질감이 느껴지기 때문에, 이미지 〉 조정 〉 곡선을 선택해서 곡선을 조절합니다.

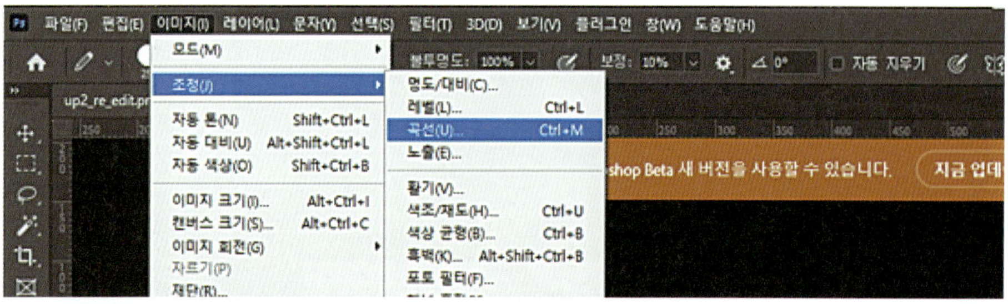

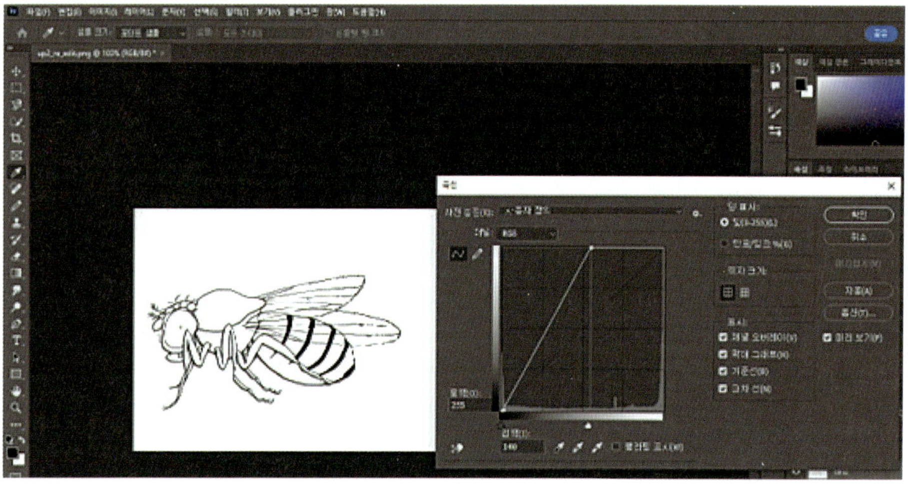

아래에 있는 초파리는 암컷이지만, 이 자세로 있는 수컷을 표현하고 싶습니다. 따라서 꼬리 부분을 까맣게 칠합니다. 그런데 이 배의 형태가 여전히 암컷이기 때문에, 배를 가늘게 다시 그려서 수컷으로 표현합니다.

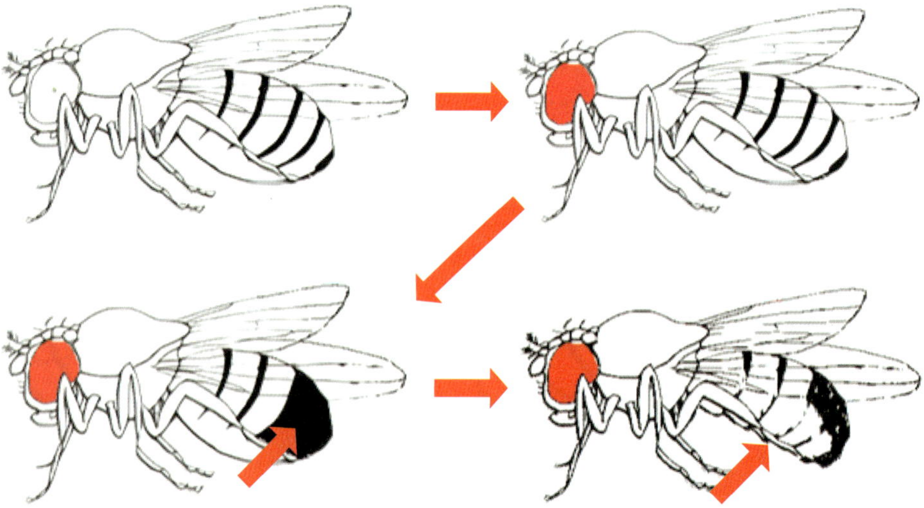

결과입니다!

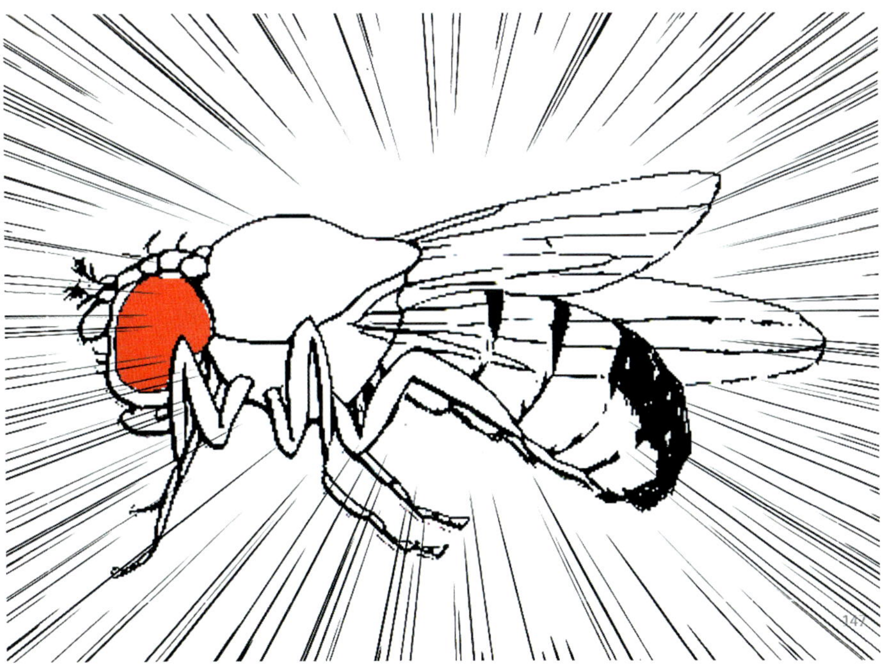

포토샵처럼 비트맵으로 그림을 그릴 수 있는 비슷한 소프트웨어로는 다음과 같은 것들이 있습니다

Clip Studio Paint

만화, 일러스트, 애니메이션에 특화된 소프트웨어로, 정밀한 브러시 컨트롤과 레이어 기능을 제공합니다. 비트맵과 벡터를 모두 지원하며, 프로 아티스트들 사이에서 인기가 많습니다.

Procreate

iPad용으로 개발된 소프트웨어로, 터치스크린에서 강력한 드로잉 경험을 제공합니다. 브러시 커스터마이징이 뛰어나며, 레이어와 고해상도 캔버스를 지원해 디지털 페인팅 작업에 최적화되어 있습니다.

Autodesk SketchBook

가벼우면서도 강력한 드로잉 툴로, 다양한 브러시와 레이어 기능을 제공합니다. 인터페이스가 직관적이며, 자연스러운 드로잉 경험을 제공하여 초보자부터 전문가까지 모두 사용 가능합니다.

Corel Painter

디지털 페인팅의 선구적인 소프트웨어로, 사실적인 붓터치와 텍스처를 표현할 수 있습니다. 전통적인 페인팅 도구들을 디지털화한 브러시들이 많아, 유화나 아크릴 같은 회화 작업을 할 때 많이 사용됩니다.

Krita

오픈소스이면서도 강력한 기능을 제공하는 소프트웨어로, 다양한 브러시와 필터를 제공하며 디지털 페인팅에 적합합니다. 특히 레이어와 애니메이션 기능도 지원해 다양한 작업 스타일에 유연합니다.

PaintTool SAI

빠르고 가벼운 디지털 드로잉 소프트웨어로, 매우 부드러운 브러시와 간편한 인터페이스를 제공합니다. 일러스트와 만화 작업에 적합하며, 뛰어난 반응 속도를 자랑합니다.

GIMP (GNU Image Manipulation Program)

무료이면서도 포토샵과 유사한 이미지 편집 기능을 제공합니다. 비트맵 작업에 적합하며, 다양한 플러그인을 통해 기능을 확장할 수 있어 디지털 페인팅과 편집 작업에 많이 사용됩니다.

MediBang Paint

클라우드 스토리지를 지원하는 만화 및 일러스트 작업용 소프트웨어로, 무료임에도 다양한 브러시와 레이어 기능을 제공합니다. 여러 플랫폼에서 사용할 수 있으며, 가벼운 사용감이 특징입니다.

ArtRage

전통적인 미술 도구를 디지털화한 소프트웨어로, 페인트 질감과 질감이 강조된 드로잉 및 페인팅 작업에 적합합니다. 물감이 마르거나 번지는 등의 자연스러운 효과를 제공하여 사실적인 표현을 할 수 있습니다.

Rebelle

사실적인 수채화와 아크릴 페인팅 효과를 제공하는 소프트웨어로, 물이 번지는 효과나 물감이 마르는 속도까지 구현할 수 있습니다. 전통적인 페인팅 스타일을 디지털로 재현하고자 하는 사용자들에게 적합합니다.

BioRENDER에서 템플릿을 가져다 쓰기

BioRENDER는 과학자들과 연구자들이 과학 일러스트레이션을 쉽게 만들 수 있도록 도와주는 온라인 플랫폼입니다. 이 웹사이트에서는 과학 발표, 논문, 포스터, 슬라이드, 교육 자료 등에 사용할 수 있는 수천 개의 아이콘과 템플릿을 제공합니다.

https://www.biorender.com/

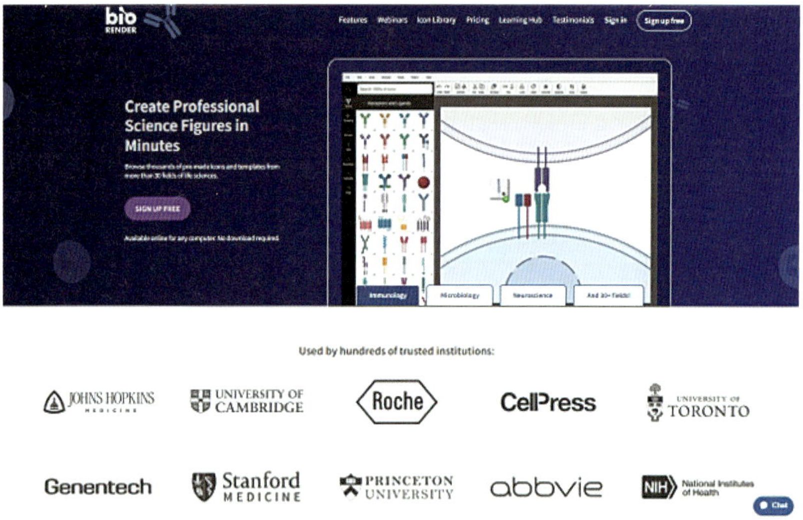

퀄리티가 높은 자료들인 만큼 유료입니다. 따라서 예산이 넉넉한 학교, 기업에서 단체 라이센스를 구입해서 쓰기도 하고, 개인이 구매해서 쓰기도 합니다. 여기에 있는 자료로 논문 그림을 만드는 게 거의 표준이 되었습니다.

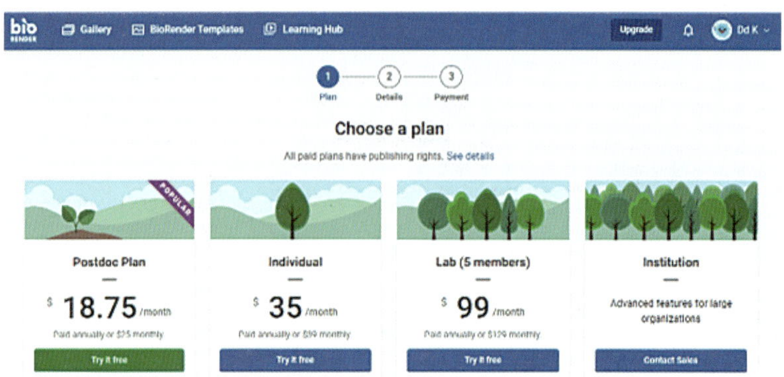

상상했던, 논문 그림을 만드는 데 필요한 거의 모든 소스가 카테고리별로 있습니다.

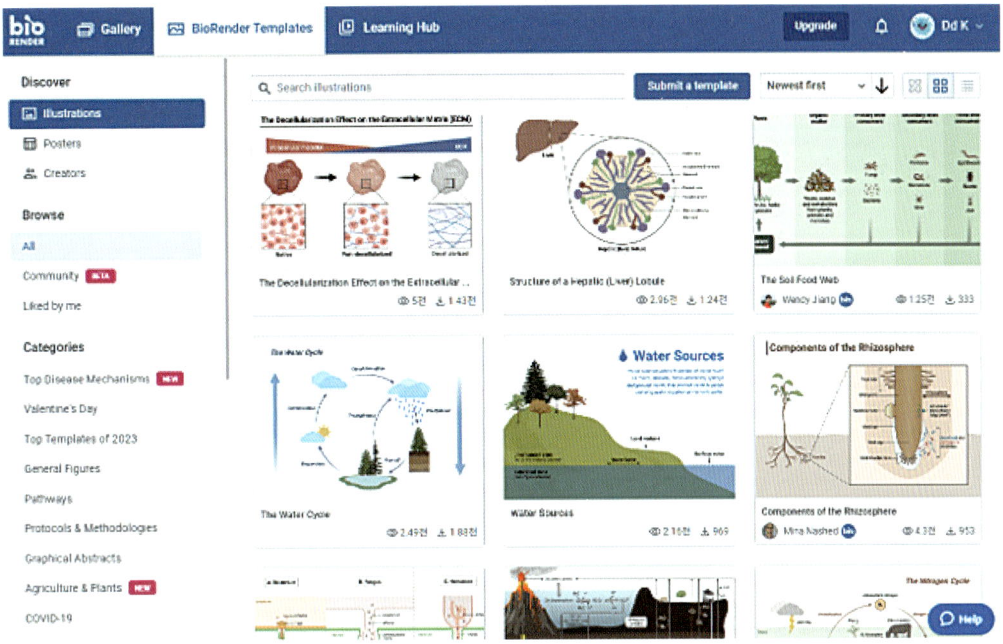

Graphical abstract도 많이 있기 때문에, 그냥 가져다 필요한 내용으로 바꿀 수 있습니다.

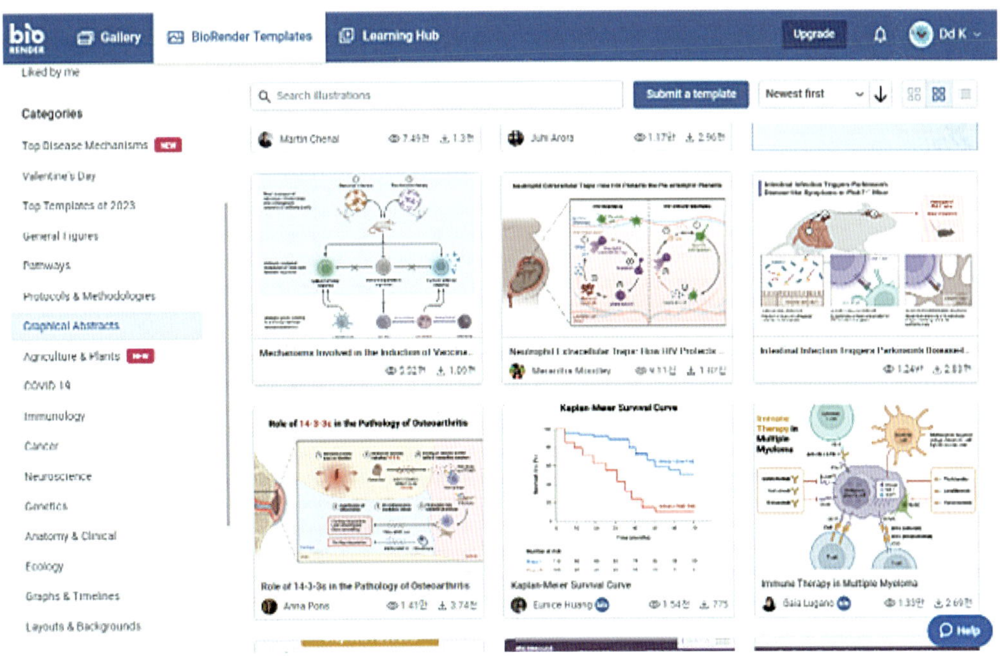

학회에서 본 낯익은 포스터 레이아웃도 볼 수 있습니다.

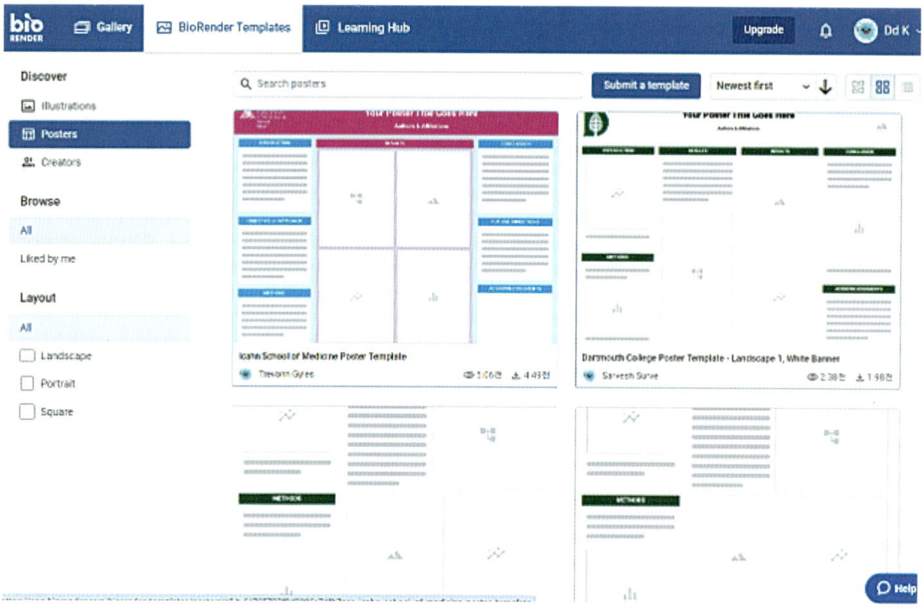

여기에 있는 마우스 그림으로 논문 그림을 만들어 보겠습니다.

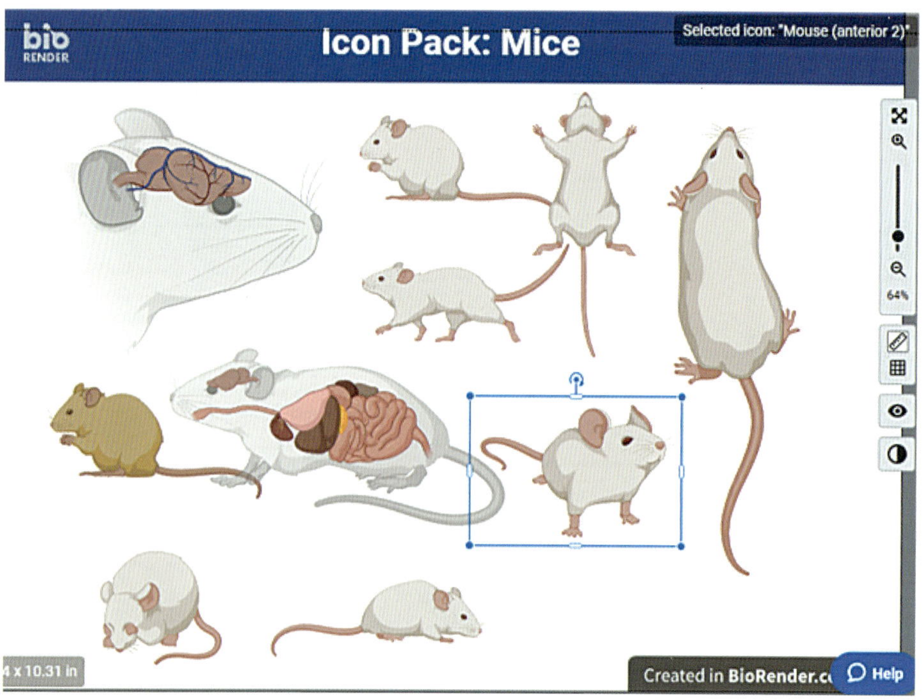

목적에 맞는 포즈의 마우스를 선택하고, 색을 설정합니다.

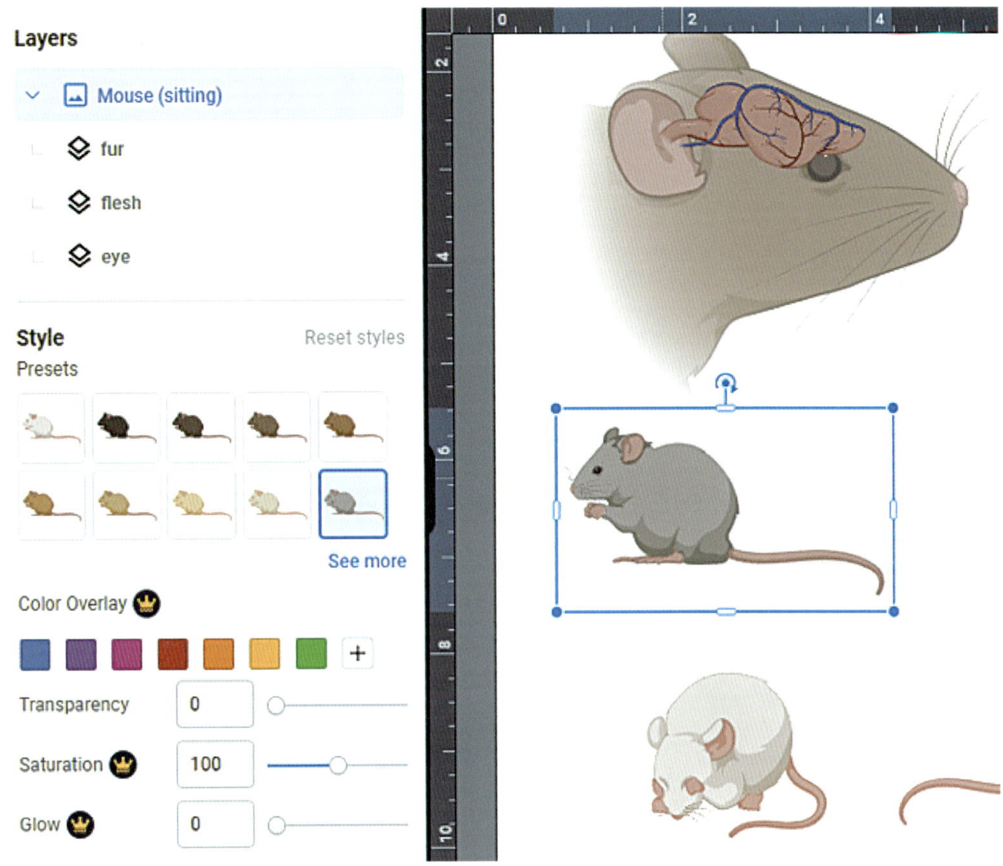

하나씩 캡처해서 파워포인트에 붙여넣기 합니다. 케이지가 될 도형을 파워포인트에서 그립니다.

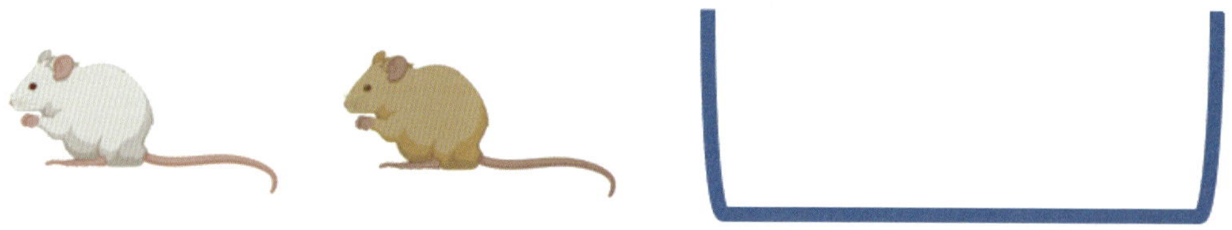

마우스, 케이지를 배치하고, 설명에 필요한 도형도 추가로 넣습니다. 이것으로 일단 완성되었습니다. 여기에서 마우스의 자세 등을 바꿔서 더 재미있게 만들 수도 있습니다.

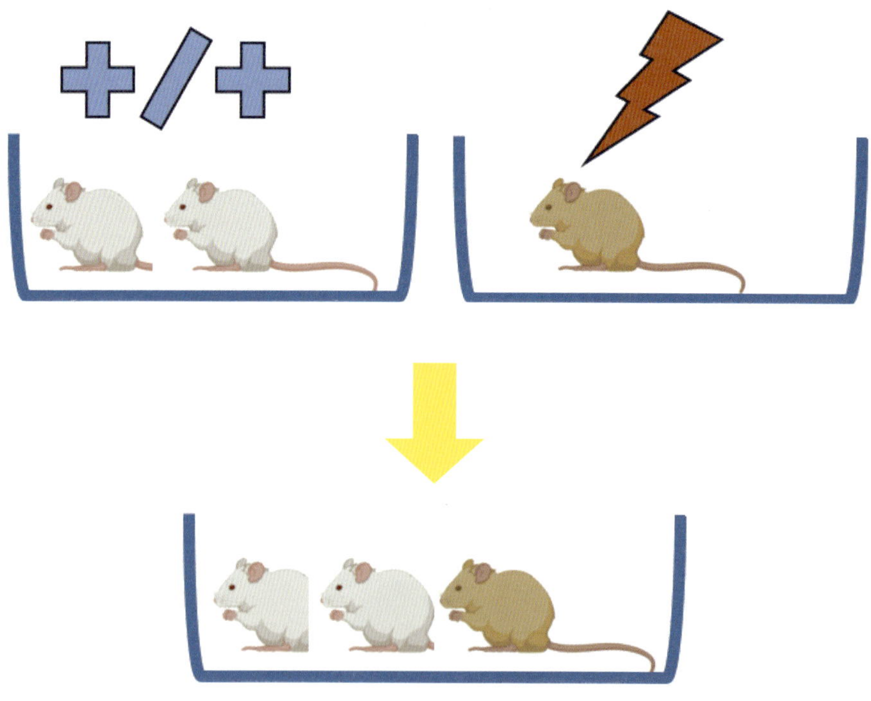

마우스의 방향을 바꾸고, 여러 마리가 있을 때 뒤의 마우스를 작게 그림으로서 원근감을 표현할 수 있습니다. 또한 겹쳐서 입체감을 표현할 수 있습니다.

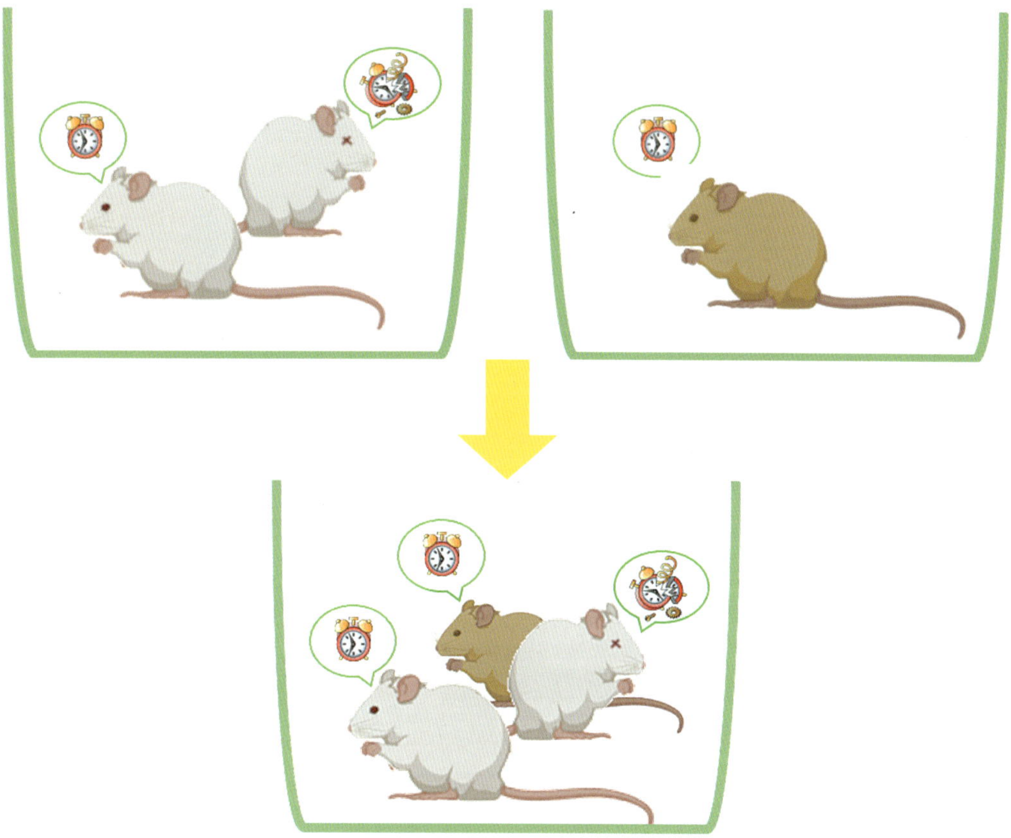

추가적으로 그래프, 현미경 영상 등을 사용해서 논문의 내용을 더욱 시각적으로 잘 전달할 수 있습니다.

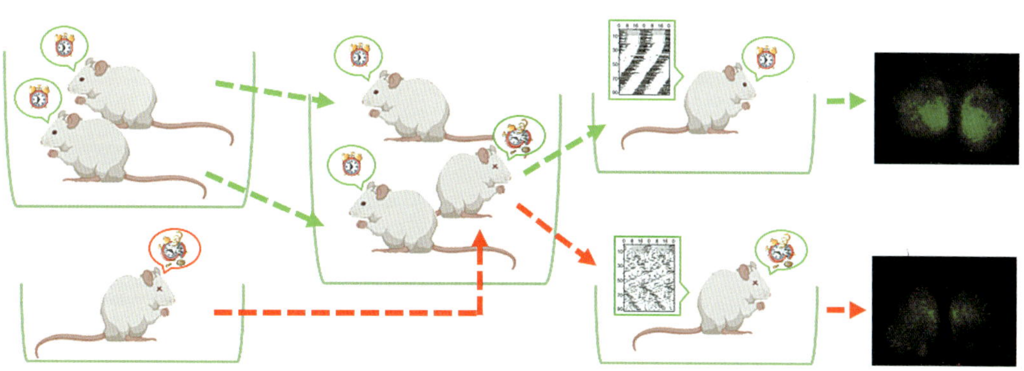

BioRENDER와 비슷한 사이트로는 다음과 같은 사이트가 있습니다.

Servier Medical Art (https://smart.servier.com)

이 사이트는 무료로 사용할 수 있는 방대한 의료 삽화 컬렉션을 제공하며, 연구 논문, 프레젠테이션 및 과학 다이어그램 제작에 적합합니다. 학술적 용도로 무료로 사용할 수 있습니다.

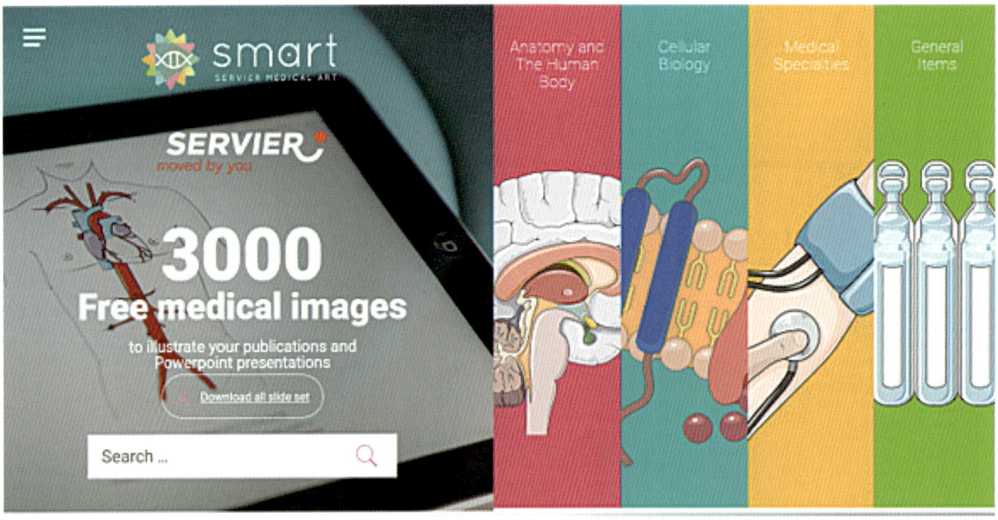

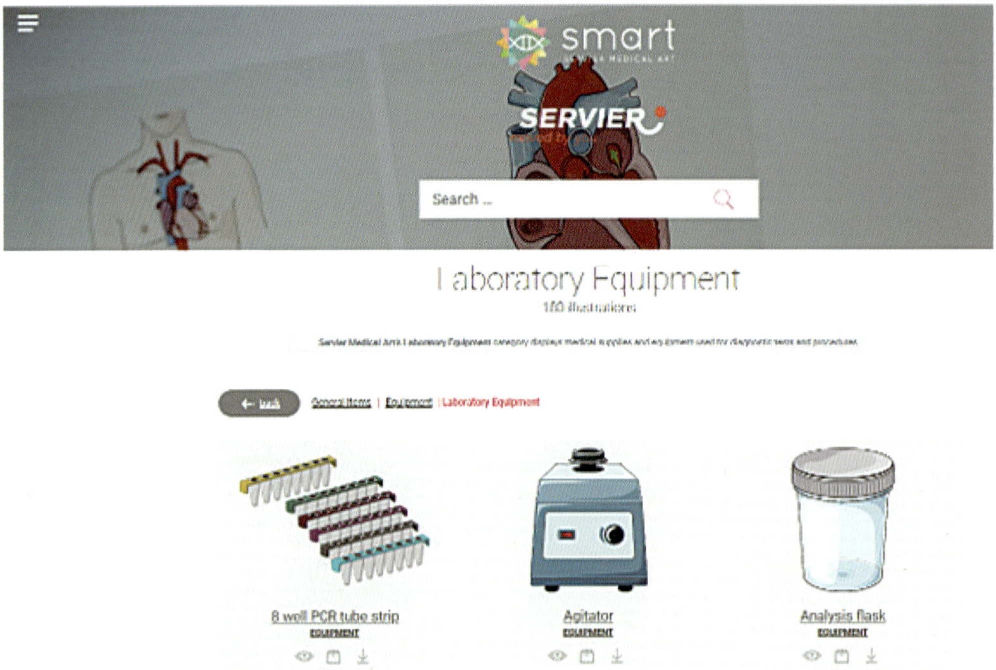

Mind the Graph (https://mindthegraph.com)

BioRender와 비슷한 도구로, 생명 과학 및 학술 연구에 맞춘 과학적 삽화와 시각적 초록을 만드는 데 특화되어 있습니다. 다양한 템플릿과 이미지를 제공하여 과학적 발표나 논문 작성에 유용합니다.

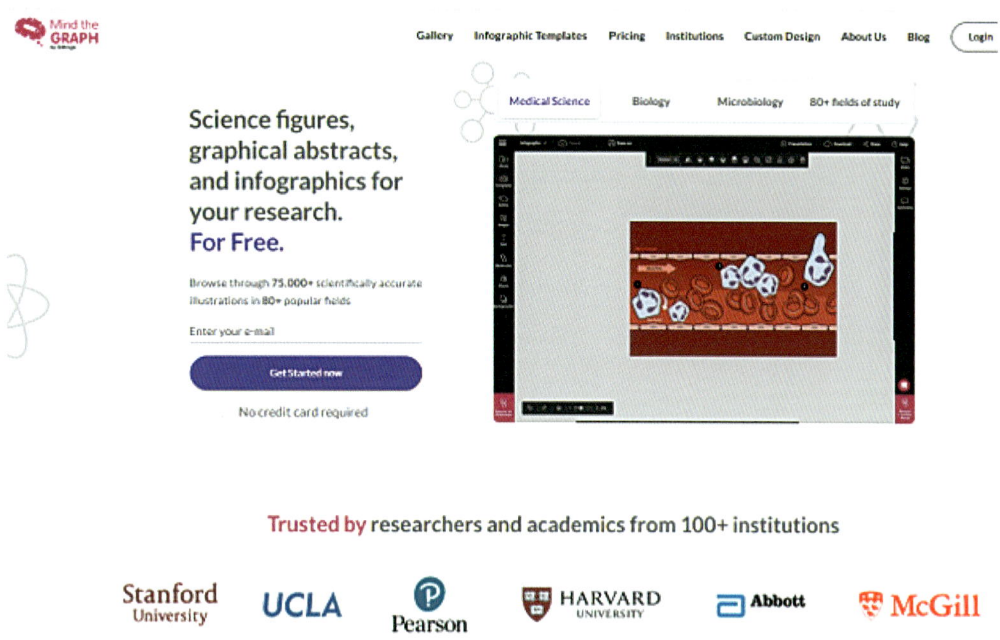

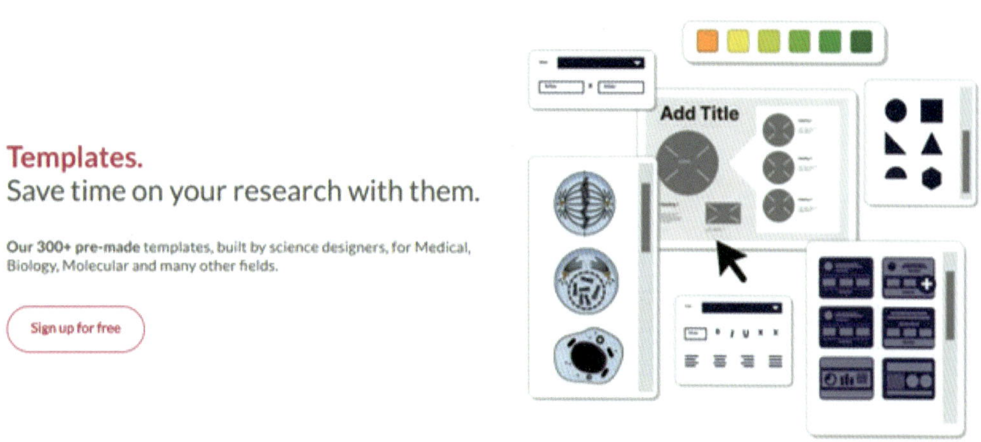

분자 모델링 소프트웨어

HyperChem Professional은 분자 모델링 소프트웨어로, Hypercube, Inc.에 의해 개발되었습니다. 이 소프트웨어는 화학, 생명 과학, 물리학 및 재료 과학 분야의 연구자와 학생들이 분자의 구조, 동역학, 반응성, 그리고 다양한 물리화학적 성질을 시뮬레이션하고 예측하기 위해 사용됩니다. HyperChem Professional은 사용자 친화적인 인터페이스와 강력한 계산 능력을 제공하여 분자 설계 및 분석 작업을 용이하게 합니다. HyperChem은 그 품질, 유연성, 그리고 사용의 용이성으로 알려진 고급 분자 모델링 환경입니다. 3D 시각화 및 애니메이션을 양자 화학 계산, 분자 역학, 그리고 동역학과 결합함으로써, HyperChem은 다른 어떤 Windows 프로그램보다도 더 많은 분자 모델링 도구를 제공합니다.

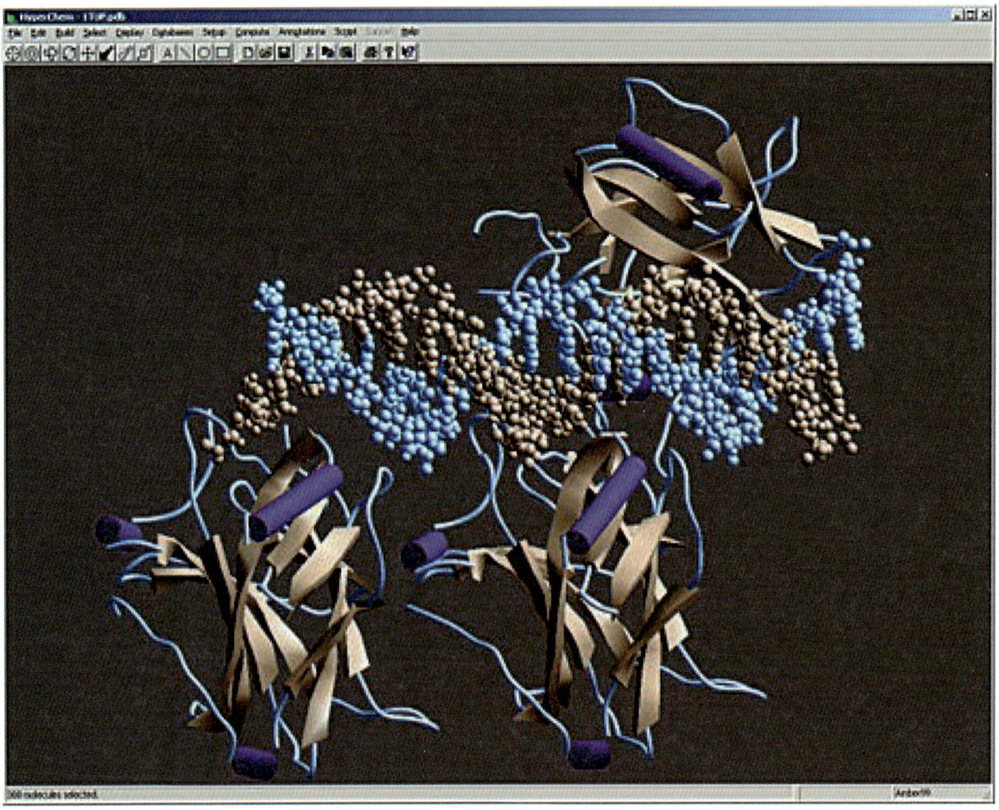

HyperChem Professional 외에도 다양한 분자 모델링 소프트웨어들이 있습니다.

Gaussian (https://gaussian.com)

전자 구조 계산 및 분자 역학 시뮬레이션을 위한 양자 화학 소프트웨어입니다.

Spartan (https://www.wavefun.com)

양자 화학 계산과 시각화 기능을 제공하는 사용하기 쉬운 분자 모델링 소프트웨어입니다.

Materials Studio (https://www.3ds.com/products/biovia/materials-studio)

화학, 물리학 및 생물학 연구를 위한 종합적인 시뮬레이션 도구입니다.

MOPAC (http://openmopac.net)

반응 메커니즘 연구와 반응 경로 예측을 위한 양자 화학 소프트웨어입니다.

AutoDock (http://autodock.scripps.edu)

단백질-리간드 결합 시뮬레이션을 지원하는 오픈 소스 도킹 소프트웨어로, 신약 개발에 자주 사용됩니다.

포토샵을 사용한 논문 그림의 편집

포토샵은 논문 그림 편집에 널리 사용되는 도구로, 연구자들이 이미지의 품질을 향상시키고 데이터를 명확하게 표현하는 데 중요한 역할을 합니다. 여기에서는 포토샵의 기능 중 논문 그림 편집에 유용한 기능을 소개합니다.

1) 처리용 레이어 만들기

포토샵을 사용한 이미지 작업의 기본은 원본 이미지를 변경하지 않고, 원본 이미지를 복사한 레이어를 생성해서 작업하는 것입니다.
연구의 재현성을 유지하거나, 이미지에 다른 처리를 할 수도 있기 때문에 원본 이미지의 보관은 필수입니다.
포토샵에서 이미지를 열면, 먼저 사본, 즉 처리용 레이어를 만듭니다. 모든 처리는 이 처리용 레이어에서 합니다.

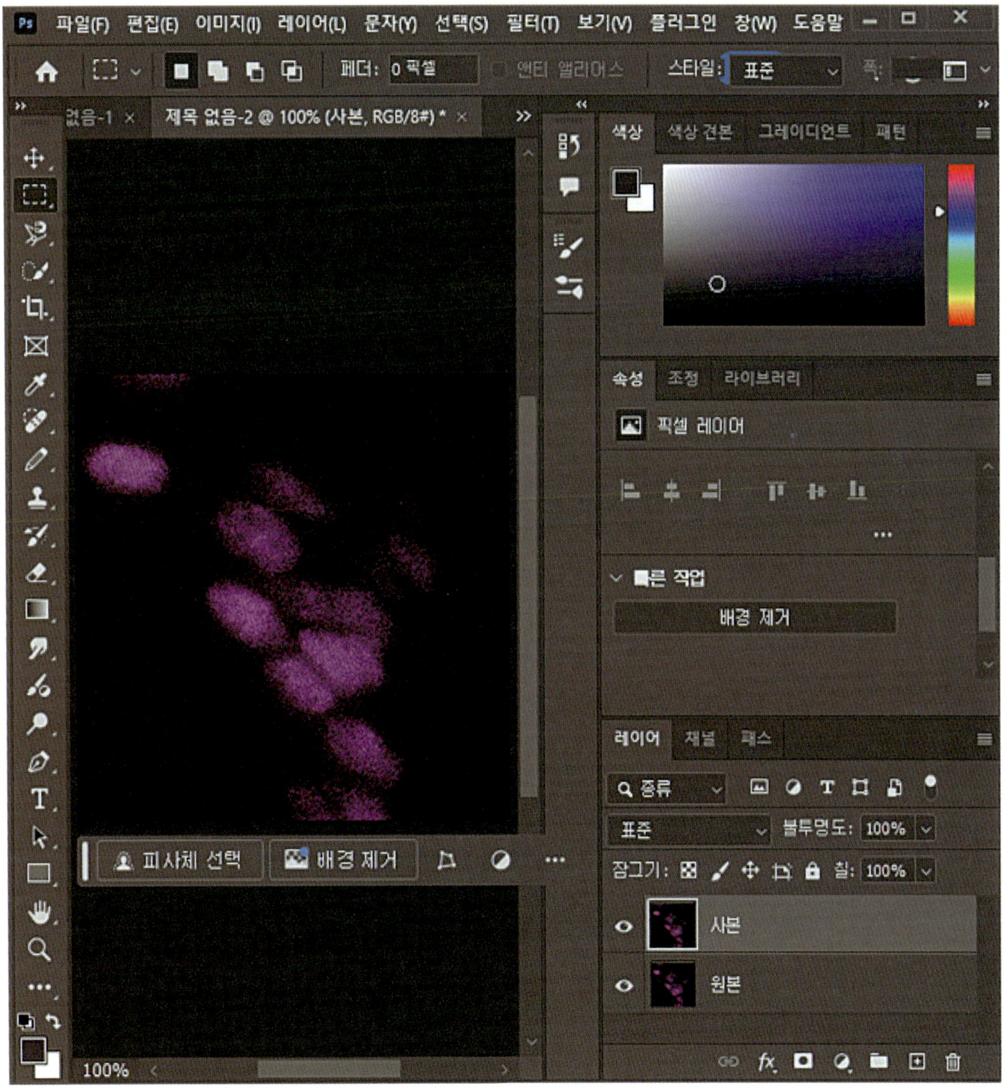

2) 명도 및 대비 조정

이미지를 선명하게 표현하기 위해 명도와 대비를 조정합니다. 이때 데이터를 과장하지 않도록 주의해야 합니다. 이미지 〉 조정 〉 명도/대비에서 조정합니다.

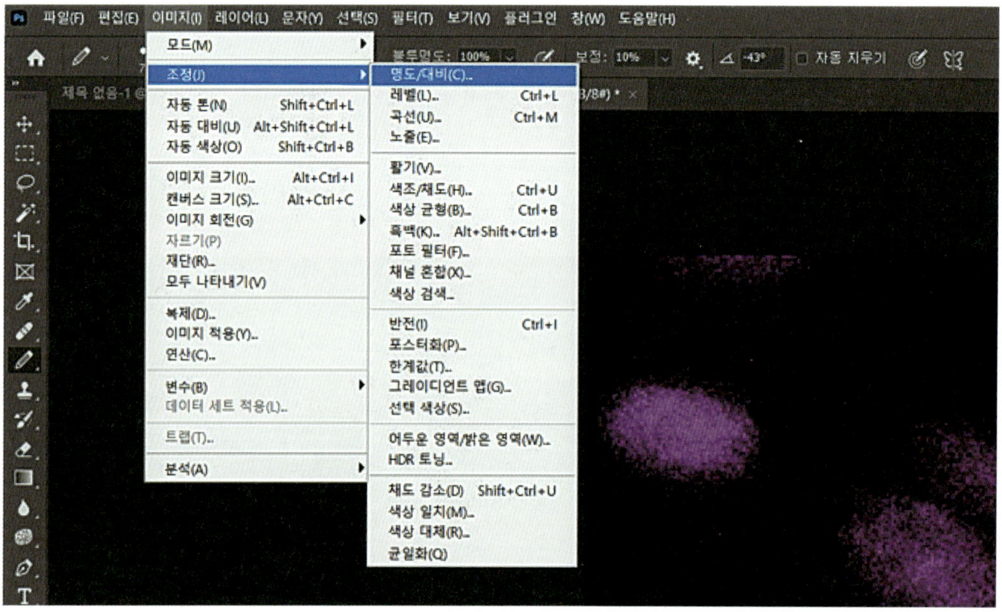

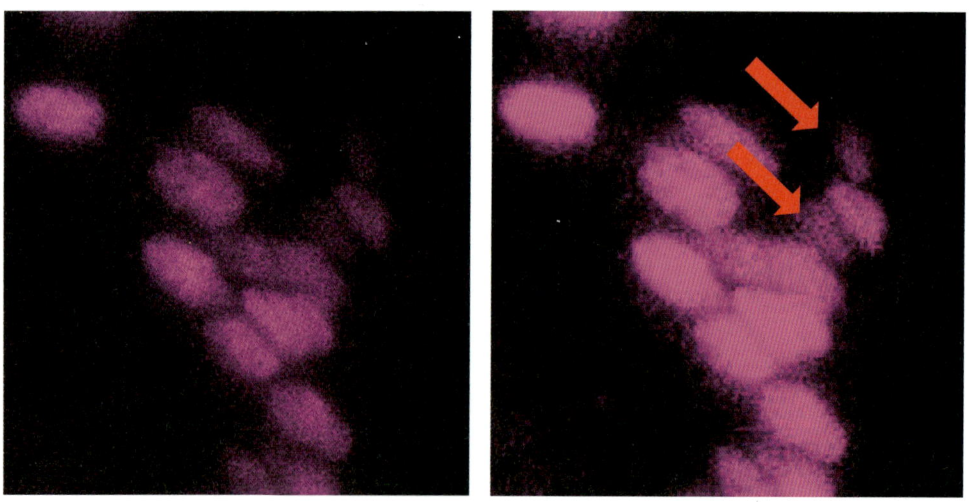

원본(왼쪽)과 명도와 대비를 조절한 경우(오른쪽). 뒤쪽에 있어서 희미하게 잘 안 보이는 핵의 존재를 확실하게 확인할 수 있게 되었습니다!

3) 곡선 조절

곡선 기능을 사용해 이미지의 밝기 분포를 조정하고, 특정 부분의 명암비를 개선하여 중요한 부분이 더욱 뚜렷하게 보이도록 할 수 있습니다. 처리용 레이어에서 이미지 〉 조정 〉 곡선을 선택해서 실행합니다.

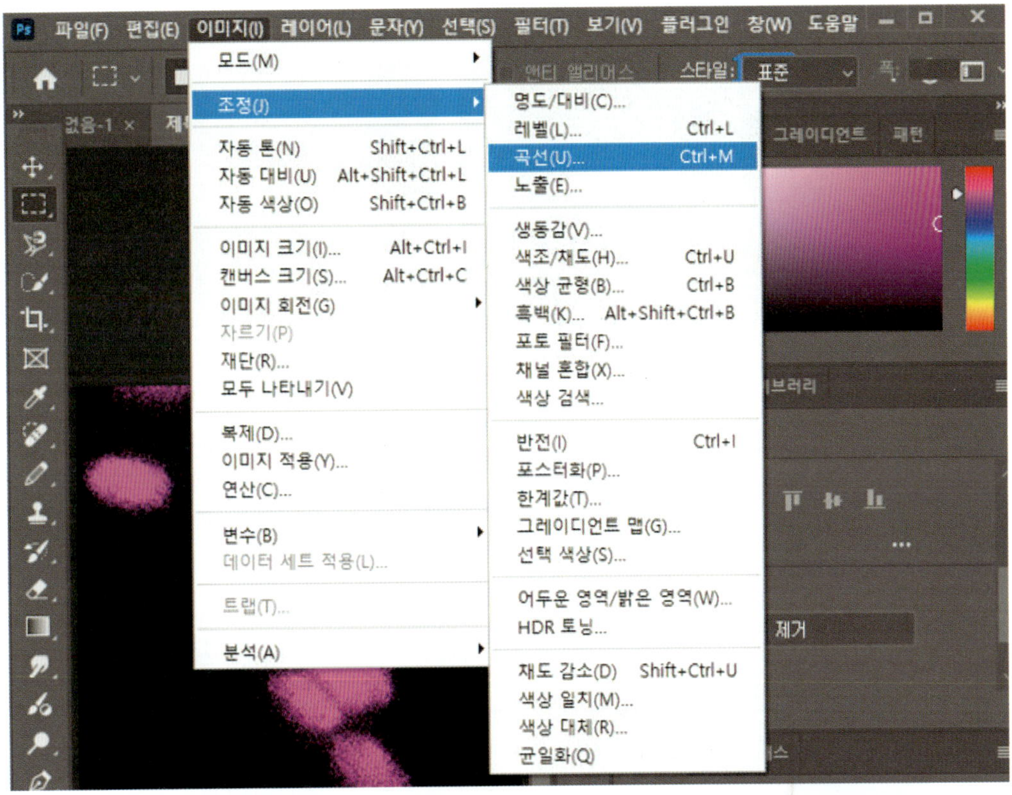

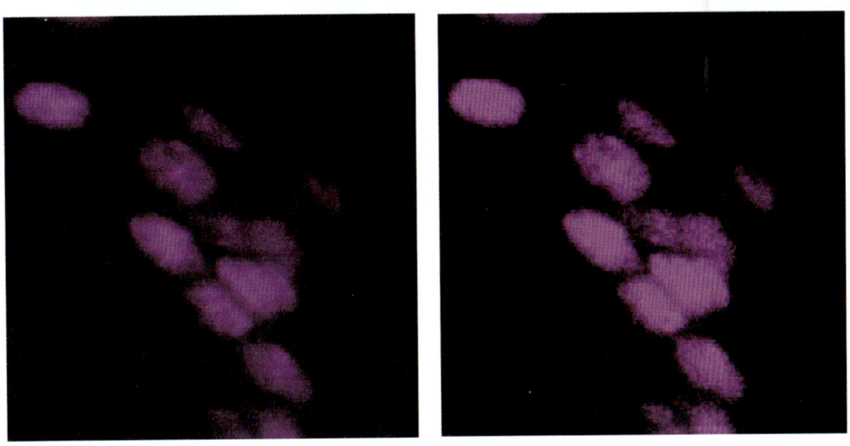

원본(왼쪽)과 곡선을 조절한 사본(오른쪽)

이때, 부분적으로 조절하면 연구 부정이 됩니다. 따라서 전체에 적용해야 합니다. 다른 이미지처리를 할 때도 마찬가지입니다.

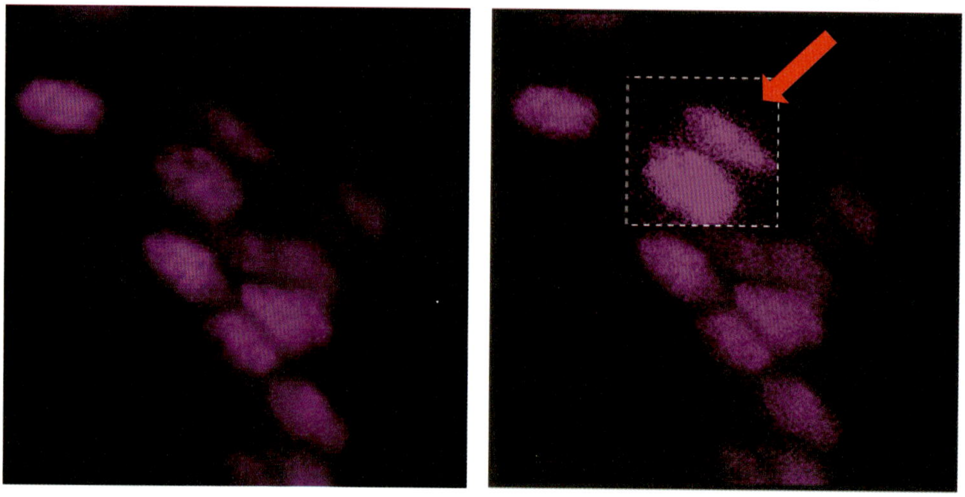

원본(왼쪽)과 이미지의 일부분만 곡선을 조절해서 이미지를 왜곡한 경우(오른쪽)

곡선은 PCR 결과물에 흔히 사용되는 기능입니다.

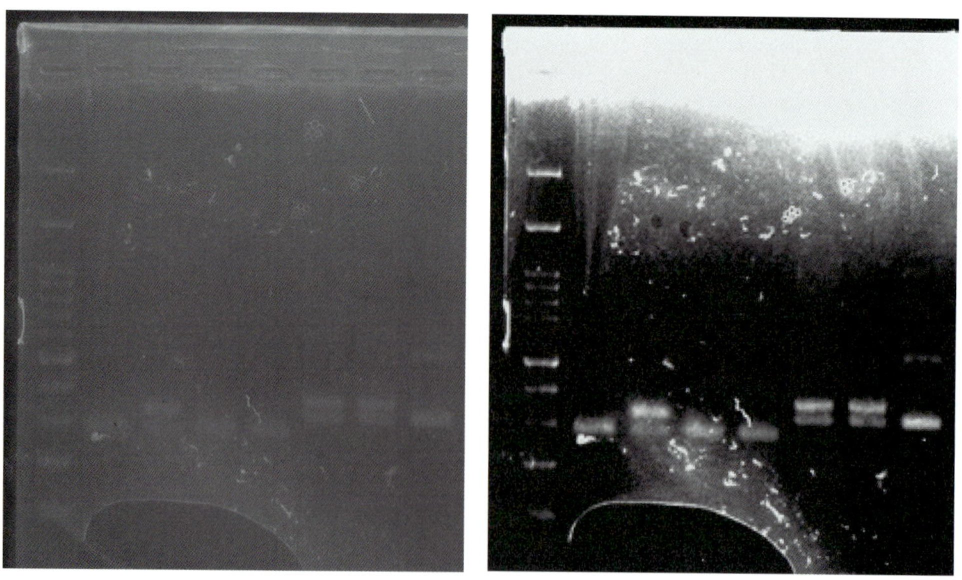

원본(왼쪽)과 곡선을 조절한 경우(오른쪽)

4) 이미지 필터

노이즈 감소 필터를 사용하여 노이즈를 제거하고, 선명 효과 필터로 중요한 디테일을 선명하게 만들 수 있습니다. 이 과정에서 필터 사용이 데이터를 왜곡하지 않도록 주의해야 합니다.

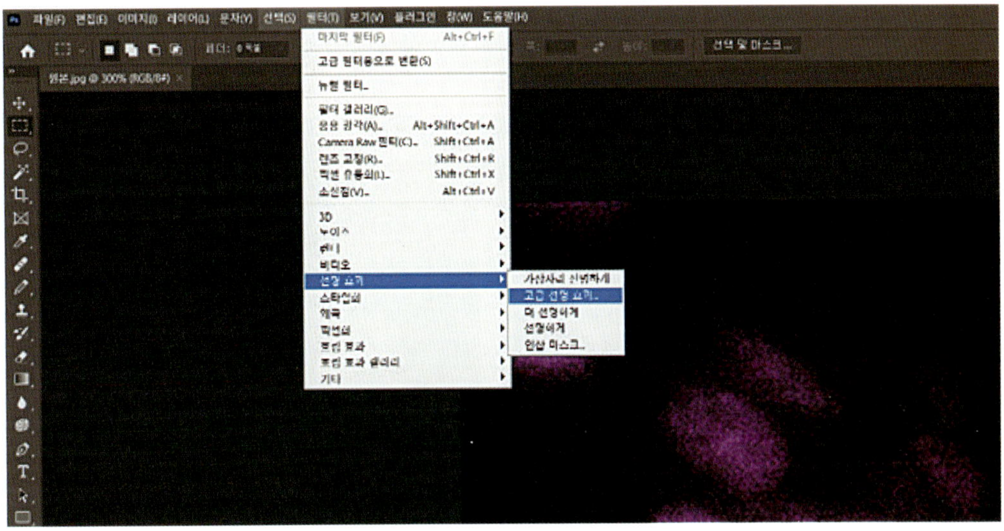

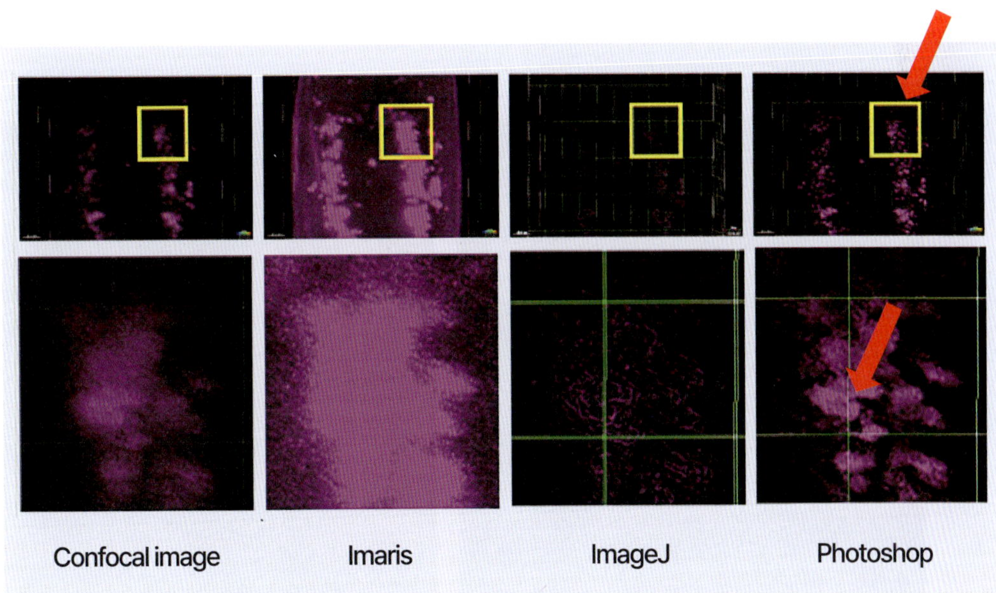

Sharpen 필터로 핵의 테두리가 잘 보이도록 처리한 이미지

5) 흑백 전환

이미지의 색상이 연구에 필수적이지 않은 경우, 흑백으로 전환하여 데이터를 강조하는 데 도움을 줄 수 있습니다. 논문에서는 종종 이미지의 색상을 제거해 시각적 혼란을 줄이고 핵심 데이터에 집중하게 합니다. 논문이 출판될 때 컬러 이미지의 경우 추가요금이 있어서, 돈을 아끼기 위해 이미지를 흑백으로 제출하기도 합니다. 이미지 〉 모드 〉 회색 음영을 선택해서 흑백으로 만듭니다.

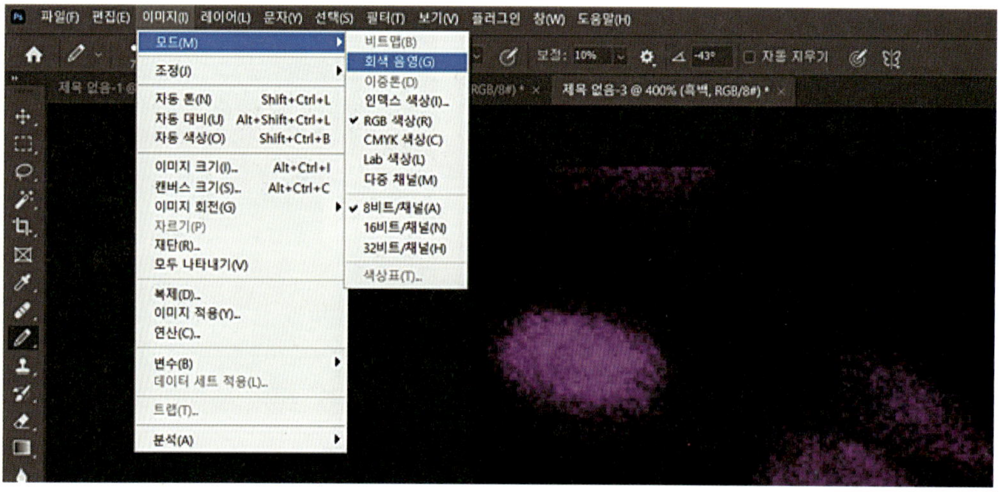

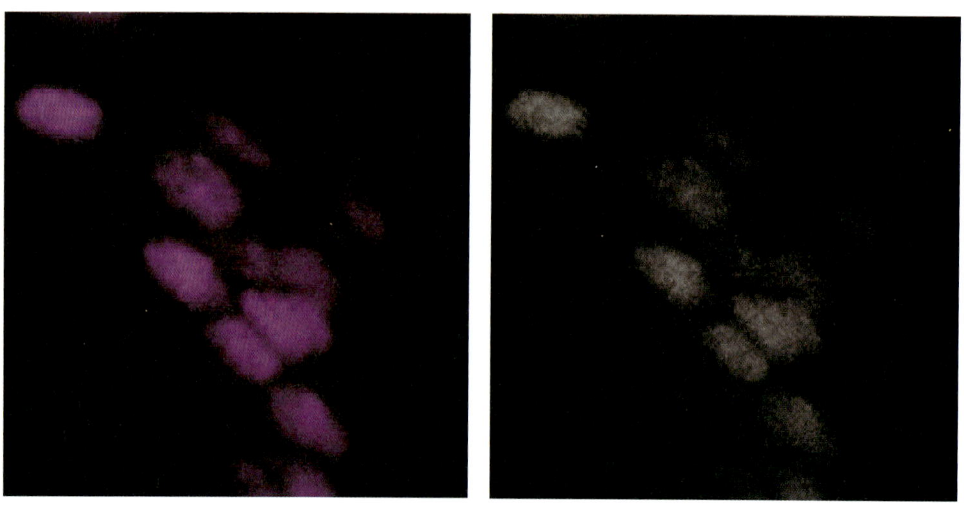

원본영상(왼쪽)과 흑백으로 만든 이미지(오른쪽)

6) 액션

액션 기능은 일련의 편집 작업을 자동화하여 반복적인 작업을 효율적으로 처리할 수 있게 해줍니다. 특정 작업(예: 크기 조정, 필터 적용, 색상 조정 등)을 수행할 때 그 과정을 액션으로 녹화한 후, 여러 이미지에 일괄 적용할 수 있습니다. 이를 통해 여러 이미지에 동일한 작업을 자동으로 적용할 수 있어 시간과 노력을 절약할 수 있습니다.

액션을 녹화하기 위해서는 창 〉 액션을 선택해서 액션창을 엽니다.

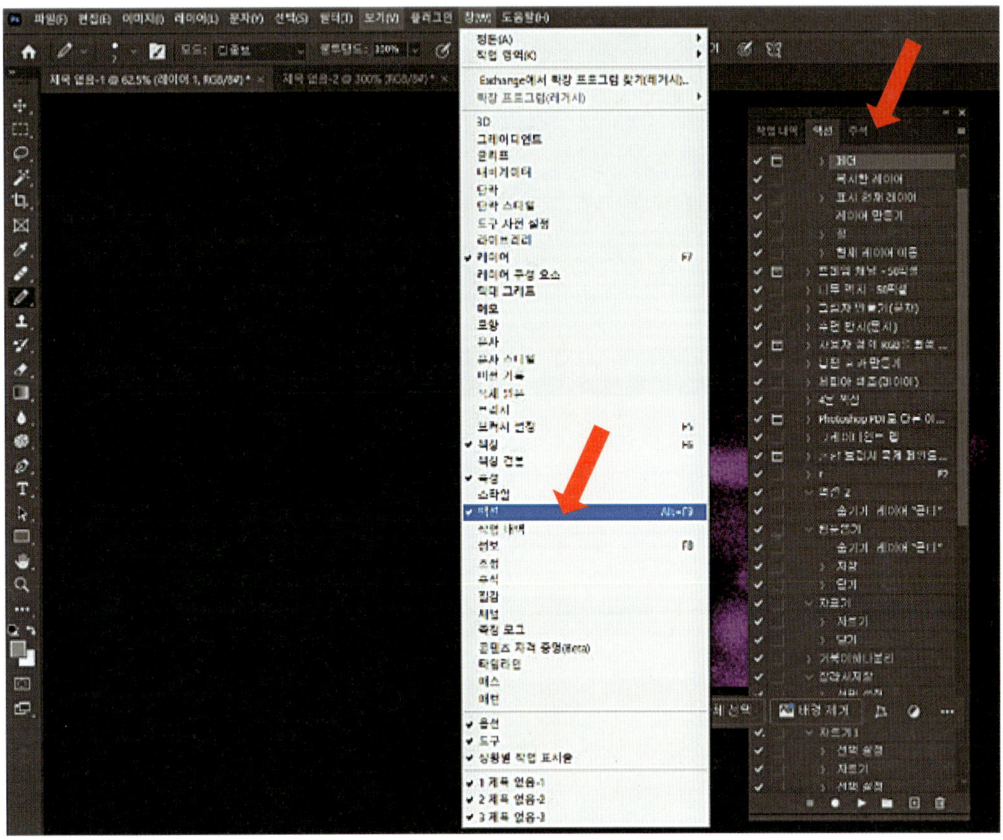

액션창에서 O 표시를 클릭해서 녹화를 하거나, + 표시를 눌러서 새 액션을 만들어서 녹화할 수 있습니다. 액션에 기능 키를 지정할 수 있기 때문에, 특정 키를 지정해서 각 이미지를 확인하면서 실행할 수도 있습니다.

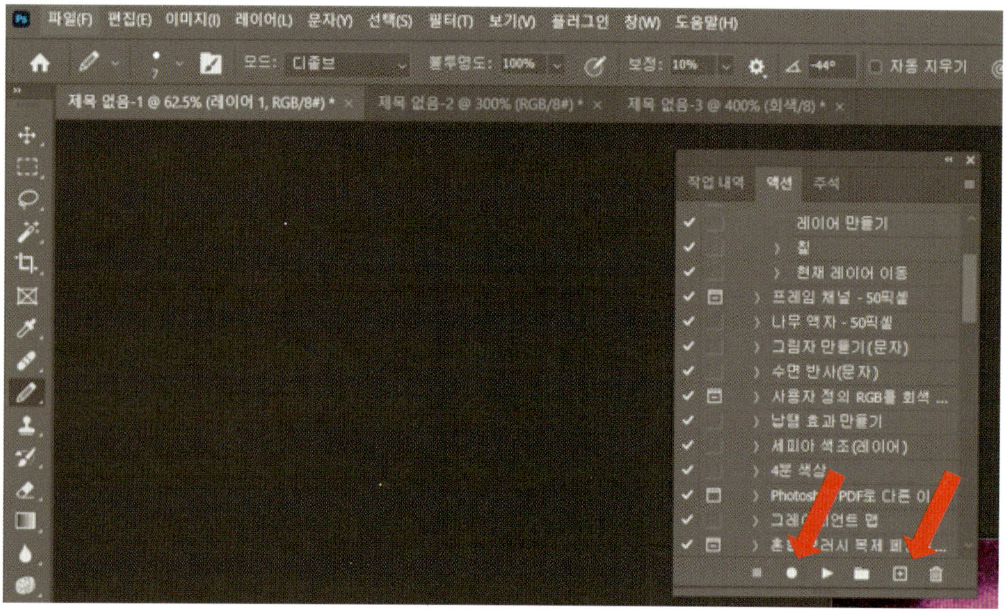

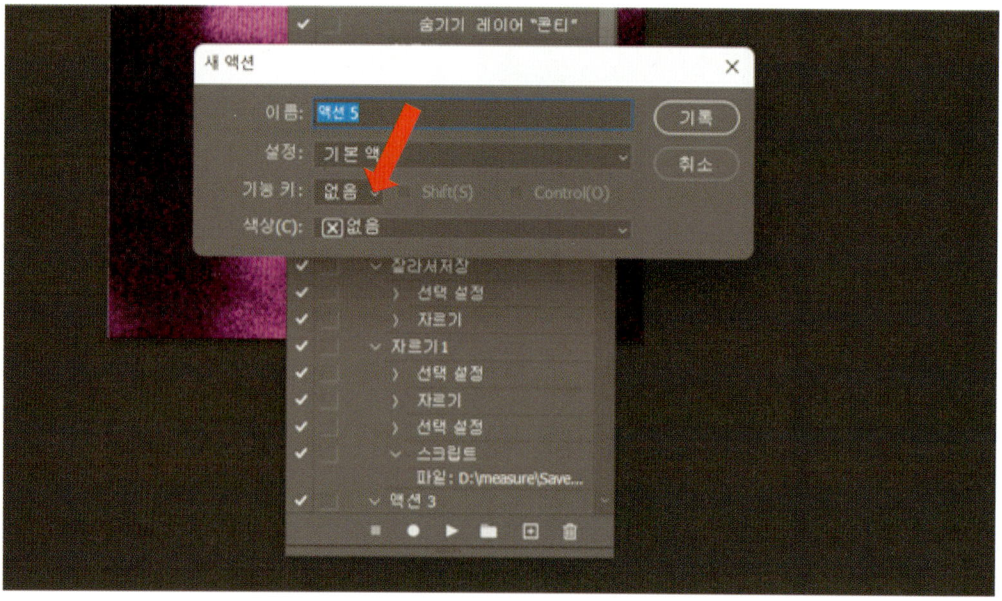

녹화한 액션은 파일 〉 자동화 〉 일괄 처리를 선택해서 실행할 수 있습니다. 이때, 특정 폴더에 있는 모든 파일을 선택할 수 있고, 현재 열린 파일 전체에 대해서 실행할 수도 있습니다. 파일이 몇 개 되지 않는다면 파일들을 열어놓고 실행한 후, 바로 확인하는 것이 편리합니다.

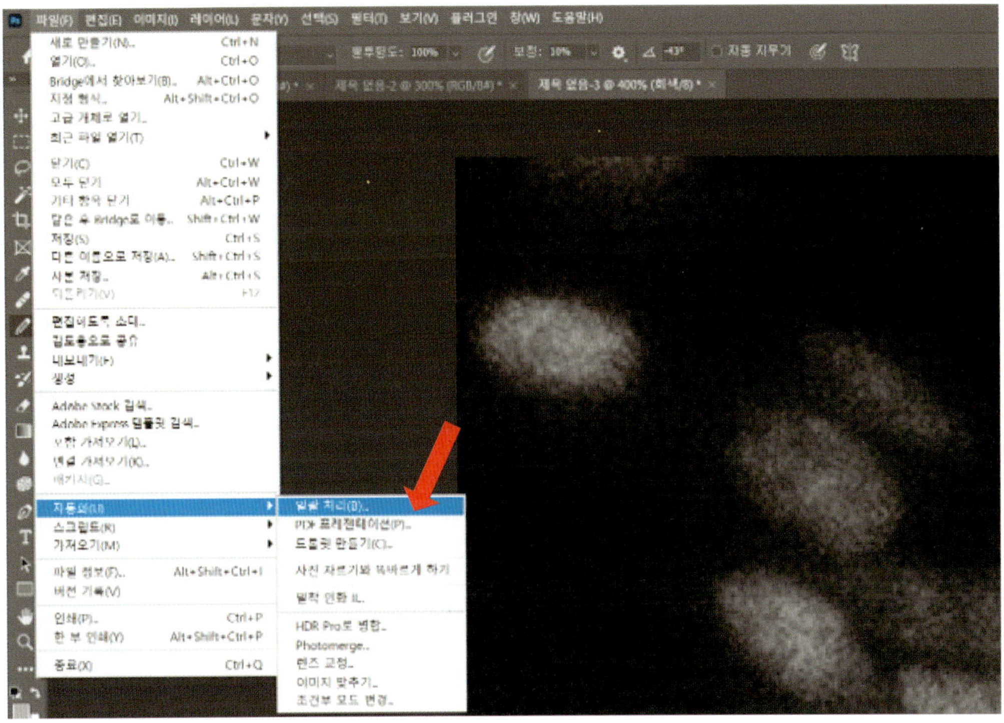

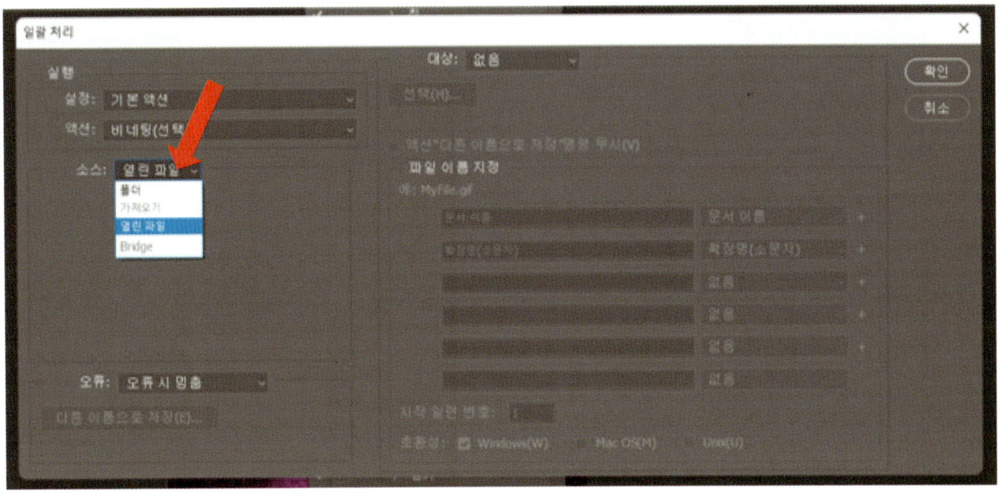

액션(Action) 기능을 사용하여 일괄적으로 이미지를 자르는 보기는 다음과 같습니다.

- **액션 녹화 시작:**

  상단 메뉴에서 창 〉 액션을 선택해서 액션창을 엽니다. 액션창에서 액션 패널을 엽니다. 패널 하단의 새 액션 버튼을 클릭하여 이름을 정한 후 Record 버튼을 누르면 녹화가 시작됩니다.

- **이미지 자르기:**

  이미지에서 자를 영역을 선택한 후, 이미지 〉 자르기를 선택해서 원하는 크기로 이미지를 자릅니다. 자른 후 엔터 키를 눌러 작업을 완료합니다.

- **액션 녹화 중지:**

  작업이 완료되면 액션 패널 하단의 Stop 버튼을 클릭하여 녹화를 중지합니다.

- **일괄 처리:**

  상단 메뉴에서 파일 〉 자동화 〉 일괄 처리를 선택해서 열리는 창에서 방금 만든 액션을 선택한 후, 일괄 처리할 이미지가 있는 폴더를 지정합니다. OK 버튼을 누르면 지정된 폴더의 모든 이미지가 동일한 방식으로 잘리게 됩니다.이 과정을 통해 여러 이미지를 자동으로 동일한 크기로 자를 수 있습니다.

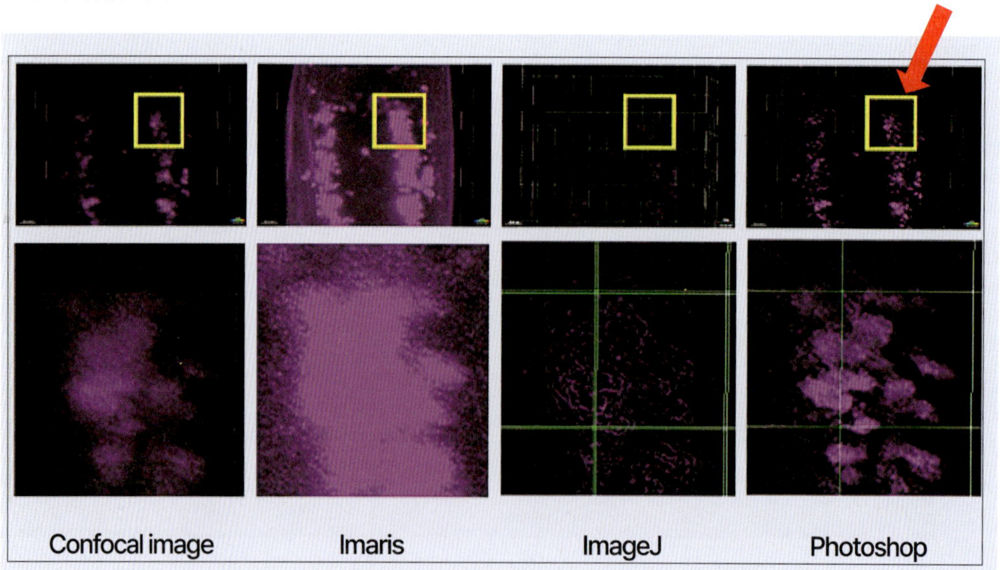

액션 기능을 써서 여러 이미지에서 같은 부분을 자동으로 잘라낸 보기

7) 히스토리

이미지에 어떤 처리를 했는지 기록하는 데 히스토리 기능을 사용하면 편리합니다. 수행한 작업을 자동으로 기록해주는 것입니다.

편집 〉 환경 설정 〉 작업 내역 및 Content Credentials를 선택하면 다음과 같은 창이 열립니다. '작업 내역 로그'에 체크하고 저장 위치를 지정합니다. 이렇게 하면 포토샵에서 했던 모든 작업 내역이 텍스트파일에 기록됩니다. 논문을 제출할 때 이 히스토리 파일을 제출하기도 합니다.

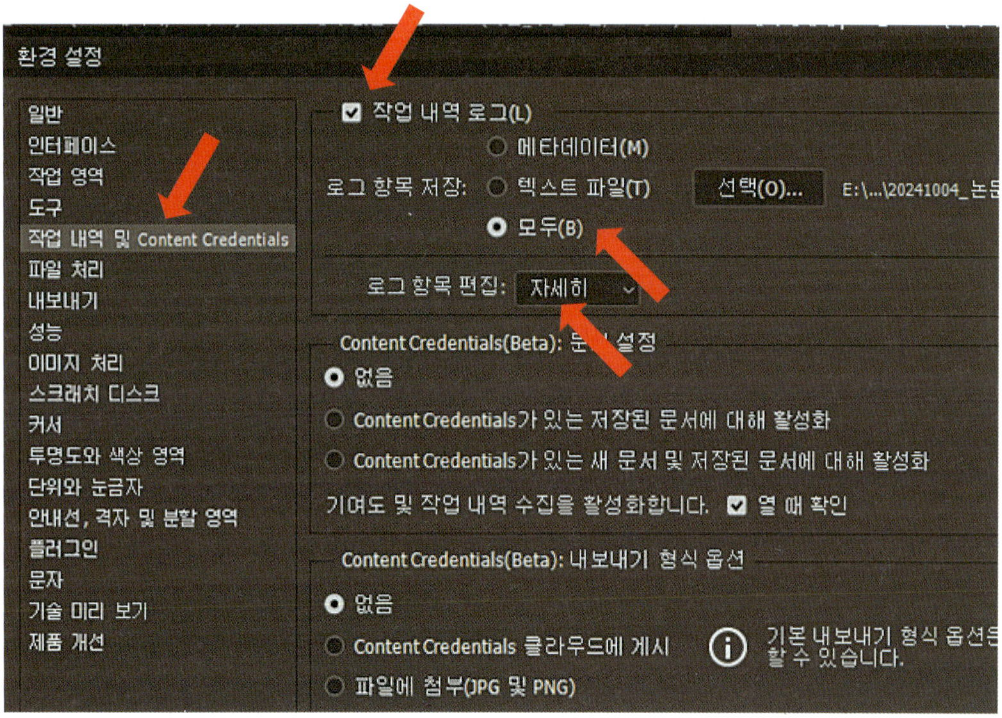

8) 포토샵으로 논문 사진을 편집할 때의 주의점

포토샵을 비롯한 이미지 편집 소프트웨어는 연구자에게 없어서는 안 될 유용한 도구입니다. 하지만 부적절한 사용으로 인한 부정이 문제가 되기도 합니다. 특히 생물학 연구에서 일어난 많은 부정 논문의 사례는 포토샵의 부적절한 사용으로 발생한 것이라 해도 과언이 아닙니다. 따라서 본 장에서는 연구에서의 이미지 편집 원칙에 대해 알아보겠습니다.

연구용 이미지의 편집 기준은 네이처의 규정을 참고하였습니다.

(출처: http://www.nature.com/authors/policies/image.html)

- 논문 심사에 제출된 이미지는 최소한의 편집만 되어야 합니다. 보기를 들어서 화살표를 추가하거나 테두리를 그리는 정도입니다. 저자는 원본 데이터와 메타 데이터 파일을 가지고 있어야 하며, 저널에서 논문을 심사할 때 이 데이터를 요구할 수 있습니다. 이러한 데이터가 없을 경우 논문 심사가 중지될 수 있으며, 문제가 해결될 때까지 논문은 보류될 수 있습니다.
- 논문의 최종본에 포함된 모든 이미지는 고품질이어야 하며, 컬러 이미지는 최소 300 dpi, 그레이스케일 이미지는 600 dpi, 라인 아트 이미지는 1200 dpi로 제출해야 합니다.
- 출판을 위해 어느 정도의 이미지 처리(실험 분야 및 실험 방법에 따라 불가피한 경우)가 허용되지만, 최종 이미지는 원본 데이터를 정확하게 반영해야 하며, 학계의 기준을 준수해야 합니다. 저자는 데이터를 주의하여 처리하며, 부정확한 표현을 피해야 합니다.
- 저자는 모든 이미지 획득 도구와 이미지 처리에 사용된 소프트웨어 패키지를 명시해야 합니다.
- 이미지를 획득했을 때의 설정 및 처리 방법을 논문에 명시해야 합니다.
- 다른 시간이나 다른 장소, 즉 다른 조건에서 수집된 이미지는 조합하지 말아야 하며, 동일한 조건에서 사용된 이미지만 사용해야 합니다.
- 과도한 이미지 처리는 허용되지 않습니다. 예를 들어 이미지의 특정 부분을 강조하기 위한 과도한 처리(불균형한 선택적 처리 등의 경우)는 부적절합니다.
- 수정된 최종 그래프를 제출할 때는 원본, 그리고 그래프를 그릴 때 사용된 데이터를 제출하라는 요구를 받을 수 있습니다.

(1) 이미지의 왜곡

논문 그림에서는 이미지를 기울이거나, 비율을 조절하면 안 됩니다.

다음은 편집 〉 변형 〉 왜곡 기능을 써서 세포핵의 모양을 변경한 경우입니다. 연구 부정에 해당됩니다.

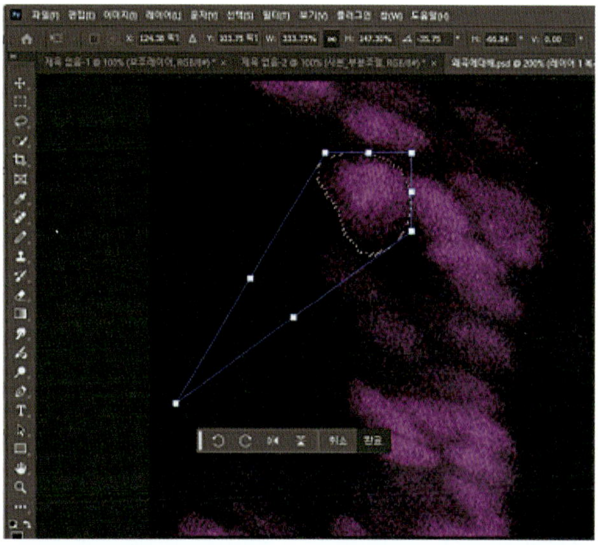

원본

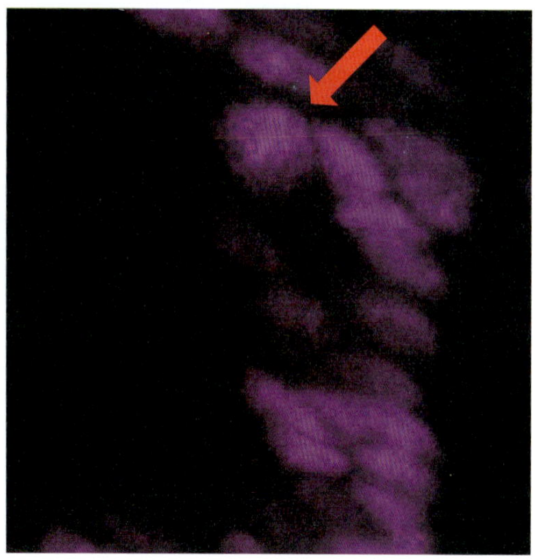

일부분만 감쪽같이 크기를 왜곡한 경우 (X)

편집 〉 자유 변형으로 일부분의 각도를 조절한 경우입니다. 이렇게 각도를 조절하는 것도 왜곡, 연구 부정에 해당됩니다.

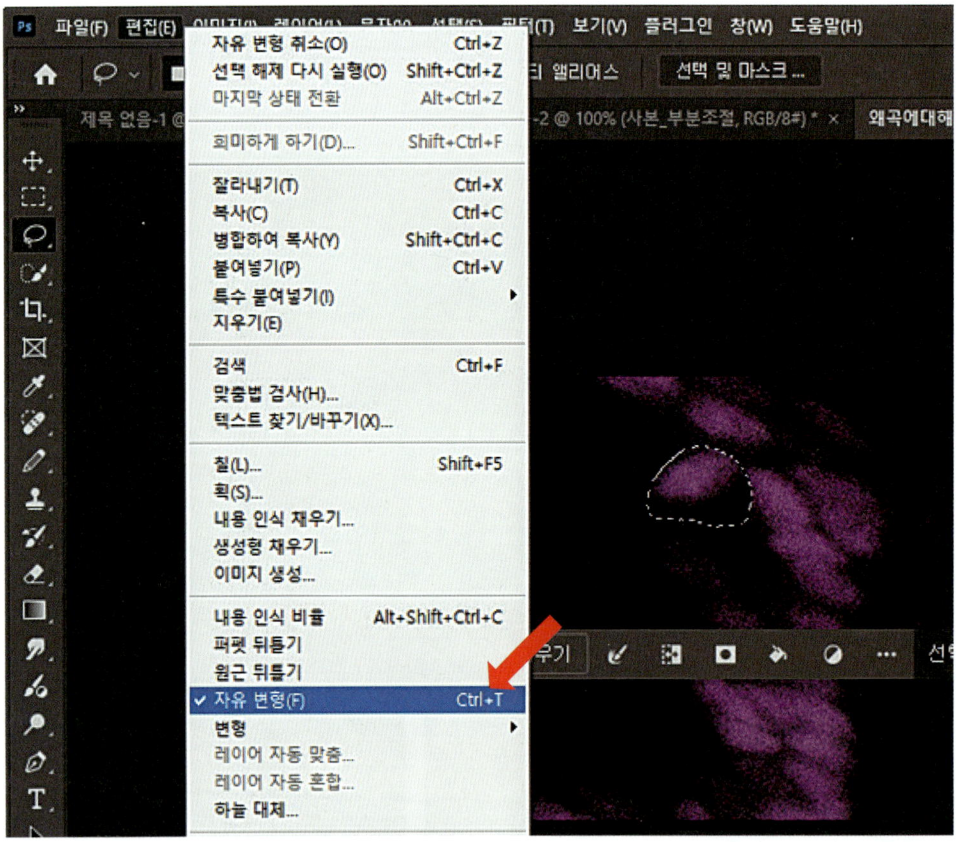

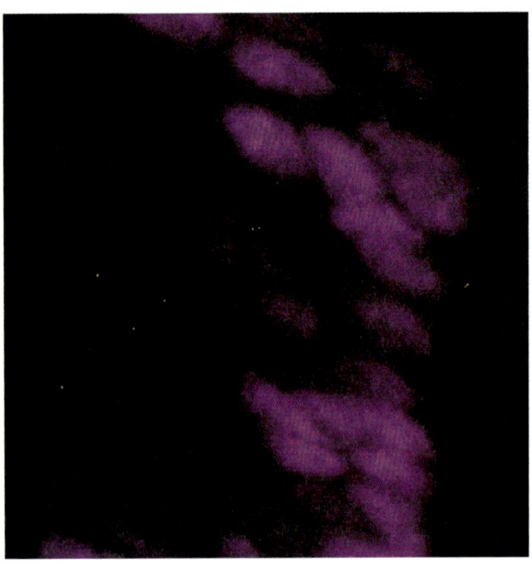

원본

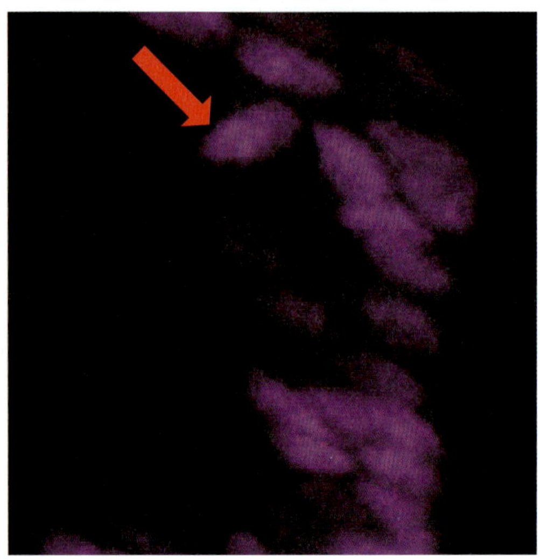

일부분만 감쪽같이 각도를 바꾼 경우 (X)

(2) 배치의 왜곡

다른 시간대에 얻은 이미지를 시간 순서대로 배열하지 않는 것도 연구 부정입니다. 이 경우, 일부러 하는 것보다 실수로 하는 경우가 많습니다.

제대로 된 배치 – 시간에 따라 핵의 모양이 순차적으로 변합니다.

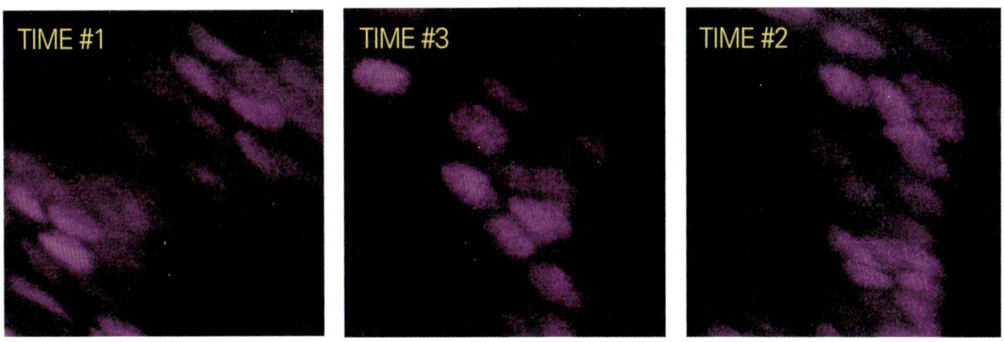

순서가 바뀌어서 왜곡된 배치 – 안 들키면 엄청난 발견이 될 수 있지만, 부정에 해당합니다.

이렇듯 포토샵을 사용하여 논문 이미지를 편집할 때 연구 부정을 피하기 위해 다음 사항을 항상 주의해야 합니다.

- **데이터 왜곡 금지:**
  이미지 편집은 데이터의 본질적 내용을 왜곡하지 않아야 합니다. 밝기, 대비, 색상 조정은 가능하지만, 결과를 바꾸거나 과장해서는 안 됩니다.

- **선택적 이미지 수정 금지:**
  중요한 정보를 의도적으로 삭제하거나 특정 부분만 강조하는 편집은 연구 부정에 해당됩니다. 모든 데이터가 드러나야 합니다.

- **과도한 이미지 보정 금지:**
  이미지의 선명도나 노이즈 제거는 허용되지만, 원본 데이터를 왜곡할 정도로 과도하게 보정해서는 안 됩니다.

- **이미지 병합 및 합성 주의:**
  여러 이미지를 병합할 때, 연구 결과에 영향을 주지 않는 한에서만 작업을 수행해야 하며, 합성된 이미지를 반드시 명확히 설명해야 합니다.

- **편집 기록 보관:**
  이미지를 편집한 기록을 보관해, 필요한 경우 편집 과정과 원본 이미지를 제시할 수 있도록 준비하는 것이 중요합니다.

이러한 원칙을 지키는 것은 연구의 신뢰성과 윤리적 책임을 유지하는 데 필수적입니다.

6

실전

실전 - 조직의 발생 이상 만들기

다음과 같은 그림을 만들 것입니다. 조직에 핵이 없으면 모양이 불규칙하게 발생하고, 조직에 핵이 있어야 올바른 모양으로 발생한다는 그림입니다.

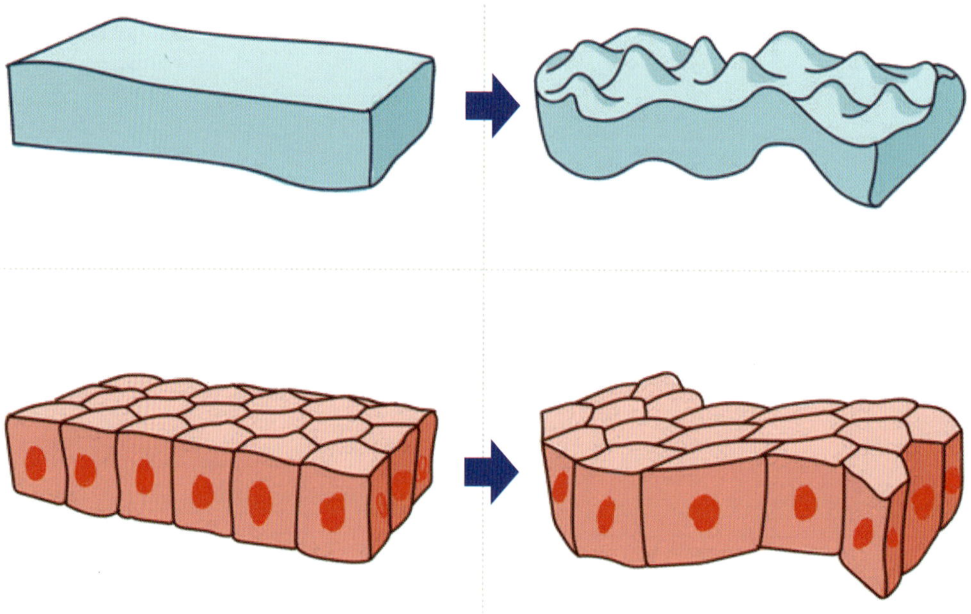

1) 마야에서 3D로 기본 모양 만들기

마야에서 큐브를 하나 만듭니다.

pCube1이라는 큐브가 생겼습니다. CTRL+A를 눌러서 나오는 속성창에서 세 번째 탭인 polyCube1 탭을 클릭합니다.

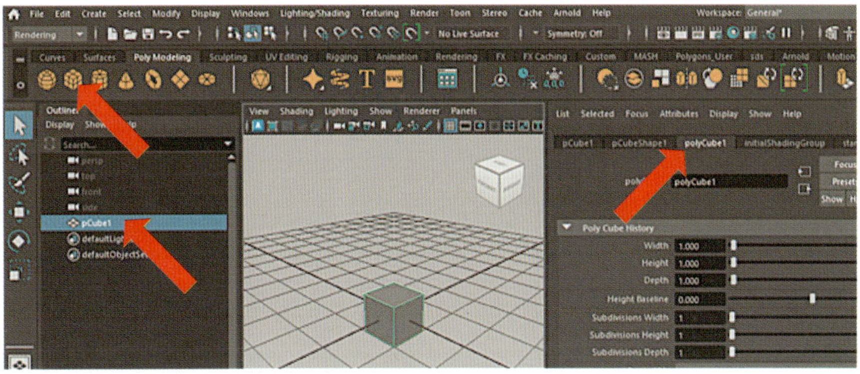

Subdivisions Width를 6, Subdivisions Width를 3으로 입력해서, Edge를 추가합니다.

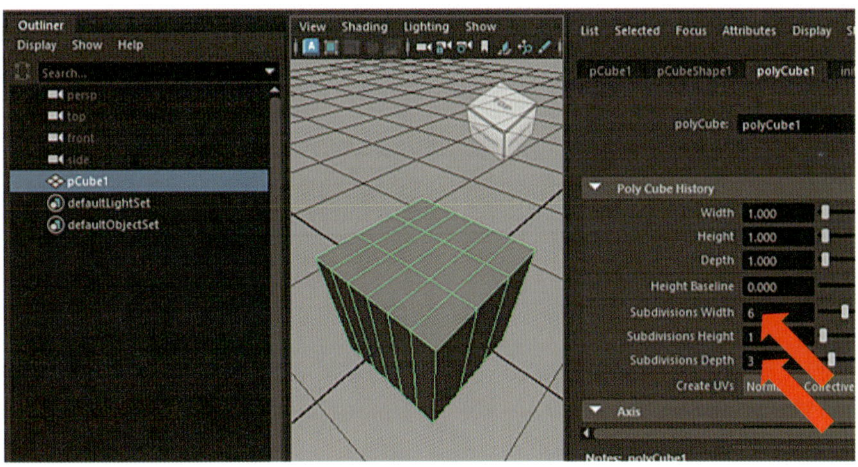

오브젝트 모드에서 R을 선택해서 위아래로 납작하도록 늘이고 줄입니다.

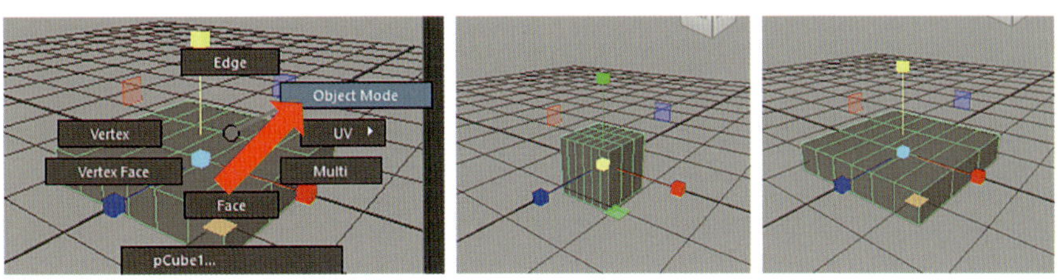

마야에서 큐브를 하나 만듭니다.

뷰를 위에서 본 것으로 변경하고, 버텍스 모드로 바꿔서 점을 당길 수 있도록 합니다.

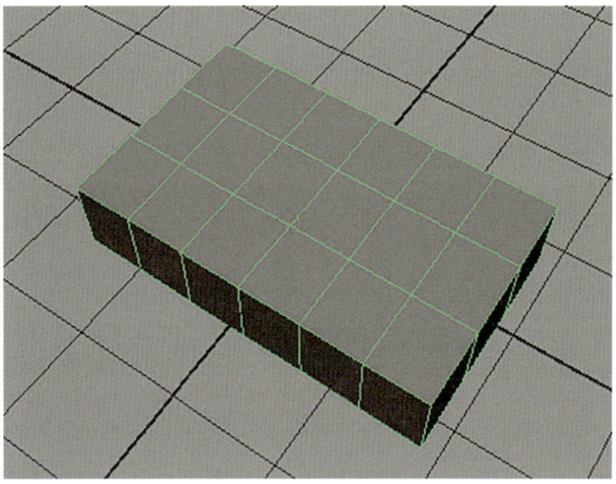

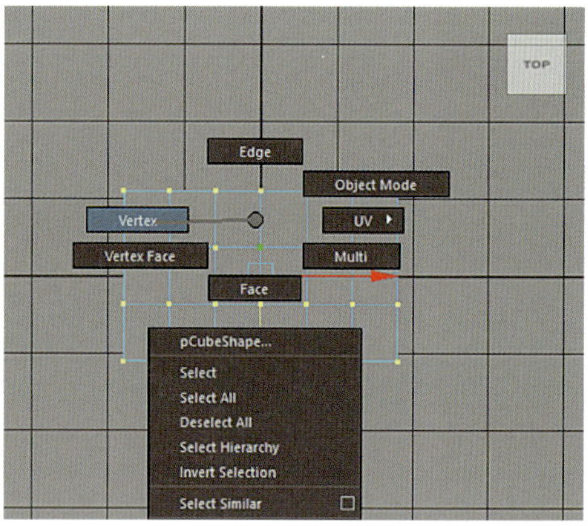

드래그해서 점을 4개씩 선택해서 움직이면. 뷰에서는 보이지 않지만 아래쪽의 점도 함께 움직이고 있는 것입니다. 4개씩 움직여서 모양을 만듭니다.

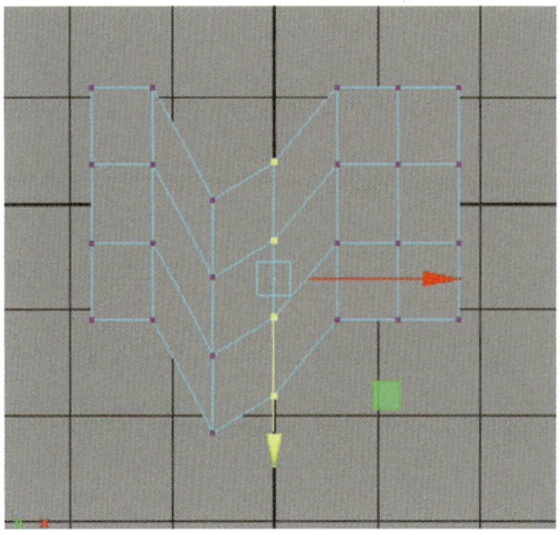

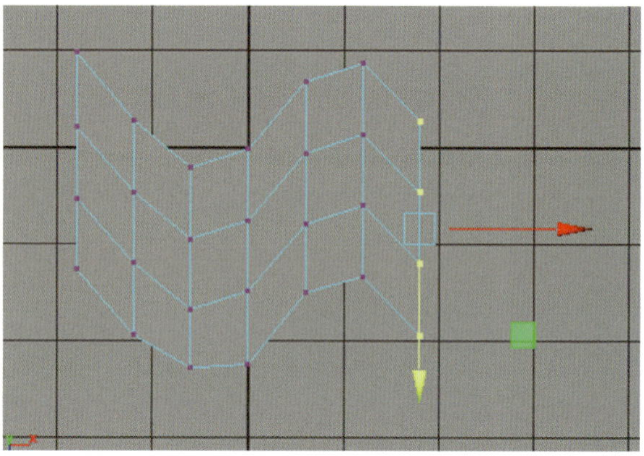

2) 일러스트레이터에서 대고 그리기

원하는 각도에서 캡처합니다. 이 위에다가 대고 그릴 것이기 때문에 여기까지만 해도 됩니다.

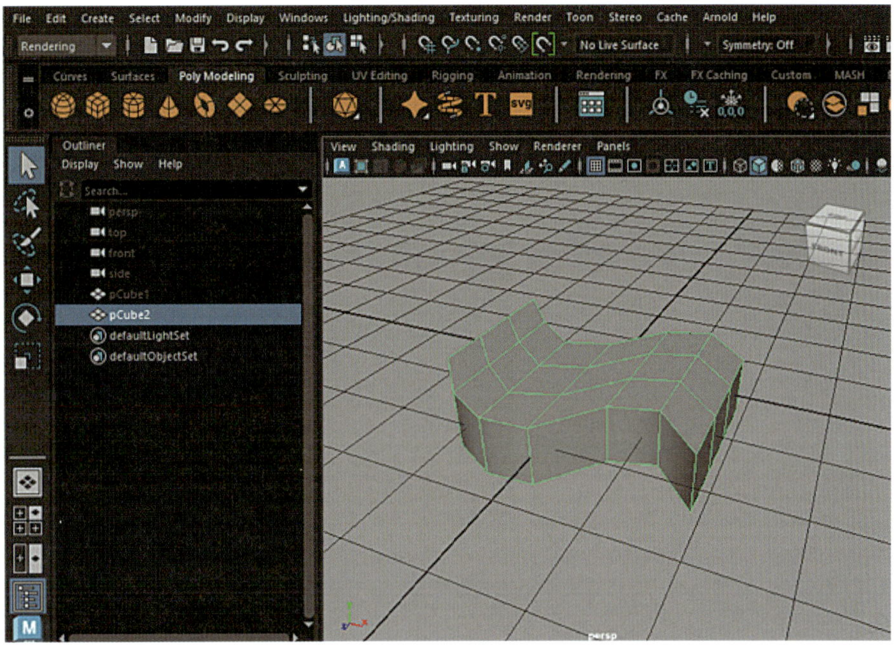

일러스트레이터에서 아래에 대고 그려서 완성합니다.

3) 작업 과정

한 번에 마음에 드는 그림이 나올 수도 있지만, 막상 그린 후에 더 좋은 생각이 떠오르는 경우가 더 많습니다. 따라서 PI의 요구에 따라 그림을 계속 수정하는 것이 일반적입니다.

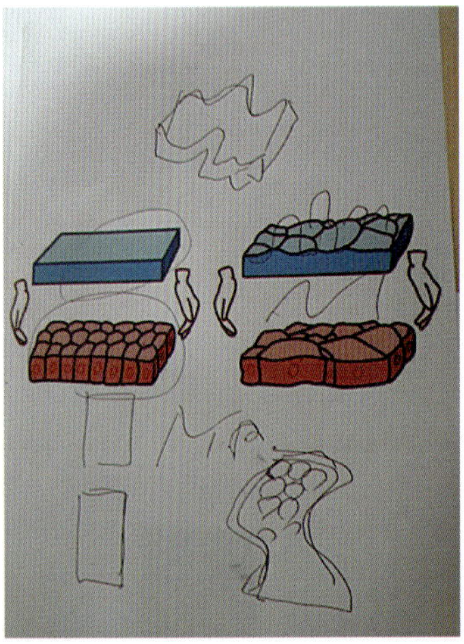

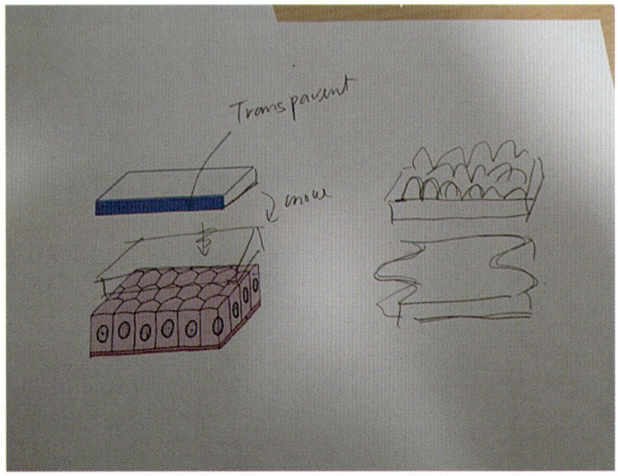

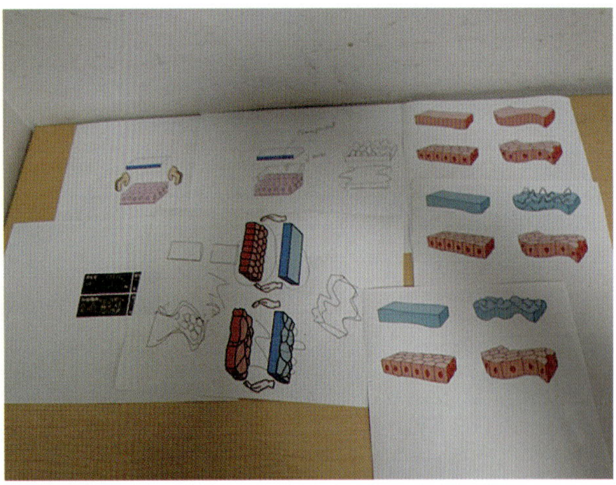

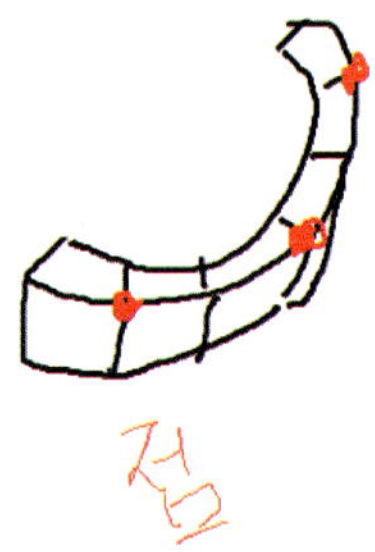

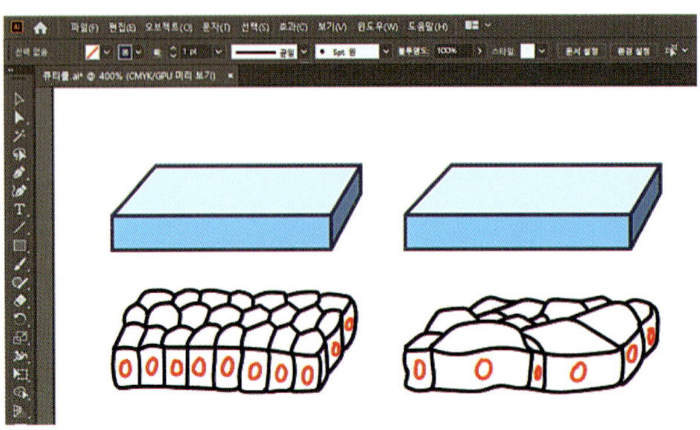

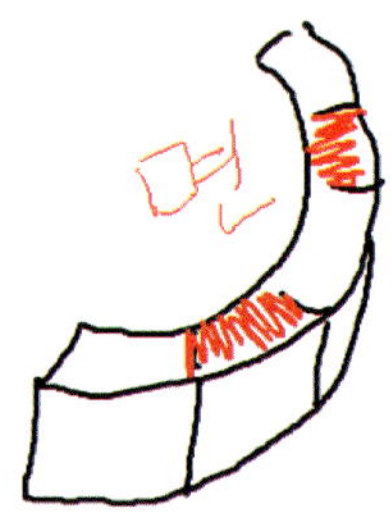

AI로 그리기

AI를 활용해서 논문에 들어갈 그림을 그려봅시다. 여기에서 사용된 모든 이미지는 ChatGPT에 간단한 한 줄의 문장을 입력하여 만들어졌습니다. 생성된 이미지들은 비현실적이거나 잘못된 인체 표현을 포함하기도 하지만, 이 과정에서 창의적인 아이디어를 발굴하거나 간혹 그대로 활용 가능한 이미지가 나오기도 합니다. 하지만 아직까지는 완벽한 이미지가 나오지는 않고 있습니다.

최근 논문 그림에 AI를 사용하는 경우가 많아져서, 각 저널에서는 AI를 활용한 그림에 대한 가이드라인을 제시하고 있습니다.

한 예로, frontiers의 규정은 다음과 같습니다.

(출처: https://www.frontiersin.org/guidelines/author-guidelines)

- 인공 지능 및 관련 기술에 대한 가이드라인:
  이 가이드라인은 Frontiers에 제출된 원고의 작성 또는 편집에서 대규모 언어 모델(ChatGPT, Jasper) 및 텍스트-이미지 생성기(DALL-E 2, Midjourney, Stable Diffusion)와 같은 생성 AI 기술의 허용 가능한 사용을 다룹니다.
- 원고 또는 시각적 콘텐츠를 만드는 데 AI 사용:
  저자는 제출된 원고의 공동 저자 또는 저자로 생성 AI 기술을 나열해서는 안 됩니다. 생성 AI 기술은 원고의 모든 측면에 대해 책임을 질 수 없으므로 결과적으로 저자 자격에 필요한 기준을 충족하지 못합니다.
  제출된 원고의 저자가 생성 AI 기술로 제작 또는 편집된 서면 또는 시각적 콘텐츠를 사용한 경우 이러한 사용은 모든 Frontiers 가이드라인 및 정책을 따라야 합니다. 구체적으로 저자는 생성 AI 기술로 생성된 모든 콘텐츠의 사실적 정확성을 확인할 책임이 있습니다. 여기에는 인용문, 인용 또는 참조가 포함되지만 이에 국한되지 않습니다. 생성 AI 기술을 사용하여 제작 또는 편집한 그림은 원고에 제시된 데이터를 정확하게 반영하는지 확인해야 합니다. 저자는 또한 생성 AI 기술을 사용하여 제작 또는 편집한 모든 서면 또는 시각적 콘텐츠에 표절이 없는지 확인해야 합니다.
  제출된 원고의 저자가 생성 AI 기술을 사용하여 제작 또는 편집한 서면 또는 시각적 콘텐츠를 사용한 경우 해당 사용은 원고의 감사의 글 섹션과 해당되는 경우 방법 섹션에 인정되어야 합니다. 이 설명에는 생성 AI 기술의 이름, 버전, 모델 및 출처가 나열되어야 합니다.
  저자는 생성 AI 기술에 제공된 모든 입력 프롬프트와 생성 AI 기술에서 수신한 출력을 원고의 보충 파일에 업로드하는 것이 좋습니다.

AI로 암을 치료하는 그림 – 최근 많이 볼 수 있는 느낌의 그림입니다.

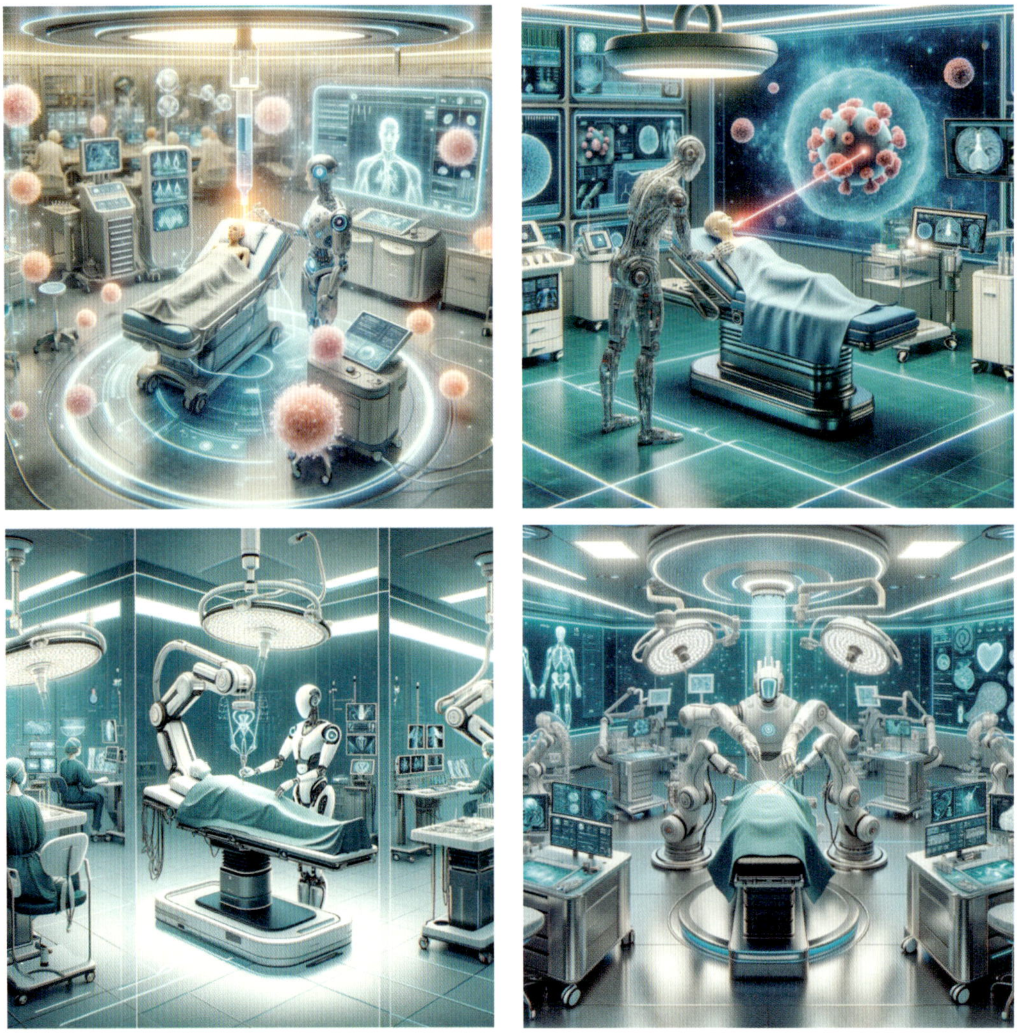

AI로 간병하는 그림 - 언론에서 사용하는 양산형 느낌입니다.

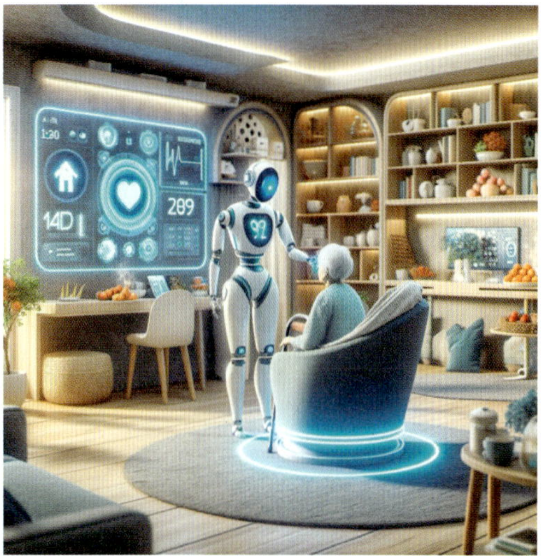

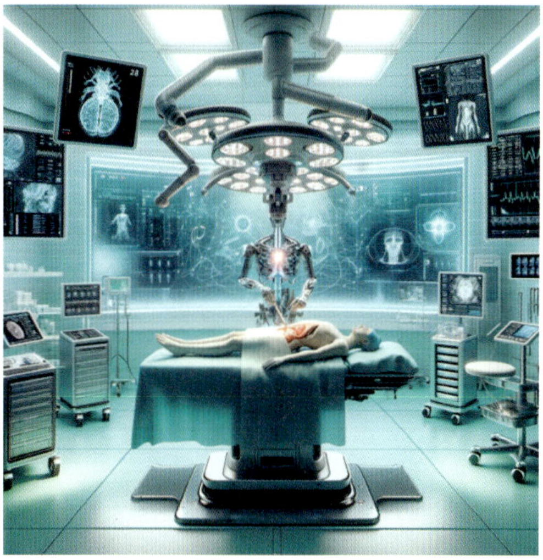

학회에서 발표하는 그림 – 뭔가 비현실적입니다.

학회에서 포스터를 구경하는 그림 – 옷차림이 어울리지 않습니다.

실험하는 그림 – 실험도구들의 모양이 이상합니다.

동물실험을 하는 그림 - 머리를 묶지 않고 실험하는 것은 실험안전에 위배됩니다.

따라서 준비한 실험실 안전 – 전형적인 포스터 느낌입니다.

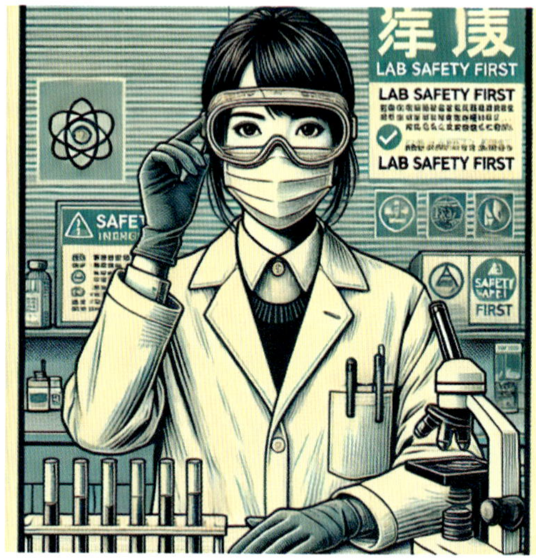

표지로 쓰려다 실패한 그림 – AI 특유의 그림체가 나왔습니다.

표지로 쓰려다 실패한 그림 – 캐릭터의 표정이 너무 일률적입니다.

표지로 쓰려다 실패한 그림 – 실험도구들의 모양이 이상합니다.

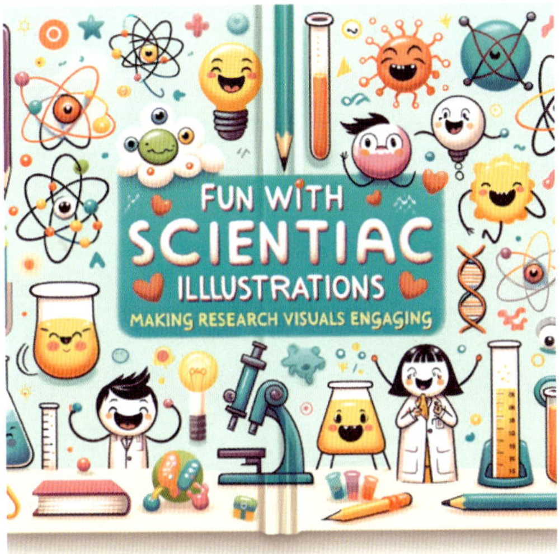

논문 그림을 그리는 그림 – 수채화 느낌으로 그렸습니다.

원숭이도 할 수 있는 논문 그림 그리기 - AI 특유의 스타일로 그려졌습니다.

원숭이도 할 수 있는 논문 그림 그리기 – AI 특유의 양산형 느낌이 있습니다.

인류의 진화와 DNA - 그럴 듯한 양산형 이미지가 나왔습니다만 딱히 포인트가 없습니다.

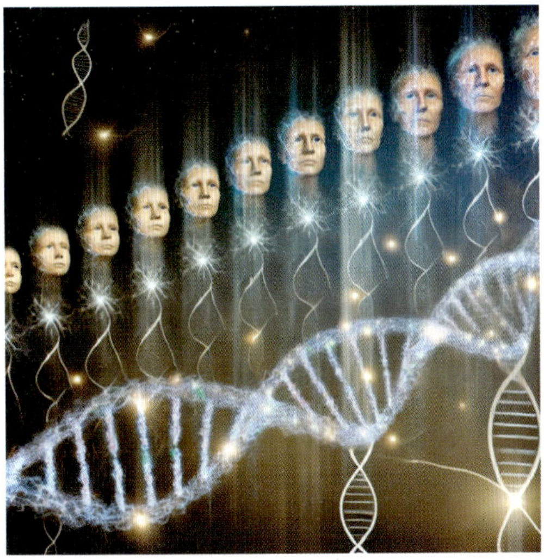

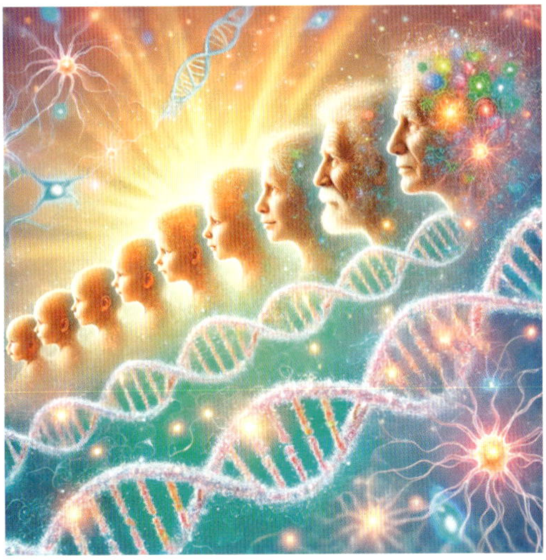
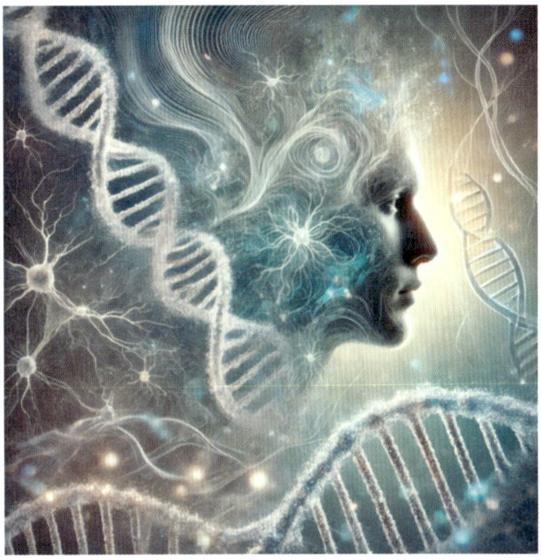

초파리 실험 - 실험도구들의 모양이 틀렸기 때문에 수정해서 써야 합니다.